本丛书得到了华东师范大学教师教育优势学科创新平台项目的资助，是华东师范大学"教育经济与管理"学科建设的部分阶段性成果。

ZHONGGUO DALU JIAOYANYUAN
DE ZHIDU YANBIAN YU SHENFEN JIANGOU

中国基础教育管理新进展丛书

郅庭瑾／主编

中国大陆教研员的 制度演变与身份建构

沈伟◎著

教育科学出版社

·北 京·

本书为国家社会科学基金"十二五"规划2013年度教育学青年课题"城镇化进程中区域义务教育质量标准的建构"的研究成果（项目编号：CFA130149）

中国基础教育管理新进展丛书

编 委 会

总　序

　　教育及其管理几乎自始以来一直就是相伴而行、共生共荣的，甚至有人认为教育即管理，管理即教育。不管怎样，有什么样的管理，就会有什么样的教育方式和教育成效，不同的管理理念和体制、行为，决定着教育事业发展的总体方向和质量水平。《国家中长期教育改革和发展规划纲要(2010—2020 年)》(以下简称《规划纲要》)根据新的历史时期我国经济与社会发展的新需要，直面我国社会发展对教育改革带来的新挑战，深层次解决教育发展中积累的各种矛盾和问题，对教育的管理提出了总体目标和具体要求。在工作方针中提出要"建立以提高教育质量为导向的管理制度和工作机制"，在管理体制改革部分又明确要求，"以转变政府职能和简政放权为重点，深化教育管理体制改革，提高公共教育服务水平。明确各级政府责任，规范学校办学行为，促进管办评分离，形成政事分开、权责明确、统筹协调、规范有序的教育管理体制"。

　　在落实《规划纲要》提出的目标和要求，将宏观理念和整体政策贯彻实施到具体教育教学实践的过程中，各级各类教育的领导和管理工作如何定位、如何开展、成效怎样，显然对于教育事业的发展具有至关重要的意义和影响。实施教育改革这项系统而复杂的社会工程，全面贯彻落实《规划纲要》的目标和要求，有赖于教育管理理念的更新、管理制度的完善和管理技术的改进；同时也需要各级各类教育领导和管理者恰切理解并认同改革目标，充分发挥各自与团队的实践智慧。这其中固然存在不少困难和阻碍，但只要各级各类教育领导和管理者都能够明确教育管理的目标和定位，积极投身教育改革的探索和实践，加强沟通和分享、增进互信和学习，不断推动教育管理的创新，就有可能逐渐触及教育进步与发展的目标。从这个意义上说，持续关注、努力深化并不断创新有关教育管理理论、制度、人员等各方面的研究工作显得尤为重要。

中国基础教育管理新进展丛书的具体组织工作由华东师范大学教育管理学系承担。该系成立于2000年，与教育部中学校长培训中心共同组建为华东师范大学教育管理学院，由陈玉琨先生任院长。2006年教育管理学系又与行政管理学系、社会保障学研究所共同组建为华东师范大学公共管理学院，目前以"教育经济与管理"学科为依托，人员队伍主要分布在教育管理学系、教育经济学研究所、教育人力资源开发与管理研究所和教育部中学校长培训中心等机构。长期以来，华东师范大学教育经济与管理学科一直致力于教育领导与行政、学校管理与改进、教育质量保障与评价、教育人力资源开发、教育法规与政策等方面的教学和研究工作，尤其注重秉持理论基于实践、理论指导实践的研究风格，不仅为来自全国各地的中小学校长及各种教育行政领导、干部提供理论培训和研修，成为中小学教育行政领导和管理者的成长基地和摇篮，而且始终坚持走进中小学校、扎根一线校长和教师群体开展研究，在基础教育的改革、发展和管理方面积淀了深厚的基础和良好的学术影响。这套丛书既是华东师范大学教育经济与管理学科一段时间以来部分研究成果的一次集中展示，也是我们努力探索和研究我国基础教育改革与实践中的新情况，力图揭示与总结中国基础教育管理新进展的一种尝试和努力。

本套丛书遵循"直面问题、贴近实践、反映前沿、深度剖析"的基本原则，把我国基础教育管理实践中的突出问题作为各专著研究的核心，以问题解析的脉络展开理论铺陈与学理阐释，在寻求问题解决的过程中实现理论建构的新突破；以管理学的视野集中审视我国基础教育改革中所呈现的新现象与新问题，力争从不同角度反映中国基础教育管理研究的新进展和中国基础教育管理改革实践的新图景，进而形成适合中国基础教育管理与改革现实的理论分析框架。本套丛书由三大模块、九本专著组成。其中，理论模块探讨基础教育管理的基本理论问题，从宏观的教育管理、中观的学校管理到微观的班级管理，如教育管理中的伦理问题、学校经营与管理、班级规模的经济学研究等；制度模块则分别从不同的角度切入，关注基础教育管理的相关体制机制与政策制度等的创新和改进，如中国基础教育公共财政体制、中国民办学校法人制度、义务教育择校治理政策等；人力资源模块涉及关于校长、教师和教研员等不同主体对象的多元视角的研究，如校长领导力的建设、教研员的制度演进与身份建构、绩效工资背景下教师的有效激励等。丛书的稿源主要由研究者承担各类国家或省部级课题，深入我国基础教育改革实践，聚焦理论和现实热点问题所形成的最新研究成果，以及新近两年完成的优秀博士学位论文等专著组成。

这套丛书的出版得到了许多人的关心和帮助。首先感谢华东师范大学"教师教育优势学科创新平台"建设项目为丛书顺利出版提供了资助和保障。作为该项目负责人，华东师范大学公共管理学院院长吴志华教授给丛书各项工作提供了最为充分的信任和支持。同时感谢华东师范大学教育经济与管理学科点的每一位前辈和同仁，感谢本套丛书的每一位作者，正是团队的集体努力为中国基础教育管理的研究贡献了新的智慧、做出了新的推进。感谢教育科学出版社的大力支持，帮助我们搭建了从研究走向成果、让成果得以检验的平台。感谢为本套丛书出版提供帮助的每一个人！我们的身份、角色并不相同，但我们的目标却殊途同归，那就是共同期待教育的研究明天更美好，教师和学生的教育生活品质明天更美好！

郅庭瑾

2012 年 7 月 11 日

前　言

　　教研员是"谁"？这一问题一直萦绕于教育研究之中。现有的研究更多地将笔墨花费在"教研员应该是谁"这一问题上。这与当前的课程改革有着密切的关系。随着素质教育理念的推进，必须发展相应的保障机制去落实这一理念。当教育改革走到课程标准建设这一步时，就必须改变原先的以"教材"、"教学大纲"为依据的教研工作、命题工作。所以，20世纪末21世纪初，对教研员的研究开始兴起。相比于20世纪八九十年代，单纯地以教研员的事迹记录为主，课改背景下的思辨研究无一例外地强调了"专业引领"作用，并对教研员的行政权威多有批判。

　　教育政策对此做出回应。确定了教研人员"研究、指导、服务"的三大职能（教育部，2001）。但总体而言，国家对教研制度的改革并不热心。在20年间（1990—2010年），中国教育事业的规划（"九五"、"十五"、"十一五"）均未将教研系统的改革列入政策议题。而教育振兴行动计划（"面向21世纪教育振兴行动计划"、"2003—2007年教育振兴行动计划"）虽然强调改革教学内容、教学法，但对于教研机构及教研员的角色只字不提。除了国家教委1990年的《关于改进和加强教学研究室工作的若干意见》外，再无专门针对教研机构和教研员改革的专门政策。2000年，教育部《教学研究室工作规程》只是以征求意见稿的形式出现，最终束之高阁，未有下文。在实际运作层面，教研室归属不清，既有设置在教师进修学院内部的教研室，也有教育局（科）直接领导的教研室。此外，因课程改革的运作，政府内部机构的调整，在一些城市，教研室与"课改办"（或课程教材研究中心）实行两块牌子，一套班子，在一些县区，考试中心与教育研究中心合并，成为"教育研究考试中心"。由此可见，教研室的定位非但没有清晰，且越来越模糊。在这种情况下，研究教研员的学者必须警醒的一点是：对教研员的角色、行为、态度进行批判时，需澄清是制度的原因，还是教研员个人的原因，抑或两者皆有之？恰恰这一点，在当前的研究中是或缺的。教研员无形中成为课改"议论"的众矢之的。政策、理论都要求教研员"改"，却没有告诉教研员"如何改"。

再回到"教研员是谁"这一问题。造成当前研究中对教研员行政职能批判的一个重要原因，在于对教研员的起源假设。按照当下主流的学术判断，教研制度正式确立于 1949 年之后，是"以俄为师"的产物（中国教育年鉴编辑委员会，1985）[753]。教研员的主要工作是研究教材、教法，属于专业导向的业务领导。所以当教研员表现出行政权威时，多被指责偏离了原先的专业职能。但在为教研员的职能进行定位，却始终无法逃避其行政职能[①]。凡此种种，这使得教研员的职能研究进入了一个进退维谷的窘境。一方面，从教师的专业发展而言，教研员作为有力的影响因素，势必需要避免强硬的行政指导；另一方面，若从国家导向的质量保障而言，这种行政计划与规约，似乎又必不可少。这就有必要反思，作为教育质量保障人员的教研员，其究竟从何处来？这就引发了本研究的两个主要研究问题：教研制度的演变与教研员的身份建构。只有明晰了教研制度的历史演变，才可能对教研员的存在理据做出正确的判断，理解当前教研员职能定位的困境所在。只有通过教研员身份建构的分析，方可再现教研员如何实施行政权威或专业权威，从而明白这些行为选择背后，究竟是制度原因大于个人原因，还是个人原因大于制度原因。

如果不以 20 世纪 50 年代的教研制度作为教研员来源的起点，那么将教研员置于何种"制度"背景之下探讨呢？欧美教育研究文献将教育督导、教育评价作为教育质量保障的主要机制或措施，中国当下虽然屡次提到教育质量监测（或监控），但很少将督导、教研员纳入到这一系统中综合考量。但若结合国家公共教育发展的历程而言，这类人员无疑充当了教育、

---

① 例如：丛立新（2009）认为，教研室的存在是中国社会和传统的产物，在指导教师教学，促进教师合作等有其得天独厚的优势，中国教师接受这样的制度比较从容和自然，所以要审慎对待教研员的职能转变；崔允漷（2010）虽然强调了教研员职能的转变，但也默认了教研员在区域教育政策实施中的关键角色。

教学质量保障人员。

质量保障一词借助工商管理思想得以迅速发展。但是在此之前，质量、质量保障已经存在于教育的实践领域。奥兹加（Ozga）等人区分了"质量"的多层次内涵。在前工业时期，质量意味着一些好的、高尚的、超群的、稀有的东西。工业时期，质量概念发生变化。在工业组织模式下，为了使大规模的生产合乎目标，质量控制由此产生，这一概念被提炼为质量发展（Ozga, et at., 2011）。在这种情况下，对质量概念的抽象化，有关质量工作的扩展变为可能。如今在新公共管理主义思潮的影响下，伴随着控制、监督、风险规避的当代文化，质量呈现出可测量计算的、有标准可依的特征（Ozga, et al., 2011）。质量内涵的变化，也会相应地带来质量保障措施的改变。在前工业时代，由于"质量"本身就意味着"稀有的"、"卓越的"，所以它不需要外在的衡量。故传统意义上的大学质量是毋庸置疑的，内隐其中，并不需要依靠特定的指标去测量。当进入工业社会，工商管理的发展，使得质量保障发展出一套有效的程序："目标—过程—结果"，确保结果产出符合预先计划的目标。虽然各国义务教育的发展与工业发展未必有直接的联系，但是公共教育在发展过程中，无疑借助了"工厂"的模式。其中最为明显的表现是班级授课制取代了个别授课制，所以普通教育（或义务教育，区别于高等教育）其所蕴含的质量虽然也追求"卓越"，但首先表现为"合格"——合乎预定的教育目标。这一目标由谁来界定？不同的国家界定主体不一，有宗教、国家或其他利益群体。相应地，教育保障机制就需要考虑到各个办学团体的利益及其关系。如今当教育质量进一步演变为各种可测量的指标时，具有测量、评估等专业能力的第三方组织在欧美国家得以迅速发展，并有取代传统的教育视导之势，成为主要的教育质量保障机制。

上述只是对质量、质量保障、教育质量保障的简单"素描"。具体到各个国家，其发展的阶段、内涵又会有所不同。可以确定的是，一旦确定学制，推行义务教育，相应的教育质量保障机制也得以发展。20世纪50年代出现的教研制度，也是我国教育质量保障系统发展的一部分。如果从国家对教育的管理、控制、促进角度而言，教研制度的成立并非是单纯地出于"以俄为师"的需求，它必须切合于当时中国的教育实践所需。所以以教育质量保障为制度背景，不以教研制度作为探讨教研员角色的起点，并非想要绕开这一历史性的关键时刻，另辟蹊径，求得研究上的新意，而是希望借此澄清教研制度产生的来龙去脉，为理解教研员的角色困境提供历史依据。

鉴于此，第一章是问题陈述。着重阐述本研究的宏观背景，讨论当下课程变革与教育质量保障机制之间的关系。并结合全球教育变革的图景，分析问责背景下地方教育领导研究中的趋向与不足，指出研究教研员身份建构的必要性。

第二章是对身份建构理论的回顾。梳理了身份建构的四种途径：自上而下、自下而上、融合主义与形态衍生。鉴于本研究关照制度变革与教研员个体的互动，择定形态衍生理论作为探讨教研员身份建构的理论基础。在此基础上，对研究设计做简要说明。

第三章探讨教育质量保障系统的历史变迁与教研员角色的演变。以晚清政府的"废科举，兴学堂"为标志事件开始叙述。对百余年的教育质量保障系统的变迁作了梳理，归纳了中国教育质量保障机制、保障人员的特点。着重分析了教研员的角色特点，并对个案所处的情境做了历史与现实的描述。

第四章、第五章是教研员的身份建构。首先归纳教研员日常工作中表现出来的"共性"，其次通过"我们眼中的他人"与"他人眼中的我们"来呈现教研员与其他群体人员之间的差别。上述的描述与分析，都是教研员社会身份的底色。接着，借助职能排序和角色比喻，将教研员的身份建构进一步推向个体层面。且通过教研员工作节奏的分析，对教研员的职能排序做出解释，凸显制度结构与个人选择之间的关系。故第五章选择四个典型的案例，探讨教研员个人身份对社会身份的影响，归纳出四种不同形态的身份建构。

第六章主要探讨教研员的能动性。根据教研员的个人经验和由考试划分出的学科结构，归纳出16种结构与能动者互动的模式，分析了结构控制与支持程度，教研员个人所持的知识、能力对其能动作用和工作承诺的影响。

第七章是结语，对整个研究的结果进行了概括性阐述，并归纳出其所蕴含的理论意义与实践意义。

目　录

第一章

教育变革与教学质量保障人员

提高教育质量是各国教育变革恒久不变的主题。从制度主义的视角观之，各国的教育发展表现出一定的相似性（Meyer, 1977）。当下，世界各国在提高教育质量上的做法越来越趋向于一致，最为明显的表现是基于标准的教育问责。标准的施行使教育质量表征为被期待达成的目标或可测量的具体指标。然而教育质量的内涵是否仅限于此？实践层面建构的教育质量与管理目标层面的教育质量是否一致？实施教育质量保障的"一线工作者"在教育变革中扮演何种作用？这些均有待研究。

第一节　基于标准的教育变革

"标准"（standard）作为名词，在牛津英语词典中的解释多达六种。与"质量"相关的解释有两种：一种表示"质量或成就的水平"。如"学校表现出高标准的办学"，在此处，标准（或水平）与质量出现同义解释的现象。另一种表现为"比较性评估中的测量基准、规范或模范"。如"学校办学质量未达到预定的标准"。在教育变革中，上述两种释义经常交替使用，尤其20世纪80年代之后，西方国家在新管理主义思潮的影响下，"标准"与"问责"的结合，使得标准的"规范、模范"之意更加凸显。

一、教育变革：走向基于标准的问责

休斯敦（Houston）认为问责如同"美丽"，具有丰富的解释性，它的

内涵往往在观赏者的眼中（Houston，1999）。基于标准的问责，一般被视为来源于工商管理，是"核数文化"（audit culture）的体现（Apple，2005）。由投入、生产、产出形成的产业链中，生产的结果必须指向计划的目标，期待与预先的投入相符。所以目标管理、计算规划、预算系统、结果审核被看作是基于标准的问责的主要方式。

20 世纪 80 年代，欧洲国家公共部门运作的烦冗、低效，使其在与私立部门的竞争中处于下风。私立部门在资源运用上强调谨慎、节俭，趋向于实地管理（hands-on management）的经验日盛，促进了公共部门的改革。新管理主义思潮进入其视野。公共部门的管理开始采用明确、可测量的标准评估表现，根据预先设置的结果评价、控制公共组织（Hood，1995）。这种基于市场逻辑，强调放权、效率的管理方式，很快被运用至学校改进。校本管理、学校效能运动均在这一时期内兴起。尘嚣日上的学校效能运动未能完全遵守市场管理的逻辑，在随后的教育改革中，西方一些国家开始制定国家课程、实施教师资格认证。借此，由标准、评估组成的教育质量问责系统得以形成，原先以教育视导为主的教育质量保障机制得以改进。英国、澳大利亚、新加坡等国家开始依据标准实施自评与外评。

应教育、教学实践变革之需求，校本管理、基于标准的教师专业发展等思潮被引进中国。虽然中国近 30 年的教育系统变革表现的关键特征是"分权（或去中心化）"和"市场化"（Zhao，Qiu，2010），但是建立标准，标准的内涵与实施均有别于欧美国家。

虽然中国学者对教育质量的界定借鉴了国际标准化组织（International Organization for Standardization，简称 ISO）有关质量的定义，将教育质量视为"反映实体满足明确或隐含需要的能力的特征的总和"（王敏，2000；靳涌涛，衣庆泳，2003），但是长期以来并没有推行"标准化"的管理。这既与素质教育的定义模糊有关，也与中国"统一科目，统一教材，统一教学大纲"的实际情况有关。20 世纪 80 年代，国家教委副主任柳斌就提出"素质教育"，随后的一系列"素质教育"改革，并未对"素质教育"所追求的"质量标准"做具体分析、澄清。具体到教学层面，由于教材的稳定，教学目标的明确，辅之考试制度的实行，也无须再通过外在的标准对教学内容进行导向。也正是因为如此，素质教育的理念未曾落到实践，只因素质教育尚未触及课程与教学层面。1996 年，教育部组织专家对义务课程实施状况展开了调查。这一调查也为课程改革运动奠定了基础。调查发现，当时的课程体系与素质教育的要求相悖，于是，影响深远的第八次课程改革（以下简称"课改"）开始酝酿，启动。并推动中国的教育变革走向了基于标准的问责。

第八次"课改"区别于前七次课程改革的分水岭，就是从课程总体设计到课程教学设计，始终把学生的发展置于中心地位（钟启泉，2005）。为了实现"为了每一个学生的发展"理念，在课程结构、内容、实施、评价、管理等方面提出了若干新理念，产生了新举措。其中，以课程标准（以下简称"课标"）取代教学大纲，即为新措施之一。国家课程标准是国家对基础教育课程的基本规范和质量要求。它是教材编写、教学、评估和考试命题的依据，也是国家管理和评价课程的基础（崔允漷，2001）。以往的教学大纲沿用了苏联的教学模式，规定了教学的内容，具体陈述了每节课所需要达到的教学目标。而这次"课改"吸取了欧美国家的经验，赋予课程标准一定的弹性和解释空间。"课标"的设计者希望借课标实现"以学生为中心"的课程文化的转型。如今，"课标"已成为中国近十年来教育改革的主旋律。自国家课程标准颁布以后，"课改"实验区各个学科课程标准相继制定、推行。有学者直言这是"一场标准和基于标准的基础教育改革运动"（朱伟强，2006）。

学理上的"课标"建设一旦与政府行为相结合，使得基于标准的问责更为复杂，带上了官僚问责的色彩①。"课标"一开始主要由学者策划，但在推行过程中，行政力量介入。这固然与国家在公共教育中扮演的角色有关。教育是社会的公益性事业，作为社会组织最高形式的国家对教育事业的改革与发展承担着主要的义务与责任（孙绵涛，2009）。也与中国历次自上而下地推动系统性的教育变革的传统有关。当推行"课标"成为政府行为后，"课标"不可避免地带有强制性，在全面推进素质教育的方针指导下，"课标"体现了人才培养的国家意志和政府对义务教育课程的基本规范与要求，是兼有指令性与指导性的文本（陈晓东，郝志军，2011）。所以以"课标"为依据，开展各种形式的评价（如学业评价，教师教学评价）时，

---

① 官僚问责（或称为科层问责）是公共—国家控制模式，它以科层制、清晰的控制链、单向的信息流和官僚化的学校和系统组织为主要特征，表现为通过民主产生的法律赋权的中央和地方有权力对学校做出评议（Darling-Hammond，1989）。

"课标"蕴含了两层功用。首先，"课标"具有导向功能，为教师教学、学生学习指引了方向。其次，"课标"成为国家衡量教育质量的一个工具，隐含了国家对教育培养何种人才的规定和制约。

课程改革的启动是对素质教育理念的推进，而"课标"的出台则是对教育分权运动的回应。教材的"一纲多本"的运作，地方课程与学校课程的开发，对教育管理提出了新的要求。随着课程教学权力的持续下放，使得国家层面上的输入监控和过程监控的操作难度加大，故国家义务教育质量监测体系的建立迫在眉睫（王少非，2006）。这一质量监测体系与"课标"的关系如何？如果从"目标—过程—结果"的质量保障链条而言，"课标"应成为各类评估的依据。现实中是否如此？还要看各类评估的运作。

二、教育质量保障：对标准的抵制与适应

何为教育质量保障？一些学者在运用教育质量保障时，未做出概念上的澄清，将其视为政府的意图与行为。意图主要表现为提高学生的学业成就，行为主要体现在评估、督导方面（Mok，2007；Sakura，2007）。从这一角度出发，教育质量保障等同于教育质量控制。且"控制"不完全同于工商业质量管理中的"质量控制"，不是单纯地基于消费者需求，对期待的质量所进行的维护，而是蕴含了国家、政治因素。

但也有学者坚持对教育质量控制与教育质量保障做出区分。其中，质量控制是一系列的操作技术和活动，致力于实现所提出的要求。而质量保障则将对结果（或产出）的关注拓展至产生结果的过程（Adegbesan，2011）。或者将教育质量控制视为教育质量保障的一个策略，与监控（monitoring），评估（evaluation），督导（supervison），检查（inspection）等策略平行（Scheerens，2002）。法都康（Fadokun）曾指出教育质量保障是一个程序化或制度化了的大系统，包含了态度、目标、行为、程序等因素，通过使用这些因素，并与教育质量控制活动相结合，以保证维持和提高适当的学术标准（Fadokun，2005）。换言之，质量控制只是用于确保目标达成的一种技术手段，而质量保障则是一套机制，表现为对各种技术手段的统筹，确保它们的实施（Pring，1992）。

各国对教育质量保障与教育质量控制的理解也不尽相同。以澳大利亚

为例，由于受新管理主义思潮影响甚重，基于标准的绩效管理在教育管理领域获得合法位置，并与传统的督学形成两套话语体系。前者为质量保障，后者为质量控制（Cuttance，1997）。其中"控制"表现为集权国家利用督导系统对教育的投入、产出进行监控。而"保障"中蕴含了国家委托专业组织通过基于标准的评估改进教育的可能性与可行性（Cuttance，2005）。但在各国的实践中，督学与自评—外评机制并非泾渭分明的两套机制，出现了交叉融合的趋势，用于保障教育质量。如英国在教育、儿童服务与技能标准办公室（the Office for Standards in Education, Children's Services and Skills）的统筹管理下，通过竞标的方式，让专职督学与第三方专业群体参与学校外评。有学者指出基于标准的自评与外评是一种远程控制的方式（Apple，2001）。虽然基于标准的评估反映了市场逻辑在教育场域的运作，但是国家并没有退出教育的管理，只是参与的方式与程度不一而已。

莫克（Mok）等人的研究发现，由政府主导的教育质量保障与学校监督在一些国家和地区表现出类似的趋势：由集权方式向分权、合作的校本方式过渡；从本土化向国际化、全球化发展；强调教师质量和教师教育；从"对学习的评估"走向"为了学习的评估"；提高公开、透明度；多样化的指标；用于质量保障与学校监督的资源增多（Mok et al.，2003）。可以确定的是，政府主导的教育质量保障并非单纯地"控制"教育，也存在着改进教育的良好意图。上述的特征在中国近20年的教育改革政策中均可以寻得相似的"话语"。但在实践中，可能却是另一番景象。

在"课改"背景下，中国一方面着力于改善传统的教育质量保障机制，一方面建立新的机制。教育部2010年颁布的《国家中长期教育改革和发展规划纲要（2010—2020年）》指出："建立和完善国家教育基本标准。整合国家教育质量监测评估机构及资源，完善监测评估体系，定期发布监测评估报告。加强教育监督检查，完善教育问责机制。"这段话已然指出了中国当前教育质量保障机制的发展方向。首先是基本标准的建设，包含了课程标准、教师资格标准、教育评价标准等；其次是评价制度的完善，包括考试制度的改革，监测系统的整合或建立，研究机构的确立等；再次是监督系统的变革，包括权责的界定、标准的应用等。事实上，标准、评价、问责三方面存在着错综复杂的联系。以此为基础的教育质量保障机制若要实现素质教育的理想，必须重新审视三者之间的关系，及已有的实践。

　　在中国，考试一直被视为检测教育质量的重要手段。与之相伴的还有教学评估，学校评估。这股考试、评估风潮并没有随着素质教育理念的提倡而消失殆尽，而是以不同的形式影响着日常教育教学实践。"通过考试改变命运"的观念依然在中国的家长心中占有一定的分量；在中国部分省市盛行的"星级学校"评估，由国家政策主导的"全日制普通高级中学发展性学校评估"等催生的是"竞争"、"排名"、"奖惩"、"资源争夺"等，与学校改进、提升并无多大关系。故当考试、评估只是问责的工具时，并不能改变现有的教育实践。而课程改革受到抵制的一部分原因也在于新课改的目标并没有体现在考试中，并与片面追求升学率、优秀率的考试目标相冲突。

　　为了避免传统的教育质量保障机制的负面效应，政府组织学者进行了一系列的研究与试验。教育部在 2007 年依托北京师范大学，成立了基础教育质量监测中心。这一中心集合各类教育专家、一线教育实践者的力量，研发各个学科学习质量监测指标。另外，地方考试评估院也相继成立，对命题技术、测验范围进行研究。这两个机构重在对测试的研究与应用。而督导系统与教研系统则从学校、教学多方面对教育质量进行评估。四类机构对标准、监测理念的理解与应用是否一致，则无从考察。相较而言，后两个系统的历史传承性较强，受传统的制约性也更为明显。教育督导室属于行政机构，其职能主要表现为督政与督学（教育部，1999）。教研室则属于地方教育政府的直属机构，是事业单位。其职能是"研究、指导、服务"（教育部，2001）。在课程改革背景下，教研部门已经成为课程改革的重要支撑力量（梁威，卢立涛，等，2010）。两者如何成为独立、专业的质量保障机制，以适应新课改的需求，是目前众多学者思考的问题。

　　虽然中国当下正在通过多种途径建立教育质量保障机制，但是并没有处理好各个机构之间的关系。课程专家希望课标服务于教育评价，并成为教育评价的"指挥棒"。但是课标的内在品质，使得国家级课程标准诠释空间大①。而基础教育质量监测中心也正在尝试开发另一套标准。故就质量监

---

　　① 夏雪梅、崔允漷（2006）曾从四个方面归纳了课标软弱无力的原因。其一，课标规定性弱，相较于教学大纲，显得"含糊"，降低了它作为日常教学依据的作用；其二，课标与课程、教学政策的一致性不够突出；其三，课标未与基于标准的评估同步进行，没有获得必要影响力的支撑；其四，缺少能够有效检测教学和标准之间关系的制度和工具。

测方面，存在标准重设的现象，各类标准之间的关系未得到厘清。专业群体在标准的实施过程中的作用未受到足够的重视。

发挥"课标"的导向作用，发挥质量监测的诊断作用，是本次教育改革的重要议题，旨在纠正以往"考试为指挥棒"的价值取向。但如果仅仅将政府主导的课标、质量监测的标准用于判断学校教育质量，很有可能发生"旧瓶装新酒"的现象。那么如何发挥导向、诊断的作用，还要依靠运用这些标准的人。

三、教育质量保障系统中的地方教育领导：何去何从？

郑燕祥曾指出教育质量保障经历了三次浪潮。第一个阶段，教育变革与创新致力于改革教与学的方法和过程，聚焦于内在的教育质量保障。第二个阶段从组织效能、持份者（stakeholder）的满意和市场的竞争方面强调了交叉式（interface）的教育质量保障，努力使教育质量获得内在的和外在的持份者的满意。第三个阶段不同于传统的范式，指向于未来的教育质量保障，在全球化、地方化、个体化因素的影响下，需善用各方资源，发展学生的情境多元智能（Contextualized Multiple Intelligence，简称 CMI）（Cheng，2003）。缪伊斯（Muijs）则归纳学校改进经历了四个阶段：第一阶段为非系统性的改革，以组织变革和学校自评为重点，缺乏对学生学习结果的关注；第二阶段学校效能和学校改进得以有效结合；第三阶段强调学校改进中的学生结果、班级过程、能量建构和复杂的专业发展方法；第四阶段学校之间的合作成为学校改进的驱动力（Muijs，2010）。暂且不论这两种归纳的差异点。就教育质量保障而言，越来越趋向于系统性的改进，合作已成为系统改进必不可缺的环节。加之问责政策的影响，使得教育质量保障不可避免地要体现在对学生学业成就的关注上。

在这种背景下，地方教育机构在教育质量保障中扮演越来越重要的角色。由于地方教育机构统筹控制着当地的教育资源，更为熟悉当地的教育问题，在实施过程中有可能对政策进行重新包装、推敲、修订、完善等，故地方教育机构是"权力的实践"（Levinson，Sutton，2001），是国家政策的"中介协调者"（Hamann，Lane，2004；Sunderman，2010）。英、美、澳等国在 21 世纪初均意识到地方教育机构的重要性（Marshall，2007；Rorrer，Skrla，Scheurich，2008），希望地方教育机构能够扮演组织者、协调者的角色，有效地实施国家的教育政策，在学校能量建设中发挥积极作用。如英国地方教育局（Local Educational Authority，简称 LEA）在 20 世纪八九十年代声势减弱，导致教育改革方案愈加脆弱和不稳定，故 2006 年的《教育与视导法案》中赋予了 LEA 新角色，强调 LEA 在地区教育事务中的协调、整合作用；美国、澳大利亚均将学区作为教育系统性改革的重要一环，着力于建设学区内部的合作关系，以推动学校的变革。在理论研究方面，地方教育领导作为教学领导、合作领导与系统领导的主题也开始浮现。

教学领导是一种行动，旨在为教师创造高效、满足的环境，为学生设立令人满意的学习环境和目标（Greenfield，1987）。这一概念出现较早，随着核心课程的颁布及各国对学生成就的关注，这一概念也被不断赋予新意。罗尔（Rorrer）等人综合前人的研究，认为学区教学领导主要发挥的功能是：通过协作、校准（align）他人的工作建构能量；监督目标，通过提高资料的可获得性、可利用性、透明性和可说明性（accountability）来提高教学；寻找人力、经济资源支持教学（Rorrer，et al.，2008）。故学区教学领导兼备"管理"与"支持"的职能。将地方教育领导视为合作领导时，存有一个隐喻，即透过社会文化活动理论或组织学习理论，将学区看作一个学习系统。学区的领导通过实践共同体，不仅为教与学提供支持，还从中建构自己的能力，并为政策制定提供良策（Gallucci，2008；Honig，2003，2008；Knapp，2008）。学区领导作为合作领导，通常需要扮演"中介者"的角色，这种跨组织的工作经历，使其面临"权威导向"与"合作导向"的角色困境（Burch，Spillane，2004）。系统领导是一种伦理的、有效的领导行为。系统领导与合作领导不同之处在于，它并不强调领导的"同时性"、"共享性"。它的假设是并非所有组织成员在同一时间内都扮演领导者的角色，或合作性地参与每一次的决策。系统领导在于与不同的人接触，在不同的时间内激发他们的能量（Collier，Esteban，2000）。换言之，系统领导着眼点是系统的能量建设。

在西方的研究中，教学领导、合作领导或系统领导更多表现为一种集体行为，并没有指定为教育质量保障系统中的某一类人员。但是综合这三者表现出来的工作特征与角色困境，与中国本土实践联系起来思考时，则容易聚焦于教研员。原因有三。首先，教研员是推进区域教学质量改进的主要人员。他不仅需要关注教师的专业发展，还要关注教研组的组织建设，并具有管理职能，目的在于提高教学。从这一方面而言，其具有成为系统领导的可能。其次，教研员组织区域研讨、公开教研等活动，在校际合作中扮演了重要的角色。有可能扮演合作领导的角色，但也需兼顾问责与改进，故有可能面临作为中介者的角色困境。再次，与教育督导相比，教研员的工作聚焦于教与学的管理与改进，是中国教育质量保障系统中的教学领导。

在课程改革背景下，中国的教育督导、教研员的"专业性"开始被强调。虽然两者都被寄希望于扮演"专业人士"的角色，但是教育督导的"督政"职能并没有受到太多的争议。而教研员所具备的"行政职能"则成为众矢之的，对教研员的专业诉求更为强烈。从教育质量保障机制的环节运作而言，这种诉求不足为奇。因为教研员的工作渗透在标准制定、教学指导、评价各个环节之中。教研员如何工作，将直接影响到教育质量保障的方向。教研员不似督导，不具有合法的教育行政职位。他在教育质量保障系统中，位置具有较大的弹性。既可以是教师的支持者，也可以是国家政策的实施者（卢乃桂，沈伟，2010）。他的言行可以促进或制约教育质量的内涵发展。在由"应试教育"向"素质教育"转向之初，柳斌就意识到处于教育系统中的教研室要"端正方向，不要专门去'研考'，而要'研教'，研究如何提高对付高考是方向性的错误，应当研究如何提高教学质量"（柳斌，1987）。

但是，当教育改革进入课改阶段时，教研员因袭传统而表现出来的工作特征对新课改所倡导的理念的阻碍表现得尤为明显。钟启泉指出教研室的行政化取向。这种建制适应了"应试主义教育"的一套，几乎处于"经验主义"的封闭状态和"分科主义"的割裂状态。教研人员处于"亦官亦民"、"非官非民"的尴尬地位。不少教研员"以不变应万变"，或者"以变制变"，提出一些貌似"素质教育"，实则"应试教育"的似是而非的口号或主张，扰乱了视听（钟启泉，2004）。暂且不论这种批评是否有失偏颇。但可以看出教研室在教育质量保障系统中的重要作用。教研员处于国家政策、学者理念与教师实践的中间层。若这类人员成为课改理念的助推剂，有利于实现"以学生发展为中心"的教育观。反之，若这类人员的关注点在"优秀率"、"升学率"上面，依旧是"应试教育"的强化剂。

有学者在分析基础教育课程改革遭遇抵制的原因时，指出其中的一部分原因在于配套体制、机制不完善（吴康宁，2010）。换言之，缺乏将课程理念落实到教学实践中的机制、机构和人员。实际上，教研员正是实现这一工作的关键人员。崔允漷从课程实施的角度提出，课改背景下的教研员应实现如下改变：从执行教育政策走向发展地方课程政策；从研究学科教学走向研究课程发展；从实施"以考代管"走向研究质量监测（崔允漷，2009）。

教研员扮演何种角色，一方面与其所处机构的性质有关。另一方面，也与教研员自己对角色的选择、内化有关。在筹建国家义务教育质量监测体系中，有学者指出需要专业机构来负责国家义务教育质量监测的具体事务。这一机构不应当成为政府机构的一部分，而应当以中介机构的形式存在（王少非，2006）。但是就目前的研究发现而言，中国的督导机构、评估机构要么直接属于教育行政机构，要么属于教育行政的"内生性机构"（葛大汇，2008）。教研室有否可能成为相对独立的中介机构，教研员在教育质量保障系统中发挥什么样的作用？学者对教研员的专业诉求是否可能实现？若厘清了这些问题，可反推中国教育质量保障存在的问题或取得的经验。

第二节　教研员的角色：来自政策、理论、实践的分析

国际教育改革研究与中国实践图景均提出了一个问题：当下的教育质量保障机制与教育变革所倡导的理念是否一致？若深入追问，必然涉及教育质量保障系统中的人。教研员作为教育质量保障系统中的重要一员，面临着教育政策与理论研究提出的诸多期待。然而，他们并非被动地执行着这些期待，对此，他们有自己的诠释与行动。

一、当代政策文本中的教研员角色

当代政策文本对教研员的角色界定，无疑受到以往教研员行为与作用的影响。在1990年颁布《关于改进和加强教学研究室工作的若干意见》之前，国家教委中学司曾于1987年对各省、自治区、直辖市的教研室及其工作进行了一次比较广泛的调查。调查结果显示："各地一般都认为，教研室是从事中、小学教学研究和教学业务管理的机构，是同级教育行政部门在教学工作方面的助手。"同时，这次调查中也暴露了教研体系长久存在的问题：机构设置多样，人员编制不清。这些都模糊了教研员的行政与专业的职能界限。故此后的教育政策，一方面澄清教研员的职能，另一方面结合

具体的教育改革，提出教研员的"理想角色"（见表1-1）。

表1-1 1990—2010年间主要的教育改革政策对教研员的角色期待

年 份	政策文本	有关教研机构或教研员的内容
1990	关于改进和加强教学研究室工作的若干意见（简称《意见》）	明确了教研室的"事业单位"属性； 教研员按教学计划规定的课程门类配备； 教研员的职能为："为教育行政部门决策提供依据"、"组织教材"、"教学检查和质量评估"、"研究教育"、"组织教学研究活动"、"总结、推广教学经验"、"指导教师"
1993	中国教育改革和发展纲要	"各级政府和教育行政部门要把教育教学研究和教育管理信息工作摆到十分重要的地位"
2000	教学研究室工作规程（征求意见稿）	对教研员的学历、教育观念、知识、能力、态度及思想作风做出了规定
2001	国务院关于基础教育改革和发展的决定	教研机构要充分发挥"教学研究、指导和服务等作用"
2001	基础教育课程改革纲要（试行）	"在教育行政部门的领导下，各中小学教研机构要把基础教育课程改革作为中心工作，充分发挥教学研究、指导和服务等作用，并与基础教育课程研究中心建立联系，发挥各自的优势，共同推进基础教育课程改革"
2002	教育部关于改进和加强教学研究工作的意见（征求意见稿）	明确当前教研工作的主要任务是："改进和完善教学研究制度和工作方式，努力将教学研究工作的重心下移到学校，逐步形成民主、开放、高效的教研机制"；再次强调教研系统的"研究、指导、服务职能"
2003	国家教育部关于改进和加强教学研究工作的意见	"发挥教研员在课程改革中的作用，尊重教研工作的独立性和专业特点，保证教研员把主要的时间和精力投入教学研究工作"
2009	教育部关于进一步加强和改进基础教育教学研究工作的意见（讨论稿）	重申2002年的征求意见稿，指出教研工作要"为教育行政部门提供决策依据；帮助学校建立与新课程相适应的常规教学管理制度，对中小学执行国家课程方案实行监管和评估；推进以校为本教研制度的建设，促进教师的专业化成长；认真研究和总结课程改革中的经验和问题，积极推广优秀的教学改革成果；加强教研机构和人员队伍建设，提高专业研究、指导、管理和服务的能力与水平"。提出建立教研人员准入制度、激励制度

年　份	政策文本	有关教研机构或教研员的内容
2010	教育部关于深化基础教育改革，进一步推进素质教育的意见	"教研部门要充分发挥组织协调作用，促进农村学校建立多种形式的教研共同体和教学合作组织；各地要大力加强教研队伍建设，充分发挥其教学研究、指导和专业服务作用。完善教研工作机制，创新教研形式，建立直接服务学校的专业支持网络"

由此可见，随着政策文本的演进，越来越强调教研员的专业角色，淡化其行政角色。这与政府职能的转变趋势是一致的。1985 年，中共中央决定基础教育由"地方负责，分级管理"。寄希望于地方政府在统筹、规划地方教育事业发展中扮演重要的角色。新课程改革之后，国家进一步下放了课程管理权，地方、学校均获得了一定比例的课程设计权。如今，在重大的教育政策文献中，都强调政府职能向"服务性"发展，为地方的教育改革提供支持力。教研机构作为政府部门的直属机构，对其服务职能的呼唤是与政府职能转变相契合的。例如，2009 年，陈小娅在全国基础教育教学研究工作研讨会强调教研工作应加强对农村课改的支持。除了服务职能之外，教研员的研究职能也受到关注。2006 年，朱慕菊曾指出，教学研究是教研室的中心任务，是教学指导、服务的前提和基础。

其次，对教研系统整体改革的关注不够。在 20 年间（1990—2010 年），中国教育事业的规划（"九五"、"十五"、"十一五"）均未将教研系统的改革列入政策议题。而教育振兴行动计划（"面向 21 世纪教育振兴行动计划"、"2003—2007 年教育振兴行动计划"）虽然强调改革教学内容、教学法，但对于教研机构及教研员的角色只字不提。除了 1990 年的《意见》外，再无专门针对教研机构和教研员改革的专门政策。2000 年的《教学研究室工作规程》只是以征求意见书的形式出现，最终束之高楼，未有下文。随着课程改革的启动、推进，教研员在课程与教学中的作用日益凸显。从 2001—2010 年的政策文献中，对于教研员的"研究、指导、服务"角色多有强调。2009 年的"讨论稿"中又一次提出"管理"职能。在实际运作层面，教研室依旧归属不清，与 20 世纪 90 年代的格局并无大异。既有设置在教师进修学院内部的教研室，也有教育局（科）直接领导的教研室。此外，因课程改革的运作，政府内部机构的调整，在一些城市，教研室与"课改办"（或课程教材研究中心）实行两块牌子、一套班子，在一些县区，考试中心与教育研究中心合并，成为"教育研究考试中心"。由此可见，教研室的定位非但没有清晰，且越来越模糊。

虽然中央政府层面，对教研政策未做具体、详细的规划，但是各地却对教研工作的改革做出了丰富的阐释。这与课程改革的深入、校本教研制度的确立密不可分。2003 年，"创建以校为本教研制度建设基地"项目正式启动。上海教科院教师发展研究中心与八区教育局合作展开"区域性推动校本教研制度建设"，各区教研室和大学专业工作者、教师等形成合力，实现了"教研重心下移"，教研员表现出研究者、服务者的角色（王洁，顾泠沅，2005）。黑龙江安宁市以教研员为抓手，强调教研员"先知、先悟、先行、先思"。内蒙古呼和浩特市教育局对教研员工作进行量化管理。山东潍坊市教育局打破教研员终身制，并聘请教研员为政府督学等（胡庆芳，杨玉东，等，2005）。在这些举措中，不难发现各地对于教研员的职能定位差异很大，既有行政导向，也有专业导向。

二、教育理论研究中的教研员角色

教研机构存在已久，但对教研制度，教研员角色研究的兴起则与课程改革同步。在 21 世纪之前，理论界对于教研机构与教研员的研究并不关注。在各类教育期刊中，主要有三类文献反映教研工作。首先，由各地教研室或教师进修学院（或教育学院）从听评课、命题、批评等方面论述教研工作的技巧；其次，由教研员本人结合实践，总结的教研工作经验，或由他人记录的对优秀教研员的工作事迹报道；再次，是对各省、市、区教研工作的汇报，或各类教研活动的纪实。所以，自 20 世纪 80 年代末到 20 世纪末，对教研员的角色，理论上没有系统的探讨。但是在第八次课程改革的背景下，教研员被赋予了多重的角色（见表 1 – 2）。

表 1 – 2　教研员在课程改革背景下的角色

职能范畴	角色期待	改革动力
与教育行政的关系	承担政府提供的教育公共服务的中介成员（王培峰，2009）	政府职能转变

续表

职能范畴	角色期待	改革动力
与课程改革的关系	从课程与教学理论的解释者到研究者；从单向鉴定到深入指导；从准官员到服务协调者（潘涌，2008） 专业的课程领导者：从执行教育政策走向发展地方课程政策；从研究学科教学走向研究课程发展；从实施"以考代管"走向研究质量监测（崔允漷，2009） 从教学技师、教练员、政府官员到研究员（魏宏聚，2010）	三级课程管理制度
与校本教研的关系	研究者、教师的朋友、实践者、领航员、服务员（邹尚智，2006） 校本培训、教学督导、教育研究、课程改革、教师发展、教育交流（李健，2006）	校本教研制度
与教师专业发展的关系	为一线教师提供专业支持的专家（钟启泉，2005） 多重角色的专业人员，在理论与实践之间发挥中介作用（王洁，2008）	教师自主发展

上述研究主要根据教育改革的背景，从思辨的角度，提出教研员的应然角色。其中不乏研究者从"专业领导力"的角度建构教研员角色的理论框架（宋萑，2012）。除此之外，也有一些质性研究揭示了教研员在实际工作中扮演的角色："专业的霸权者"、行政化的教育研究者、检查和监督为主的指导者、考试质量的监控者（赵起月，2010）[80-82]。具体到个别教研员，这些行政、指导特征的表现又有所不同。有关教研室职能异化的论点也得到了相关证据的支持（吕忠堂，2000）。一些研究表明各级教研室把组织教师的论文评比，学生竞赛，研究考试和评估检查作为教研室的中心工作来做，教研员陷入管理事务和闲杂事务，偏离了教研职能的本义。

所以教研员的角色期待与角色践行之间有很大的差距。虽然研究者从各个角度对教研员的角色转变提出了迫切的要求，但是教研员的职能未在课改的十余年内形成巨大的变化。原先的角色得以继承，新的角色有待形成。

三、教研员对其角色的理解

与政策文本、理论研究一脉相承的是，在 21 世纪之前，教研员对于自身的认识比较一致：把自己看作教师的业务领导。具体的职能为上示范课、培养青年教师、提高教学效率；在写文章、编资料方面，也以指导教师教学为主；即使工作具有科研性、培训性、行政性，但"对所任学科教材教法指导性是教研员工作的本质属性"（亦明，1992）。也就是说，虽然教研员在20世纪90年代意识到自己工作的多面性，但各种职能并不矛盾，均有其合理性，重点在于深入学校，改进教学。

然而，当各种政策文件对教研员提出多种要求，理论研究告诉教研员应该怎么做时，也直接影响了教研员对自己角色的理解。这种理解表现为以下三种形式。

一是教研员将政策或理论的要求视为自己的角色，并在实践中践行。如政策文本中提出教研员应发挥研究、指导、服务的作用。一些教研室或教研员则将此作为工作的立据。如有教研员谈及："我领悟到这次课程改革的深刻之处首先是自我新生，是变革人，是要让改革的参与者都形成一种在研究状态下工作的新的职业生活方式。"（李志宏，2009）

二是教研员表面上认同政策或理论的角色期待，但实际诠释自己角色时，则偏重于传统"领导者"的角色。虽然校本教研、教师专业发展等都主张教研员去权威化，实现教研重心下移，教研员和教师形成合作伙伴关系。然而，教研员在阐释如何促进教师发展时，则强调"引领"的作用。此外，新课程改革对教研员研究课程、设计课程提出了要求，但教研员依旧把主要目光聚焦在教学上，认为教研员的工作中心是研究教学，即研究课堂，研究教师，研究学生，研究教材，研究教法。也有教研员未曾以外界的角色期待作为构建自我的标准，而是根据自己的学习历程，调整自己的教研活动。

与上述两种温和态度不同的是，有教研员直接抵制课改中的专家意见。认为教研员不足以担当专业的"课程领导者"，其工作的重心依旧在研究"教与学"（翟立安，2009）。

简而言之，若以教研员群体为出发点，对角色做出理解时，与政策文本、理论研究的期待差异不大。然而具体到教研员个体，且落实到日常实践的教研活动时，对于角色的诠释还是有很强的个人特征。

第三节　教研员的身份：一个亟待研究的问题

在课程改革的背景下，教研员被寄望于承担专业人员的角色，为教与学提供支持。然而教研员个体对此具有不同的阐释。若一味地停留于理想角色的叠加，未能对教研员的角色阐释、身份建构、能动性做深入的探析，则无法洞悉教学质量保障过程中到底发生了什么？教研员为什么会对角色形成多种的阐释，选择不同的行为？鉴于此，教研员的身份成为一个亟待研究的问题。

一、何为身份

身份不仅是社会学中的一个重要概念，也在其他学科中广泛应用。正如詹金斯（Jenkins）所说：社会学家、人类学家、政治学家、心理学家、地理学家、史学家对于身份，都有话可说（Jenkins，2008）。故认识论的不同导致了身份概念的模糊，并常常导致其与角色、位置（position）等概念混淆①。根据以往的研究，可归纳出有关身份的以下三个特征。

身份具备相似性和差异性（Jenkins，2008；Ricoeur，1991）。身份（identity）来源于拉丁文 identitas。在牛津英语字典中解释为：对象（object）的同一性；随着时间的流逝表现出一致性和连贯性，并在此基础上呈现事物的确定性（definiteness）和独特性。詹金斯在此基础上，指出身份这一概念包括两个比较的标准：相似性和差异性（Jenkins，2008）。里科（Ricoeur）也主要从两个维度分析身份：作为共性的身份和作为自我的身份。作为共性的身份指向于时间上的永恒性；作为个性的身份意味着独特性和不可取代性（Ricoeur，1991）[188-189]。萨默斯（Somers）主要从群内与群际之间来区分身份的同一性与差异性。她认为个人为了与社会群体保持一致，必须与所在的群体（group）共享相同的特征；同时，相同群体的成员

---

① 尤其在中文语境中，status 译作"身份"，泛指社会成员在社会中的位置，其核心内容包括特定的权力、义务、责任、忠诚对象、认同和行事规则，还包括该权利、责任和忠诚存在的合法化理由（张静，2009）。identity 既被译作"身份"（尹弘飚，操太圣，2008），又被译作认同（李茂森，2010），但所指为同一事物。在本书中，将 identity 统一译为"身份"，关注的是"我是谁"，"我眼中的他人"，"他人眼中的自己"及"他人眼中的我"。与社会阶级形成中的"身份"（status）无关。将动词 identify 和名词 identification 译作"认同"。

也需表现出不同的特征，以区分于社会的其他群体（Somers，1994）。

身份既是固定的，也是流动的。在现代社会之前，社会比较稳定，身份在一定程度上是被指派的，而非被选择或采用的（Howard，2000）。当现代性对人的本体安全性造成冲击时，人的生活经历了"被抽离化"（disembedding）与"再嵌入"（re-embedding）的过程时（Beck，1992），身份的建构也必不可免地发生了变化。贝克用"个体化"反映了如何重构生活，它不是个别的、自愿的、在不同类型的历史环境下建构的，而是在发达的西方工业社会中一次性完成的。鲍曼（Bauman）详细阐述了现代性背景下，身份建构中的"本质主义"与"建构主义"特征。他用"朝圣者"代表对身份稳定性和一致性的追求。而用"观光者"、"流浪者"、"游戏者"反映后现代背景下，个人的身体、思想都在自愿或不自愿地流动着（Bauman，2000）。温格（Wenger）根据实践的性质，对身份进行了描述。他指出身份作为协商的经验，作为共同体的成员，作为学习的轨迹，作为多个共同体成员的连接中枢，作为地方与全球关系的体现（Wenger，1998）[145-146]，有固定与流动的两面性。

身份主要有个人身份和社会身份两个层面[①]。社会文化活动理论（Culture History Activity Theory，简称 CHAT）将身份分为集体身份与个体身份两种。其中集体身份是组织性生活的结构特征（Roth，Lee，2007）。个体身份是个人高级心理发展的过程，是对群体行为的内化（Vygotsky，1978）。批判实在论的代表阿彻（Archer）将身份分为个人身份与社会身份两种类型。其中个人身份表现为个体的内部对话与情感阐释，社会身份是对群体能动者获得角色的个性化（personification）（Archer，2007）。简而言之，个人身份是个人一系列个性的同一、一个人区别于另一个人的整体的标志，凸显的是差异性；社会身份是某个集体共同身份，强调集体成员之间的相似性及集体成员相信他们之间所具有的某些共同性和相似特征（王夫艳，2010）[26]。

---

①　身份也存在其他形式的分类。如吉（Gee）根据以往研究将身份归为四类：自然身份、制度身份、议论身份和类化身份（affinity-identity）。每种身份获得的过程，背后的权力及权力的来源都有所不同。其中自然身份由自然力发展而来，权力来源是自然；制度身份由权威授予，权力来源是制度；议论身份来自于议论、对话产生的认可，权力来源是理性个体；类化身份来自于实践的分享，权力来源是类属群体（Gee，2000）。但社会身份与个人身份是分析身份的基本维度。以制度、组织、人际为背景探讨身份的形成基本都可以纳入到社会身份。

二、身份建构：从结构与能动者互动的视角

如果仅仅探讨教研员的"身份"，可知教研员是"谁"，在教学质量保障系统中的个人定位及其作用。但是却无法回答教研员为什么成为"谁"？所以研究的问题必须进一步深入到教研员的身份建构过程。

从身份概念的解析中，可知身份的建构受到社会制度、组织、文化的影响。因个人所处社会组织的多样性与复杂性，导致个人在不同情境下建构了不同的身份。结合上文的教育变革的分析，可知在教育质量保障系统中，教研员身份的探讨对当下的课程改革的推进具有深远的意义。所以此处已为教研员的身份建构，预先设定了一个制度环境：教育质量保障。教研员如何与这一制度进行互动，建构自己的身份？这就需要借助"角色"这一概念。伯格（Berger）和卢克曼（Luckmann）将角色视作制度的代表，通过角色扮演，个体才能参与到社会世界中去。通过内化这些角色，相同的世界对个体而言，才会在主观上变成真实的（Berger, Luckmann, 1967）[89,184,194]。所以，研究特定制度环境下的身份建构，角色是不可或缺的概念。

角色是制度与身份的中介。角色内置于特定的关系中（如医生/病人，房东/租客，教师/学生），且建立在制度环境基础之上。换言之，医生这一角色不仅反映在"医生与病人"这种关系之中，还体现在一整套的医疗制度中，包括（医院、药物供应、设备、受训人员）等相关概念。所以，进入角色不仅仅意味着面临他人的主观期待，还意味着不自觉地（involuntarily）地进入结构和情境约束中（Archer, 1995）[186]。

但是角色（role）与角色占有者（role occupants）又存在区别。角色是已经客体化了的现实，而角色占有者则有可能通过能动作用，复制、重塑原有角色，形成新的角色。换言之，角色一方面具有稳定性，与系统的其他部分（parts）存在各种制度化的关系；另一方面，从能动作用出发，角色占有者也会对角色重新做出界定。故不能将教研员的身份建构简单地理解成对已有角色的内化。这样无疑降低了教研员的能动性，将其身份建构视作教育质量保障系统对其社会化的过程。教研员社会身份的建构，也可能重塑特定的角色。只是这一过程历时较长，且需要教研员发展成为具有共同目标的职业群体，方可能实现。

简言之，虽然制度变迁错综复杂，影响因素甚多，但可以通过已有文献寻得特定制度背景下，教育质量保障人员的角色变迁；并通过这一变迁，重新审视制度与教育质量保障人员的互动。然后将历史形成的角色特征与现有的角色背景结合，分析教研员如何在课程改革背景下建构身份。

三、教育质量保障与教研员身份建构

看待教育质量保障的效果与理据，不能持"理所当然"的态度。即认为国家颁布学业标准、教师专业标准，教育质量保障人员就会落实这些标准，教师就会消化这些标准，一个"社会化"的过程就会自然而然的发生。这些都忽视了政策实施过程中的复杂性与个体的能动性。在政策实施的每一个环节，政策都会被解码、诠释。有研究发现，在面临外在检查时，教师并非"逆来顺受"，他们会产生"精心设计的表演"（choreographed performance）（Webb，2006）。同样，教育质量保障人员也会因为各种因素对质量保障做出不同的诠释。就地方教育领导而言，影响他们行为的因素各种各样：既包括宏观教育政策、地方资源，也包括人与人之间的微观政治，同时还包括个人的能力、态度、信念等（Spillane，Thompson，1997）。

无论何种影响因素，反映到个人"意义生成"层面，则表现在对"一致性、价值、归属感"的追求上（Lumby，English，2009）。这也就是身份建构的过程。通过身份建构的研究，既可以明白结构施之于个人的各种约束或促进，也可以明白个体如何对结构做出调试或顺应。由此，教育质量保障中的各种张力得以呈现，由政府参与的质量保障到底是质量控制还是质量提升，也得以清晰的描述。

具体到中国教育场域中，隶属于地方教育行政部门的质量保障人员多样化。但是最接近教与学的质量保障人员则为教研员。并且在中国教育变革话语下（由教学话语走向课程话语），教研员受到的工作冲击也相对较大。原先，作为教学质量保障人员，教研员的工作有"纲"（教学大纲）可依，有"法"（教学法）可据，其职能相对稳定、清晰。且由于在特定历史时期，教研员对教师的培训可以解决地区师资不足或不合格的问题而具有"存在"的合法性。然而，自课程改革实施以来，教研员已有角色开始受到挑战。课程决策权的下放，校本课程的开发，课程标准的实施，都寄望于教研员能够扮演专业支持的角色。在充满张力的教育变革图景中，教研员

如何阐释教育质量保障系统诸多调试与期待，如何建构其身份？回答这一问题的前提是厘清教研员业已形成的角色及所处的情境特征，然后在此基础上，分析教研员"如何"建构身份及"为什么"如此建构身份，换言之，教研员的角色是嫁接制度变革与身份建构的中间桥梁，教研制度的演变为教研员角色变迁提供了结构性底基，为其身份建构提供了场景与条件。

第二章

理论基础与研究设计

西方、中国对教育质量保障系统中的地方人员的职能、作用的研究已经浩如烟海。基本上也默认了这类人员同时具备教育问责和专业支持的角色。但是这类人员如何内化这些角色，如何在多种职能中进行取舍、实践，以影响当下的教育变革的研究较为少见。

第一节　身份建构的理论视角

在身份研究中，将文化、制度、组织、个人因素联系起来的理论很多，但每个理论对身份建构的路径描述不一，形成了文化、制度、组织与个人之间的不同关系。较为一致的看法为身份（identity）是连接个人和社会的中枢（Wenger，1998），认同（identification）是个体行动的指南，也是社会运行的基础。认同这一概念涉及的是个体与集体、个人与社会这两个常常被认为是冲突或对立的关系（Deschamps，Devos，1998）。社会学视角下解释个体与集体行为、社会与系统的经典概念是结构与能动作用。鉴于此，可根据社会学视角下结构与能动作用的四种关系，来梳理身份认同的过程，并探讨其用于解释教研员身份建构的可能性。

一、"自上而下"的身份建构

自上而下的身份建构，意味着外在的结构或情境，在身份的形成中起着决定性的作用。这类研究以苏联的维果茨基（Vygotsky）学派为代表，也体现在早期的阶级形成的研究中。

维果茨基认为，人类高级心理机能的发展经历了"人际间"（interperson）到"个体内心"（intraperson）的过程。人类借助工具进行的集体活动，是人类身份形成的开始（Vygotsky，1978）。列昂节夫（Leontiev）进一步丰富了维果茨基的思想，指出人类一方面作用于外部世界，改变着外部世界，一方面也改变着自身（Leontiev，1978）。因此，他们成为什么样的人，这由他们的活动来决定，而活动则受活动方式和活动的组织形式发展所达到的水平所制约。这意味着个体身份的获得必须以集体身份的获得为前提。

维果茨基的思想在20世纪70年代末经欧美学者改造后，形成了不同的流派。在维果茨基看来，中介主要由工具和符号组成。工具（tools）是人类影响活动目标（客体）的"指挥员"，具有外在性，并带来客体的改变。与工具相对的是符号（sign）。符号是内在活动的工具，旨在自我娴熟（mastering oneself），促进人类自然能力向高级心理机能发展（Vygotsky，1978）。沃茨奇（Werstch）等人继承了维果茨基的中介观念。他们把中介视为连接社会与个人，渗透着历史、文化、制度等因素（Wertsch，Tulviste，Hagstrom，1996）。并认为对能动作用的理解应该超越个体层面，能动作用来源于群体（Wertsch et al.，1996）。相较于沃茨奇，恩格斯托姆（Emgeström）和温格分别成为社会文化活动理论和情境学习的代表，对维果茨基的理论有不同程度的发展，并逐渐突破了身份由集体衍生而来的传统。

在阶级形成中，有关集体身份的研究过多强调了"自然"或"本质"的特点，忽视了个体在身份建构中表现出来的能动作用。这些研究将身份视作来于地区特点或结构位置特征。集体内部的成员被认为是内化了这些品质，形成自我。该理论根据预先设定的一套兴趣或价值（这些兴趣受到文化、性别、宗教、居住模式的影响），将人视为社会分类后的一员，个体通过内化这些兴趣或价值，形成身份。这种身份一般被视为"给定"的，而非主动获取的。

以此视角来探讨教研员的身份建构，重在历史、文化的梳理，并以特定的教研活动为分析单位，关注教研员在有目的的活动中，通过具有物质、心理特征的中介完成特定的工作，并实现自我的改变。这种改变更多地表现为心理机能的发展，实质上并没有回答"我是谁"的问题。虽然，列昂节夫强调了在集体活动中人际关系与社会分工的重要性，但也没有分析"他人如何看待我"。沃茨奇强调中介的历史性、文化性、制度性，并表明人类的能动作用来源于中介的使用，但是相对忽视了个体的主体性。所以，以自上而下的方法探讨教研员的身份建构，更易于从"类"的层面理解教研员的工作，及其群体表现出的能动作用，却忽略了教研员群体内部的多样性及个体主体性。

二、"自下而上"的身份建构

在 20 世纪 70 年代，由米德符号互动论影响的身份建构研究占据了主流。这类研究的视野主要聚焦于个体（Cerulo，1997）。虽然不同的理论对结构与能动作用的关注程度有所不同，但是身份建构的出发点均为能动者。由于社会身份理论（social identity theory）和身份理论（identity theory）是西方社会心理学和微观社会学研究身份的主要代表，并在不同时期内有所发展，内部也形成不同流派。所以此处选取这两个理论来分析身份建构。

社会身份理论的奠基人物是泰弗尔（Tajfel）。他主要从群际关系、群际互动的层面探讨社会自我。社会自我的建构与个体对社会因素的感知有密切联系。20 世纪 80 年代中期，特纳（Turner）提出了自我类化概念，进一步发展了社会身份理论。社会身份理论认为社会自我的建构在于"个人对其从属于特定社会群体的认知，并且群体成员资格对他/她具有情感和价值意义"（Tajfel，Turner，1979）。社会身份的建构有三个过程：社会分类（social categorization）、社会比较（social comparison）和积极区分原则（positive distinctiveness）（Tajfel，1982），其背后的驱动力在于情感和价值意义。其中，社会分类是群体行为的认知基础，是指个体将所处的群体分为内群体和外群体，并将符合内群体的特征赋予自我。社会比较是指个体将自我归类与社会中的实际分类相比较，一致性水平越高，个体对身份认同的程度也就越高；一致性水平低时，个体则会采取相应的行为，重新评定自我，及其与群体的关系。积极区分原则是指个体通过采用各种策略提高自尊。虽然社会身份理论认为，社会行为不能单从个人心理素质来解释，要较全面地理解社会行为，必须研究人们如何建构自己和他人的身份。这并非否认个人心理因素在身份建构中的意义，而是强调个体所处的情境和文化。

　　在身份理论中，自我被视作身份的集合体，而身份来源于个体对社会中所占据的特定角色的反应。这种身份又称为角色身份。个人不同的角色认同（角色身份）将按显著性排列成一种独特的层级结构，反映了个体理想中的"自我"（McCall，Simmons，1966）。虽然身份理论的参照标准是"角色"，但其内部有不同的发展。斯特赖克（Stryker）认为传统的符号互动论将社会视为单一的，未经分化的整体。而微观层面展开的互动又使得社会充满变动。鉴于传统的符号互动论缺乏将社会互动的动态与广阔的社会背景联系起来的具体途径，斯特赖克提出了结构化的身份理论。他认为社会是高度分化的，个体在各种社会情境中选择符合自己与该社会情境的角色，就形成了角色身份。影响身份建构的主要有两个因素：互动的承诺（interactional commitment）和情感的承诺（affective commitment）。前者指承诺的广度，即与特定身份相关的角色数量；后者指承诺的深度，即与身份相关的"关系"的重要性（Stryker，1980）。柏克（Burke）也受到符号互动论的影响，强调在与他人的互动中获得身份的意义。但他的身份理论从个体的内在标准出发，建立了一套自我确认的内部机制，以寻求身份的稳定性。并指出身份建构主要由标准、输入、比较和输出四类程序构成。标准是指个体对照角色内涵与社会期待，产生的内在身份标准。输入是指与自我相关的情境的输入，通常来源于他人的评价，个体经过情景输入后，会对自我产生相应的看法。比较是指将感知到的信息及产生的意义与内在标准进行比较。当比较的结果表现为一致的时候，个体会产生积极的情绪体验，并继续行为。若结果表现为不一致，个体则会趋向于改变行为，使其接近一致（Burke，2006）。

　　由此可见，社会身份理论虽然强调情境的影响，但依然以个体的社会认知为出发点，即个体主动将群体心理化；在身份理论中，社会对行为的影响由自我导向（self-referent）的角色身份所协调。所以，由社会心理学、微观社会学主导的身份研究，虽然在不同层面强调了情境的作用，但其聚焦点始终放在个体的认识水平。正如斯特茨（Stets）和柏克比较了社会身份理论与身份理论后，指出身份是由一系列的自我观点组成，这些自我观点是在特定的群体或角色中，通过自我归类或认同而形成的（Stets，Burke，2000）。

　　根据这一理论视角，可以从教研员对自己的身份归类出发，或者从教研员的内在身份标准出发，利用相应的框架，研究教研员在与其他群体互动（督导、教师）中形成的自我认知与比较，并产生的相应行为与态度。但是这种微观层面的互动，忽略了教研员所处的历史文化对其身份的影响。

三、融合主义的身份建构

自上而下的身份建构忽略了主体的能动作用，将集体活动视为身份的主要来源；自下而上的身份理论具有众多分支，在自我归类与自我认同的基础上，不同程度地强调了情境的作用，但缺乏对社会组织、制度、文化的探讨。除此之外，出现了第三种的身份建构，既强调文化、制度、组织，又强调个体的主动性。这类研究以建构主义为代表。建构主义作为反"本质主义"的代表，反对建立一套本质或核心的特征以作为群内成员共有的特性，而是将集体视作社会的"人造物"——一个被塑造的实体，根据盛行的文化脚本和权力中心进行重造、流动（Cerulo，1997）。

社会文化活动理论（Cultural-historical Activity Theory，简称 CHAT）作为继维果茨基和列昂节夫之后，发展起来的第三代社会文化理论（Roth，Lee，2007），不仅强调了历史、文化对身份建构的影响，也强调了活动主体的能动作用。斯坦森克（Stetsenko）和爱尔埃维奇（Arievitch）尝试对经典的社会文化理论做出补充，指出人类的主体性在社会生活中，伴随着物质生产一起发展。这时对自我的理解突破了传统的"心理建构"或"环境决定"，而是将自我视为个体与社会的纽带，是一个不断建构的过程，而非一种固定的特性（Stetsenko，Arievitch，2004）。CHAT 对身份的建构主要建立在恩格斯托姆（Engeström）的三角活动框架之上（见图 2-1）。

其中，主体是活动中的个体或小组（Engeström，1987）；客体（又称作目标）是主体操作的对象，既指物质世界中需要改变的人和事，也指对改造的憧憬（卢乃桂，何碧瑜，2010）；共同体由若干个体和小组组成，他们共享客体并自我建构以区别于其他共同体；工具包含了将客体转换为结果的过程中用到的所有事物（物质工具、心理工具）；规则是对活动进行约束的规定、法律、政策和惯例，及潜在的社会规范、标准和共同体成员之间的关系；分工是共同体内成员横向的任务分配和纵向的权力与地位的分配（Engeström，1987）。

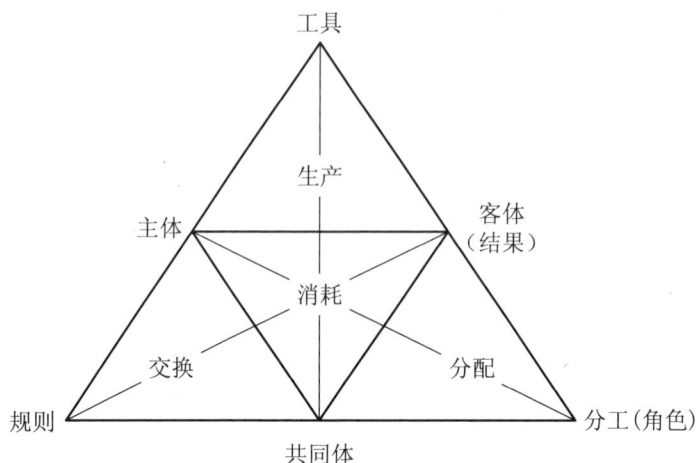

图 2 - 1　三角活动框架

　　恩格斯托姆对 CHAT 做出精致的时候，借鉴了马克思（Marx）的生产、消费、交换、分配的概念。活动理论中有四个子三角，分别代表上述四类活动。罗斯（Roth）对这一理论做了进一步澄清与诠释，认为主体、客体、共同体、工具、规则、分工六个因素可以相互塑造、相互转换。而原先的生产、消费、交换、分配不仅代表四类活动，还代表三种关系。主体与客体之间被视作实践的关系，客体与共同体之间存在分配的关系，主体与共同体之间存有交换的关系（Roth，2008）。鉴于此，主体身份的建构不仅与特定的活动目的有关，还与活动中其他的要素产生互动，且这种建构是不断生成的。

　　此外，温格把身份的形成看作学习的过程，个体只有具备与共同体相关的知能，才能逐渐进入共同体，并在共同体中产生归属感，对共同体做出贡献，形成身份。他强调身份的形成不仅仅限于当下实践中，还体现在参与者在共同体，在更广泛的社会结构中所处的位置。身份的形成是认同与协商的双重过程。认同是指为获得团体的归属感提供经验与材料（material）；协商是指不同经验相互作用，获取意义的过程。参与是身份形成的来源，但参与的边界不是由主观的或外来的力量所划定的，而是由实践共同体内的相互介入、共同事业和共享的技艺库这些实践的要素所界定的（Wenger，1998）。由此可见，温格对身份的探讨已经超越了简单的"群体活动"决定论，强调个人对特定群体的参与，所拥有的知识和形成的归属感。且对于身份的认识，也没有停留在特定的时空背景下，而是突破时空限制，强调多个共同体内意义的协商。

除此之外，叙事身份研究的兴起也弥合了能动者与环境之间非此即彼的关系。洛斯克（Loseke）将叙事身份分为文化叙事身份、制度叙事身份、组织叙事身份和个人叙事身份。有效的社会变革将发生在社会生活的各个层面，而各个层面的叙事也是相互关联的（Loseke，2007）。萨默斯（Somers）运用叙事身份（narrative identity）和关系场景（relational setting）来分析如何协商能动作用，如何建构身份，如何中介社会行动。她认为叙事性（narrativity）和关系性（relationality）是社会存在、社会意识、社会行动、制度、结构、社会本身的前提条件，自我及自我的目的在不断流动的时空交错的内部、外部关系中建构与重构。个体以特定的方式行动在于避免损害特定时空下的存在感（sense of being）。叙事不仅是身份的形式，也成为身份建构的方法。叙事身份的建构主要有四个要点：各部分的关联性（relationality of parts）；因果情节化（causal emplotment）；对事件的选择性拿取（selective appropriation）；时间、顺序与地点（temporality，sequence，and place）（Somers，1994）。

由此可见，融合主义视野下的身份是不断建构的、具有关联性的，个体与社会都是影响身份建构的主要因素。以此为依据讨论教研员的身份建构，既能够反映中国特有文化对教研员身份的影响，也能够明晰教研员在不同组织（共同体）内所进行的意义协商，形成的归属感。

四、形态衍生理论视野的身份建构

阿彻（Archer）对于融合主义多有批判。她认为融合主义模糊了社会与个人的界限。她以吉登斯（Giddens）的结构化理论为批判对象，指出结构与个人的双重性挤压了个体的反思空间（Archer，1984）。她用二元性代替了二重性，认为结构与个人不是一枚银币的两个面，而是两股互相缠绕的绳子。结构对个体不存在必然的影响，只有与个体从事的活动发生关系，被人所感知，才可能对行动产生影响。换言之，能动者通过有目的的"筹划"（project）才可能感受到来自结构的制约或促进，然后能动者与结构之间的互动、阐释才有可能发生。由此产生的一个重要启发是：可以通过具体的项目（或活动），从历时性角度①来分析身份建构。

阿彻认为"我成为谁在于我关心的是什么"（Archer, 2003）[133]。但是身份不能简单地等同于自我选择。个体在形成身份的过程中，不可避免地被置于一定的结构之中（如生活机会、资源分配、现有职位、现存角色排列、制度结构等）。在每一个"自主"的选择中，总携带着一部分"非自愿的"（involuntary）的特征。阿彻反对从关系中解读身份的建构，她认为这样会出现两种结果。一是个体成为结构的附属物，一是结构成为个体的附属物（Archer, 2007）。她运用形态衍生理论探讨了个体身份与社会身份的建构。

首先个体身份来源于内心对话，是个体苗生性质（personal emergent property）②的体现。阿彻认为个体在实践中产生了不同的情感，这些情感对个体的关注（concern）做出了评论。因反思的介入，可对情感评论做出回顾、澄清、监视、改变，由此对情感性（emotionality）做出了进一步的阐释。而这些都发生在内心对话过程中。这是一个有关"满足我们终极关怀，自我监督，致力于所接受的情感评论"的无止境的对话过程。所以阿彻将个体情感视作内在生活的重要组成部分，是内心对话的燃料（Archer, 2000）[194]。

反思在这里的作用并非试图将第一序列的情感理智化，"我们将其视作对我们想主导（lead）的生活的引领（guide）"。所以反思介入之后，对第一序列的情感会有一个选择和重新排序。有必要指出的是，在第二序列时，主体不仅对"终极关怀"做出了取舍，还对满足"终极关怀"的条件作了权衡。虽然这一过程不是"理智优化"的结果，但阿彻并不否认理性（logos）在反思过程中的重要性，她说：情感判断不能决定终极关怀，我们最为关注的不能简单地等同于情感上最吸引我们的，否则就不会存在对话与审思（deliberation），变成了来自炽烈情感的独白（Archer, 2000）[194-195]。由于

---

①　阿彻认为，吉登斯的"结构 - 能动作用"二重性无法解释"历时性"的因果关系，提出"二元性"（即结构与能动作用是相互独立的个体，两者有其各自的特征），并明晰了结构与能动作用的时间维度。从结构条件、社会互动、结构阐释三个层面分析两者的关系。

②　阿彻在本体论上吸收了巴斯卡的影响。即结构与能动者是独立的实体，两者内部蕴含多层次性，且各自具有"苗生"（突现）性质。"苗生"（突现）是实体在特定层面上来自于更低层面的特性，而该特性并不能由更低层面的特性所预测，且不能还原为那些更低层的特性（殷杰，安篪，2007）。换言之，无论是个人"苗生"（突现）性质，还是社会"苗生"（突现）性质，或者文化"苗生"（突现）性质，其产生有其自己的逻辑。且不可化约，因在社会互动、系统整合的作用下，这些性质都在不断地演变之中，纳入了其他因素。

关注里面既包含了"我要成为什么样的人"的外在目标，又蕴含了主体的承诺，所以终极关怀是感性与理性的混合物。

内心对话过程有三个重要阶段：识别（discernment）、审思（deliberation）、笃行（dedication）。识别是"对我们有理由认为值得做的项目的初步检查"，这时候现在的"我"对于要成为什么样的人有一个期待，未来的我会对此做出回应。这一过程唤醒了表层的满意与不满意。第二阶段的审思意味着现在的"我"与未来的"我"在对话过程中形成一致的目标，即研究解决自我可以为之生活的关注。贯穿这一阶段的基本问题是："你有多在乎"，通常伴之以"你会走多远"的追问。第三阶段的"笃行"（dedication）是主体决定什么值得做，并愿意对之倾注情感的生活，达成个人判断。在决定何为自己的终极关怀时，会以牺牲其他的关注为前提（Archer，2000）[232-238]。个体通过优先、调节、形成主从关系来达到内在的一致。所以在内心对话过程中，自我与反思认识持续不断的作用。当对话完成，个体通过独特的承诺（commitment）模式形成明确的个人身份。

个人身份是社会身份形成的前提。个人身份将影响个人进入社会的位置与立场，是影响社会身份建构的重要因素。如果说个人身份主要受到个人苗生性质的影响，那么社会身份则是个人苗生性质、社会苗生性质和文化苗生性质相互作用的结果（Archer，2000）[255]。表现为角色占有者对角色的个性化诠释，具体表现为从群体能动者走向行动者（actors）。同时社会身份丰富个人身份的建构。当个体将群内成员建构的角色个性化之后，并愿意为之付出，给予承诺的时候，新的个人身份随之形成。所以将社会身份看作个人身份的子身份（Archer，2000）[294]。

由此可见，阿彻的身份建构是一个不断循环的过程，起点在于个人身份。在个人身份建构的过程中，她避免了"自上而下"或"自下而上"的方式，而是通过内心对话呈现了个体在私人领域丰富的心理信息，虽然这不失为一种主体性的表现。但是内心对话本身就是对结构的中介，其中必不可免地涉及主体对所处结构中促进与制约因素的判断与权衡。在这种情况下，反思不再是一个不可捉摸的话题，而是"主我"与"客我"的对话①。需要指出的

---

① 这一对话又分为两种形式，一是过去的我（me）与现在的我（I）的对话，另一种是现在的我（I）与将来的我（You）的对话。

是，人幼年时段与物理环境互动产生的情感只是基础。当下所产生的情感不仅仅来自于自然秩序，还混合了实践秩序与社会秩序的体验①，只有具备了前述的"情感基础"，才可能有今天的身份建构。无论是前期的、抑或后期的情感评价，都是镶嵌在实践中，互相影响，互相作用，形成自我意识流的延续。故研究虽不可能追溯至人的幼年活动及其情感体验，但就围绕某一特定的实践，分析其关注重点与情感判断，是可行的。

　　融合主义虽然从过程的角度展现了身份建构中"结构"与"个人"两类影响因素，但是却无法回答身份建构中的能动性的动因来源究竟是个人，还是结构？阿彻通过社会身份、个人身份的关系，区分了不同阶段结构、个人因素在身份建构中的影响。更重要的是，她揭示了身份结构过程中能动者的发展，把能动者视为享有相同生活机会的群体（Archer，2000）[265-267]。一类是初级能动者，即根据资源分配，在社会占有一定位置的人。当初级能动者（primary agents）从私人领域走向公共领域，在社会化的过程中，通过与其他群体的互动，形成了团体能动者（corporate agents）。团体能动者表现出来的相同的、客体化的行为，在系统层面即为角色。对角色赋予个性化意义时，将产生社会身份。所以如叶启政所言："施为"（agency）的作用有如是一个媒介体，或更恰当地说，有如火车铁轨的转辙器一般，乃作为一个制约体，替具"主格人"之"个人认同"的"行动者"，在角色扮演"社会认同"时，安装上基本的"结构"性底基（叶启政，2000）[361]。故在形态衍生理论中，能动性是身份建构的动力机制。从形态衍生理论的视角探讨教研员的身份建构，不仅可知教研员如何建构身份，还能对其能动性进行探讨，回应教研员为何建构如此身份。

---

　　① 阿彻区分了三种"现实"的秩序（order）：自然、实践与社会。在每一种秩序里，主体互动的对象有所不同，形成了不同的关注、情感评价模式和知识。其中在自然秩序里，主体关注的是生理幸福感，其情感判断是本能的，产生了体化知识（embodied knowledge）。在实践秩序里，主体关注的是表现成就（performative achievement），情感评价是基于能力的，产生了实践知识。在社会秩序里，主体关注的是自我价值，情感判断是基于规范的，产生的是话语知识（discursive knowledge）。其中实践秩序连接了自然秩序与社会秩序（Archer，2000）。

第二节 理论框架的提出

教研员的"制度演变"与"身份建构"是本研究的两大主题。其中"制度演变"试图解决教研员"从何处来"的问题，并为分析教研员当下的角色冲突与身份建构奠定基础。而"身份建构"则试图展现教研员作为能动者，如何、为何建构身份。"自上而下"、"自下而上"，抑或"融合主义"的身份建构理论在回答上述问题时，均有缺陷。而形态衍生理论则将角色、身份、能动作用的关系剖析得非常清楚，故此处将对阿彻的身份理论做进一步介绍，并论证其用于解释教研员身份建构的适切性。

一、身份建构的理论框架

阿彻继承了洛克伍德（Lockwood）的社会整合与系统整合的思想。社会整合是行动者之间和谐或冲突的关系，而系统整合则着眼于"社会系统各部分（parts）"之间相容或不相容/矛盾的关系。这些部分总是被看作表示不同程度的耐久性/易变性的制度化复合体（Mouzelis, 1992）。阿彻对此做了进一步的区分与精致。她认为对系统（结构）与社会（能动作用）做出区分是重要的，只有通过分析结构和能动作用随时间伸展，彼此塑造和重塑的过程，才能够说明在不同的时间上的各种社会结果（Archer, 1996）。系统（结构）由位置（position）、角色（role）、制度（institution）发展而来，有其自己的特征。而社会整合则借助于能动作用，经历了从初级能动者、团体能动者、行动者的过程。同时，系统整合与社会整合也时时处于相互作用的关系之中（见图 2 - 2）。

在这里，阿彻有两个重要的预设。"人人都是能动者"是一个不言而明的隐喻。但是在社会整合过程中，不同阶段的能动者所发挥的能动作用有所不同，对系统整合产生了不同的影响。这也就是阿彻的第二个预设，即能动者是具有层次性的。阿彻在 20 世纪 70 年代末《教育系统的社会起源》（Social Origins of Educational System）这本书中，已经提出了多层次能动者的思想，用于证明专业人员、团体的产生及其对教育的控制。由于阿彻将结构和能动者视为两个独立存在的实体，且指出结构具有结构苗生性质和文化苗生性质，能动者具有个人苗生性质，避免了化约论的局限（即要么将人看作社会的产物，要么将社会看作人的产物）。同时将能动者与结构之间的互相作用路径呈现出来，使个人身份、角色、社会身份的产生、相互作用有迹可循。

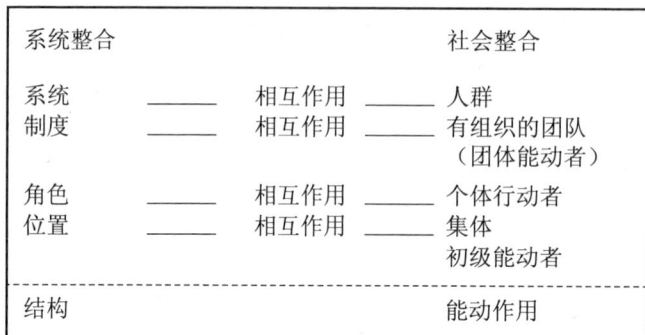

```
系统整合                      社会整合

系统      _____ 相互作用 _____ 人群
制度      _____ 相互作用 _____ 有组织的团队
                                （团体能动者）

角色      _____ 相互作用 _____ 个体行动者
位置      _____ 相互作用 _____ 集体
                                初级能动者
- - - - - - - - - - - - - - - - - - - - - - - - - -
结构                          能动作用
```

图 2-2　系统整合与社会整合

简而言之，结构与能动作用（或系统与社会）同时存在，是相互交织在一起的"两股绳"。当个体携带着个人特征进入到社会中时，已经带有能动性，但只是初级能动者，与此相对应的是，此时的系统结构已经存在，对于特定存在的个体，会在系统中给予一个"位置"。初级能动者在由私人空间进入公共空间时，与团体能动者互动后的结果客体化，系统会将此类活动描述为特定的角色。个体因机会、兴趣等因素，会进入或形成不同的"组别"（group），在接受群体规约的同时，也成为群体的有效组成，以群体的力量，对已有的系统中的"部分"进行阐释，成为"团体能动者"。"团体能动者"中的个人会基于自我特征，对这类角色做出成为"行动者"的阐述。

阿彻在 2000 年对这一组概念再度精致化。按照能动者的活动场域、实现类别分为四个领域。将能动者在不同阶段与结构的互动，对角色、身份的影响描绘得更加细致。行动者不止于在公共空间阐释特定的角色，还进一步深入到私人空间，对个人的角色诠释进行反思，追寻意义，形成新一轮的"自我"。需要注意的是，每一层的"阐释"均蕴含着两种可能，一为复制已有的结构、角色，一为重塑角色。从"团体能动者"到"自我"包含了"角色与社会身份"，社会身份与个人身份的双重互动（见图2-3）。

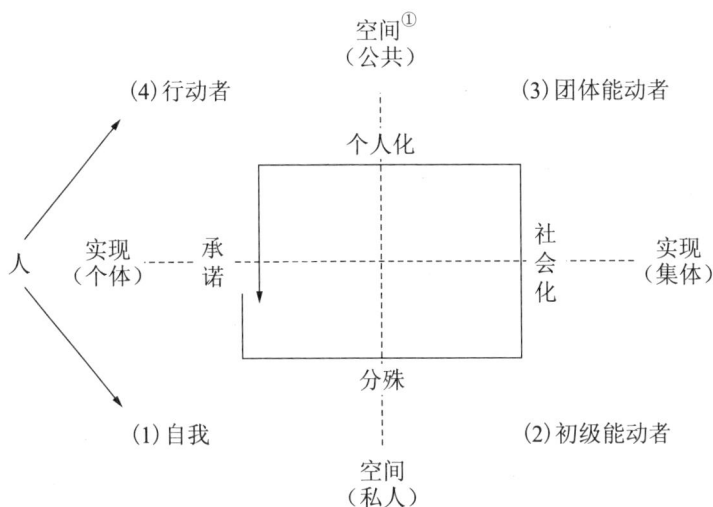

图 2-3　批判实在论视野中的能动者（Archer，2000）

图 2-3 表明，个人身份与社会身份的形成是有次序、分阶段的，这是逻辑分析的需要。在现实过程中，个人身份与社会身份是耦合在一起的。人大多数时间同时处于自然、实践、社会三重秩序之中。从出生到成熟，人的情感的发展首先来自于感官的刺激。而这些情感会成为后来知识、情感发展的基础，所以个人苗生（突现）特征是个人身份形成的主要来源。个人身份强调作为人的完整体，以情感为燃料。社会身份的出现经历了三重发展。从初级能动者到团体能动者，再到行动者。初级能动者被视为集体共享相同生活机会，他们与团体能动者的最大的不同之处在于初级能动者没有言明（articulated）的目的，发展相应的组织去实现他们的追求（Archer，2000）。团体能动者在互动的过程创造了"角色"，行动者给序个性化阐释，即意味着社会身份的产生。透过行动者这一概念，一方面，经由角色所展现的结构性制约力被承认，另一方面，"主体"所蕴含的个体性，也可以在人们的社会互动过程中被落实。也就是说，行动者这一概念，可以让"主体"的能动性与"结构"概念内含的必然制约性，相对地有着

———————————

①　此处将"display"翻译为"空间"，实际上是个人活动场域的一种陈列。与哈贝马斯所说的个人空间、公共空间（public sphere）不为同指。阿彻对结构、能动者有层次的区分，使得系统整合与社会整合成为两个独立的场域，两个场域互相作用，互相影响。在此过程中，社会既有可能复制系统，也有可能对系统做出改变。归根结底，其动因在于能动性。

平起平坐的机会（叶启政，2000）[360]。从上述过程而言，社会身份和个人身份是一个辩证的关系。虽然它们促进了彼此的产生，但是它们有其自身的"茁生"（突现）性质和不同之处。这反映了阿彻一贯所持的批判实在论立场。

所以在探讨社会身份建构的过程中，不可回避主体的个人身份如何。正如阿彻的观察所言：个体在社会上承担着多种多样的社会角色，但是行为者并不是被动的面对这些竞争性的社会要求，他们会努力获取自身的平衡，哪怕会后悔，哪怕在观察者看来是不平衡的（Archer，2000）。这意味着在研究行动者如何对角色进行个性化处理时，还需进一步探究：主体为什么会做出这种个性化的选择？即个人身份的介入。虽然本研究不以教研员的生命史为研究主线，但也不否认教研员以往经验对当前身份建构的重要性。阿彻将自我作为探讨社会与结构能动作用的起点，否认了人是社会的"礼物"。而是强调任何结构性的制约或促进，只有被人感知到才能发生作用。这将成为理解教研员身份建构与能动性的重要切入点。

二、从形态衍生理论研究教研员身份建构的可行性

无论是西方还是中国，对教育质量保障人员的研究，常常存在非此即彼的看法。如不少研究看到了结构（尤其是政治环境）对教育质量保障人员的影响，将他们简单地视为国家控制教育的工具。但一些执着于历史研究的学者，则看到了这群人员当时的"专业基础"。持中和意见者则认为这类人员的职能发展至今兼具了教育问责与专业支持。然而对于为何如此，很少给出有力的回答。这是一方面。

而另一方面，当提高教育质量成为全球共识时，建立有效的问责机制也成为国际主流趋势。原先兼具问责与改进职能的地方教育领导再次被寄予厚望，无论是理论还是政策上，都希望他们能够推进教学改进，促进合作，提升学校能量，实现教育系统变革。但有学者意识到学校的高效能不仅仅依赖于正式的结构，根本上还在于实践的人。这些人在领导教与学改进方面，是如何理解、从事他们的日常活动，至关重要（Honig，Copland，Rainey，Lorton，Newton，2010）。霍尼格（Honig）在有关中心办公室管理人员的学习中指出"协商与意义建构"在政策决策与实施中占据重要地位。研究者应设计相关的研究去探究"微观的政策制定过程"及其与中心办公

室管理者的真实实践发生联系（Honig，2008）。

从上述两方面而言，研究教育质量保障背景下的教研员身份建构实为一种必需。可以由此看出这类人员的归属感，进而分析为何出现这种归属感，呈现政策环境与质量保障人员实践互动的复杂图景。那么为何选择形态衍生理论作为观察视角呢？诚如身份建构文献分析中所言，形态衍生理论避免了将人作为结构的附属物，或将结构化约为人。并找到了结构与能动者之间的因果机制，有助于回答"为什么"的问题。这是来自于理论的启发。除此之外，还有现实层面的原因。

教研员作为中国教育质量保障人员，由来已久。但目前的主流声音将其视为"以俄为师"的结果。诚然，中国教研组、教研室的发展与俄国经验有着密切的关系。但若从中国公共教育质量保障的发展而言，在"教研员"之名产生之前，已经存在类似的人员。这类人员如何产生？有什么样的特征？与1949年后教研体制中的教研员有什么关系？回答这些问题，必须通过历史分析。为了在分析过程中，持"中立"的态度，不做事先的预设（将教研员作为国家权力的延伸，或作为教师的支持者），选择形态衍生理论会是一个合适的视角。运用形态衍生理论，可将结构与教研员（或类似教研员的人员）视为两个独立的实体。两者之所以发生互动，必然建立在一定的"项目"（project）基础上，即在什么情况下结构层次的制约性与促进性被能动者所感知。此外，形态衍生理论的三个阶段，即结构条件、结构－能动者互动、结构阐释也有助于分析教研员在不同时期的角色变迁与特征。

另外，论及教研员，不能简单地将其视为"一类人"。发展到今天，教研员内部已经存在多种分层。按行政级别划分有省级、市级、区级教研员，按学科划分有语文教研员、数学教研员等，按学段划分，由高中、初中、小学、幼儿园教研员。这些分类意味着不同的教研员在教育系统内部占有不同的位置。那么这种由结构赋予的位置，如何影响到教研员社会身份、个人身份的建构呢？不同类型的教研员的能动性是否存在差异？回答这一问题，还是要回到形态衍生理论。因为在形态衍生理论中，能动者、结构都是多层次性的。其中结构由位置（position）、角色（role）、制度（institution）发展而来，能动者分为初级能动者、团体能动者。这些分层，以及各个层次之间的互动为观察不同教研员的能动性提供了丰富的视角。

所以，从形态衍生理论分析教研员的身份建构是适切的。它不仅可以为宏观的历史分析提供视角，避免强烈的主观假设，也可以回答身份建构中"如何建构"与"为什么这么建构"的问题。

第三节　研究方法

早期质性研究主要来源于人类学，并建立在功能主义理论基础之上。如今的质性研究已经超越了决定论和实证主义所倡导的客观性，而是聚焦于探究活生生的经验实例，且不以普遍化为诉求（Riehl，2001）[1]。

一、质的研究取向

质化研究的运用必须遵循其内在的逻辑。通常，采用什么样的研究方法取决于研究问题和研究目的。当研究者试图回答"是什么"，并希望将结论普遍化时，可以通过量化研究解决问题。当研究者要回答的问题不仅仅是"是什么"，还追问"怎么样"与"为什么"时，通常会采用质性研究方法。事实上，判断采取何种方法，还有更深层次的原因。人类如何看待"现实"，影响了人类认识现实的方法。古巴（Guba）和林肯（Lincoln）从本体论、认识论和方法论层面分析了实证主义、后实证主义、批判理论和建构主义在探究方式上的区别。由于实证主义认为现实是真实存在的，可理解的。所以在认识论上表现为客观主义，寻找真实（true）的结果。所使用的方法多表现为经验性的、可操作性的，用于验证假设的量化方法。而建构主义认为现实是当地、具体建构的，在认识论上表现为主观主义，创造生成结果，所采用的方法是解释的，辩证的（Guba，Lincoln，1994）。

本研究旨在探讨教研员的身份建构，不仅仅需要回答教研员的角色"是什么"、身份"如何"建构，还要进一步追问为什么教研员的身份建构

---

① 质性研究的"普遍性"问题，在质性研究者内部产生两大不同观点：一种认为质性研究的目的在于理解，不以普遍化为价值诉求，另一种认为质性研究同样可以像量化研究一样，对其所产生的结果进行"普遍化"，这种认识与质性研究和量化研究的争执有关，也与政府机构对何种研究是科学的界定有关。即使如此，质性研究学者在寻求其"科学化"的道路上，并没有一味地向量化研究"普遍化"看齐，而是指出质性研究"普遍性"的不同依据。包括强调"个案特征"的普遍性（Gobo，2004），"分析的普遍性"（Yin，2004），等等。

是如此情形，所以本研究以质性研究为取向。身份建构表现为对意义的追寻，而了解意义、历程等都是质化研究之所长（麦斯威尔，1996）[26-27]。除此之外，质性研究使不同人群的声音得以聆听；强调了不同情境下不同行动者的经验，丰富了传统教育社会学中的主流声音和主题（Riehl，2001）。

回到阿彻的形态衍生理论，不难发现以质性研究为取向实为本研究之必须。首先阿彻的形态衍生理论强调时序性。她将结构与能动者视为两个不同的实体，拥有各自的特征。两者相互作用后，会对结构做出阐释。而业已阐释的结构又会成为影响能动者行为的新的因素。这是一个螺旋式循环的过程。对过程的研究必须采取质的研究方法。

其次，本研究主要以教研员的身份建构为切入点。从形态衍生理论来看，这一身份建构的过程首先建立在个体能动性的基础之上，是结构与能动性互相作用的基础，是个体对所关注事项的排序、选择、实践。所有的过程都是一个主体参与，意义建构的过程。从这一点而言，也必须采用质的研究方法。

最后，也是最为重要的一点是，以阿彻的形态衍生理论作为本研究的基础，意味着研究者对身份建构进行阐释时，采纳了巴斯卡有关现实建构的观点。阿彻作为批判实在论的代表，吸取了巴斯卡的思想，将现实看作是多层建构的，划分为三个世界：自然、实践与社会。其中实践是自然与社会的连接体。在三个不同的世界中，产生了三种不同类型的知识：内嵌（身体）知识，实践知识和话语知识。这些知识不可能借助量化研究得以浮现，而需要借助观察、分析的手段。

质性研究的一个重要特点是，研究者不仅是研究工具，还是诠释者。斯泰克（Stake）在分析质性研究者作为诠释者时，也提到了三层"现实"，分别是：由外在刺激引起的感官经验，体验现实（experiential reality）和理智现实（rational reality）。并指出体验现实与理智现实常常交织在一块，质性研究的目标通常在第二层和第三层现实（Stake，2005）。这与本研究的目的也是契合的。在本研究中，关注、实践、内心对话是影响教研员身份建构与能动性的重要因素，渗透着对教研员的体验现实与理智现实的双重分析。所以从研究目的而言，本研究呈现质性研究取向。

二、个案研究的设计与实施

质的研究绘制了一张大图，包含了那些在自然环境下以观察、交往（自然话语和访谈）、记录性（加工过的）资料为方法的研究（Riehl，2001）。金（Denzin）和林肯将对经验材料的研究使用与搜集都纳入到质性研究方法旗下，包括个案研究、个人经验、内省、生活史、访谈、人工制品（artifacts）、文化情境和生产，及其对各省生活的惯例、棘手时刻与意义的描述（Denzin，Lincoln，2005）。这反映了质性研究方法与量化研究方法的不同在于数据的来源（Punch，2010），也意味着质性研究是交往的、诠释性的活动。从这一观点出发，"强调细微的差别、事件背景的顺序性和个体的完整性"的个案研究（Stake，2005），应属于质性研究中的一个方法。

在社会科学研究领域，就个案研究的应用而言，量化取向与质化取向并存。传统的量化取向的个案研究并不能系统地描述行为、能动作用和复杂事件的顺序（Abbott，1992）。故阿博特（Abbott）区分了个案的叙述分析（narrative account）方式和因果解释（cuasal analysis）方式。前者的分析建立在特定经验证据之上，后者的分析建立在大样本、变量控制基础之上。本研究以教研员的身份建构为研究重点，并与角色、能动性研究的变迁相结合，故质化取向（叙述分析）的个案研究①为适切的方法。

本研究将历史分析作为个案研究的一部分，原因在于教育质量保障系统演变，教研员角色变迁是教研员身份建构的基础。虽然教研员角色变迁研究资料主要来源于中国大陆的历史文献，且未对文献做出区域划分。而身份建构研究时，则以 H 市的教研员为个案。但并非是两个独立的研究。两者在逻辑上存在着一致性。对身份建构的研究必须借助角色的研究，并通过能动性来回答身份建构过程中的"为什么"，所以通过历史分析所得的角色其实是为后者的身份建构研究铺垫。且 H 市的教研员的身份建构必然受到国家政策、传统文化等因素的影响，同时也与地方环境、工作处境等有关系。

（一）个案的选择

个案研究可以很复杂，也可以很简单。一个儿童、一间儿童教室、一

---

① 下文所提的个案研究均为质化取向。

个事件等都可以是个案（Stake, 2005）。但个案是一个有界限的系统。所谓"界限"就是个案与其他个案及其环境之间的区别，也就是个案的独特性所在；所谓"系统"指的是个案之组成部分构成的一个相对自成一体的单位（Stake, 2005）。下面将从这两点对本研究的个案选择做出说明。

本研究以 H 市的教研员为个案，原因有三点。首先，H 市是中国大陆进行课程改革最早的地区之一。在课程标准建设、教材编写、教育评估方面都积累了丰富的经验。教育质量保障系统相对完整。教研室在 H 市的两次课程改革中都发挥了重要的作用。从培养在职优秀教师，到钻研教材教法，推广优秀经验，教研员都起到了促进作用。如今，H 市的教研员更是成为课程标准的建设者。所以，以 H 市教研员为个案，可以深入分析课改理念，课程标准对教研员身份建构的影响。其次，H 市作为中国大陆的"窗口"城市，拥有课程与教学改革方面的研究"重镇"，在教育理论与教育实践上更容易受到国外思潮的影响，并能获得大学的支持。在这种情况下，教研员较之其他地区的质量保障人员，可能获取更多的专业支持，也可能在这类人员的比较下，专业性受到冲击与质疑。故以此为背景有利于辨析教研员的专业性，能动性。最后，H 市还是中国的直辖市之一，其教研系统表现为两级：市级与区级。但在行政权限上，其市级教研系统往往与其他省的省教研室相平行。H 市的区教研室与非直辖市的市教研室相平行。所以 H 市的教研系统可谓"麻雀虽小，五脏俱全"，由此可以透视不同层级教研员的工作情况，为分析身份建构提供周全的情境要素。

H 市地处长江中下游平原，其辖内有 16 个区，1 个县。本研究选取了 K 区、D 区和 M 区。其中，D 区是调整之后的一个新区，由两个区合并而成，地理面积大，行政级别略高于其他区，其下又分设四个教育机构，分别管理所辖区域的教育工作。M 区位于市郊接壤处，地理面积居中，是"新基础教育"的主要基地，区内不少小学与大学研究者保持着密切的联系。而 K 区属于中心城区，三者之中面积最小，由于地处市区，所以区、市教研室的合作机会也较多，是 H 市的"教育老区"，其教育学院在 2004年获选全国首批"示范性县级培训机构"。

西方学者的研究发现制度环境与教学实践关系密切。学校所教科目具有不同的社会地位，如语文、数学比科学、社会研究的学科地位高，因而在学校中受到很大的重视。这说明了教学是多维度的实践，教学中一些维度与政策环境有密切的关系，而一些维度是松散连接的关系，要作细致而具体的分析（Spillane，Burch，2006）。中国学者的研究也发现不同学科的教研员对教师工作的影响方式各不一样（Lai，2010）。所以学科是研究教研员身份建构不可或缺的一个侧面。鉴于此，本研究根据 H 市现有的课程板块（基础课程、拓展课程、探究课程）选取了三类学科（或课程）的教研员。其中语文（或数学）属于高考科目，在传统的制度环境中占据重要的地位。音乐（或体育）属于非考试科目，传统意义上的"小三门"之一。综合课程（这里具体指科学）和探究课程是新课改提出的一种新的课程形态，虽然同为"新事物"，但前者是国家课程，后者是校本课程。另外，考试在不同的学段，所具备的"利益性"不同。这会进一步影响教研员的工作方式与内容。所以在选择教研员的时候，也会相应地考虑其所处的学段。

为了呈现个案内在系统的丰富性，以达到对个案的深入了解。本研究参照上述这些特征选取适当的人员对其进行分析。这也就类似于殷（Yin）所谓的嵌入型个案研究中的"分析单位"（Yin，2004），也类似于麦斯威尔所说的立意取样中第四个目的：能够清楚地比较不同场景或受访者（Maxwell，1996）。

不可否认，教研员的个人经历、性别、从业年龄都会影响到他的身份建构。这些个人因素之所以没有写入"系统"范畴内，主要是因为本研究在选取这些教研员时，无意于寻找量上的"代表性"；当具体到个人访谈中时，这些个人因素都会——呈现。但是呈现人员在结构中的不同位置，是探讨其能动性的基础（Archer，1995；Willmott，1999）。所以在选取教研员时，必须考虑到他在教研系统所负责的学科、学段，所处区域情况。

（二）资料的收集

资料收集并不是一个"按图索骥"的过程，更不可以一蹴而就。收集数据的过程既是一个对研究对象深入了解的过程，也是一个随着了解深入，重构研究问题的过程。正如贝克尔（Becker）所言，成功的质性研究是一个反复（iterative）的过程，阶段一的数据收集会为阶段二的数据操作提供信息（Becker，2009）。其实不仅第一轮的资料收集为第二轮的资料收集提供启发，就资料收集过程本身而言，是一个不断反思与调整的过程。例如，在第一轮的资料收集过程中，研究者过于关注教研员对"冲突事项"的认知与处理，但访谈过程中，很少有教研员对此有直接的回应。但随着访谈的深入，真正让教研员有"冲突"之感不是各种安排好的事务，而是各种"临时性"的事务。故研究者及时调整了访谈问题。

在两轮的资料收集过程中，研究者主要采取了下述方法。

1. 访谈

访谈是质性研究中最为突出的资料收集工具，通过它可以获取人的感知、意义、对情境的定义及现实的建构（Punch，2009）。因研究目的、情境等的差异，访谈的形式十分多元。就质性取向的教育研究而言，经常用到的访谈类型是半结构式访谈与非结构式访谈。

非结构式访谈有时也被称作族志学访谈。使用非结构式访谈意味着未在探究领域上强加任何的分类，对人类复杂行为做出理解（Punch，2009）。丰塔纳（Fontana）和弗雷（Frey）论证了非结构性访谈的七个特点：进入情境、理解受访者的语言与文化、决定如何表述自我、寻找联系人（informant）、获取信任、建立亲密关系、收集经验材料（Fontana，Frey，1994）。这种建立在族志学传统上的访谈意味着研究者要长时间地浸润在当地文化中。结合本研究的实际情况，研究者难以对 H 市多层面的教研员进行长时间的非结构性访谈。但是在研究之初，研究者通过非正式的、非结构的访谈找到联系人，并对 H 市教研员的工作有了较之文本、观察更深入的了解，并借此熟悉了他们的文化、语言。

半结构性访谈一方面可以帮助研究者聚焦于特定的研究问题，一方面又保持了访谈的开放性与生成性，不似结构性访谈那般没有弹性。所以以个人为单位，面对面的半结构性访谈是本研究的主要方法。原本计划运用团体访谈法对教研员领导下的学校教师进行访谈，以便于资料的三角验证。但因每一教研组内部的教师年龄、资历、职位有所差异，所以在团体访谈时，导致某一类教师出现"沉默"或"附和"状态。鉴于此，研究者及时改变了策略，将团体访谈改为不同人员的个别访谈。除了教研组的教师，研究还对有关教育行政人员进行访谈，作为资料三角验证的来源。

提问是访谈的核心。传递问题的方式，提问的措辞，问题的顺序与类型都是研究者需要事先考虑的。访谈过程中，研究者运用开放、直接、口语的问题来引出故事和案例取向的叙事内容（瑰柏翠，米勒，1999）[101]；如访谈之初，研究者通过一些"自传性"问题①，了解受访者。接着，研究者以教研员的日常工作活动为"敲门砖"，具体涉及教研员在听评课、组织教研活动、命题研究等方面的经验和行为。这些活动散落于教研员的日常工作中，并非无话可说。当对这些工作有了细致的描述后，研究者才会将访谈问题推向教研员的态度或信念层面。

另外，初期的访谈，由于研究者没有声明访谈地点，受到了情境因素的制约。如在第一轮田野研究中，研究者发现教研员多处于集体办公的工作环境中，这一环境可用于非正式的访谈，但是具体到一些个人事件、观点、态度时，研究者坚持使用独立场所进行访谈。

2. 观察

鉴于观察能够为研究者的访谈提供新的洞见，并能在一定程度上提高资料的值得信任程度，所以本研究将观察视为扩充或佐证其他方法所获得资料的一种工具。观察如同访谈一样，内部具有多种分类。有学者认为它是最好用的一种技巧，但也是时间压力最大的方法（瑰柏翠，米勒，1999），使用者必须接受专门的训练。

本研究主要使用了非结构性的观察，且以非参与性为前提。之所以如此设计，与研究问题、教研员的工作实际情况有密切的关系。教研员作为教学质量保障人员，其工作的对象主要是学校教研组和教师。虽然其经常活动于多个场所（包括教研室、区内各个学校），但研究者发现教研员在教研室的交往对象通常是同僚，活动要么是由教研室组织的集体例会，要么是教研员个人的单独工作。真正得以展开的、交互式的活动不多见。而教研员与同僚的关系也非本研究的重点，所以在此处，研究者不打算利用特定框架去分析教研员与教研员之间的分工、角色等。但教研室也是了解教研文化的一个场所，所以研究者会开展一些非结构化的观察，以便熟悉教研员的工作节奏、群体氛围。

---

① 在质性研究分享中，有研究者提到访谈过程中，首先以外部事件切入，会让被访者存有"安全感"。但由于教研员工作的特点，对外部事件的评价反而会增强他们的"警惕感"。曾有一位受访者说到访谈体验时，指出"征求个人的意见没有问题，有的时候人是有组织的嘛，说出来的话大家都会比较谨慎，但如果是作为一个私人访谈，无所谓的"（C - TA - 09 - 111123）。一是教研员所处的位置，容易导致他们对某一政策或事件的解释形成一种导向，所以对于"外在事件"，他们反而有"舆论压力"。二是，有一些教研员具有研究的经验，所以对这种研究性质的访谈也采取比较开放的态度。

　　学校层面的教研活动是研究者关注的重点。在访谈中会涉及教研员对各种工作的认识、态度等，但教研员是否在实践中表现出一致性，则需要借助于观察。在资料收集过程中，研究者参加教研会议2次，跟随教研员去学校，观察其主持教研活动5次，参加D区教学展示周的活动3次。涉及的以"课"为载体的教研活动可进一步划分为：学校邀请的"家常课"指导，学校内部的"评比课"，骨干教师执教的区级"示范课"、为区公开课准备的"展示课"，"区级展示课"。起初，研究者计划用社会文化活动理论中的六要素（主体、工具、客体、社群、规则、分工）来记录每次活动。但是实践中浮现出来的"情节"远在意料之外。例如，在正式教研活动开始之前，与教研员有所接触的主要是年轻教师，或者骨干教师，而来自各个学校的其他教师鲜少与教研员产生交流。故这六要素更适合于分析活动，而非记载活动。所以每次活动，研究者更多是以"流水账"的形式记载每个活动发生的环节，特定时间内的人物、事件。注重收集活动中所使用的材料。

　　3. 文献分析

　　与观察一样，文献分析也是以辅助角色出现的。它在本研究中所发挥的作用表现在进一步丰富组织、个人的信息。除此之外，文献也是对资料进行三角验证的重要来源，丰富已有的分析渠道，为其他方法的运用提供新的材料（Punch，2009）。

　　在本研究中，收集的文献类型主要有两个方面：官方文件和个人文件。博格丹（Bogdan）和拜克伦（Biklen）认为个人文件来自个人，包括日记、信件、自传、备忘录等；官方文件来自于组织机构，包括备忘录、新闻稿、年鉴、政策、各种规章制度等。除此之外，他们还提出了第三种分类，即大众文化文件，具有商业目的，功能在于愉悦、说服和启发公众（Bogdan，Biklen，1998）[70]。本研究暂不考虑这类文献。而是将教研员的公开发表物归为其个人文件一栏。就第一轮田野研究收集到的教研员的公开发表文章而言，大多反映了他们对备课、上课等业内工作的一些观点。

　　在文献收集过程中，研究者提醒自己避免"习以为常"的态度，不能把文献仅仅看作一篇文章、一份文件、一条指导意见。在族志学研究中，文献提供了丰富的分析主题：如文献是如何形成的（written）？它们是如何被识读的（read）？谁写了它们？谁读了它们？为了何种原因？在什么场合？

产生了何种结果？什么被记录下来？什么被忽略？读者在理解文献时需要知道什么（Hammersley，Atkinsion，1995）？鉴于本研究的主题，通过文献，研究者试图回答三类问题：谁写了这些文献？目的是什么？如何被识读？且"如何被识读"将进一步通过访谈法来获取资料。

综上，本次个案研究主要以访谈法为主，观察法与文献分析为辅（见表2-1）。因为本研究探究的问题是教研员的身份建构，关涉的是教研员对各种工作事项的看法、选择及其意义建构。而访谈法擅长于解决此类问题。

表2-1 资料收集的三种方式

方 法	事件（人物/地点）	策 略
访谈	寻找联系人	非正式访谈、田野日记
	对不同级别、不同区域、不同学科、不同学段的教研员进行访谈；对教师、教育行政部门的相关领导进行访谈	半结构访谈、录音、田野日记
观察	市、区教研室的工作地点、工作环境、工作事项、人员交往	非结构化的观察、田野日记
	由教研员参加的学校教研活动，如"家常课"的研讨、区级公开课的准备、市（区）级展示课等	非结构化的观察、田野日记、文件收集
文献分析	H市课程教学改革文献 市（区）教研室发布的文件 市（区）教研室的工作规章制度 市（区）教研室学期工作安排、周工作安排 市（区）教研活动的纪要（简报） 教研员的博客、发表的文章及其主动提供的各种资料	笔记

本研究共计访谈教研员38人，教育行政领导4人，教师9人。按照上述选择框架，理想上应有36个教研员作为访谈对象。但在现实工作中，音乐、体育、综合（科学）、拓展类的教研员在学段分工上没有那么细致，有时候1人可能担任该学科小学、初中、高中三个学段的教研工作，故纳入资料分析的教研员为30人，其中有两位教研员分别加访1次。每次访谈的时间为45—90分钟。对教研员，教育行政领导的访谈均为单独的面对面的访

谈。教师访谈方面，除 K 区某中学初中三个年级的 3 位语文教师参与了小组访谈，其他也均为单独访谈。

为了保护受访者，这里对受访者信息做了处理，以 "C – AE – 1" 为例，其中 C 代表了受访者所处区域（除了 C 代表市之外，其他首字母为区代号），AE 代表了受访者的学科、学段背景，1 为受访者的编号①（见表 2 – 2）。

教师的编码也按照上述规则进行（末尾加注 T，以区分于教研员），如 K – TE – T1 代表 K 区某小学探究型课程教师。因访谈的教育行政领导人数较少，且处于市层面，故编码相对简单，分别为 C – L1，C – L2，C – L3。所有访谈资料在应用时，都会缀上日期。

表 2 – 2　受访者背景信息

受访者	背 景	兼职情况	科 目	入职年限	性 别	学 段
C – AE – 01	教师	无	综合	2	男	小学
C – AF – 02	教师（教育行政）	教研室内部兼职	综合	23	女	幼儿
C – XB – 03	高校毕业	教研室内部兼职	科学	8	女	初中
C – YE – 04	高校毕业	教研室内部兼职	语文	25	男	小学
C – YE – 05	教师	无	语文	10	男	小学
C – ZB – 06	教师	无	体育	11	女	初高
C – YC – 07	教师	教研室内部兼职	语文	7	女	初中
C – ZE – 08	教师	无	体育	2	男	小学
C – TA – 09	教师（高校毕业）	教研室内部兼职	研究	4	女	小初高
D – MA – 10	教师	无	音乐	8	男	小初高
D – ME – 11	高校毕业	无	音乐	1	女	小学
D – SC – 12	教师（教师培训者）	无	数学	6	女	初中

① 需补充说明的是，访谈时间为 2011 年，所以教研员入职年限的计算至 2011 年。由于部分教研员由外省迁入，在这之前也有从事教研员的工作经历，但此处以在 H 市任职教研员年限为准。另外，一些教研员经历比较丰富，任职教师后可能继续进修，高校毕业进入教研岗位，此处在"背景"处标示的一律为其第一份职业，括号内部的职业为其转入教研员之前的职业。学科教研员兼任的教育学会、教学专业组织的职务，在这里不再标识出来。"兼职"一栏里主要标识的是其不同于教研工作的其他工作。

续表

受访者	背 景	兼职情况	科 目	入职年限	性 别	学 段
D－SG－13	教师	无	数学	3	男	高中
D－TE－14	教师	无	拓展探究	13	男	小学
D－XB－15	教育研究	无	科学	5	女	初高
D－YE－16	教师培训者	无	语文	15	男	小学
K－MB－17	高校毕业生	无	音乐	15	女	初高
K－ME－18	教师	无	音乐	16	女	小学
K－TB－19	教师	无	拓展探究	11	男	初高
K－TE－20	教师培训者	无	拓展探究	5	女	小学
K－YC－21	教师	无	语文	6	女	初中
K－YG－22	教师（教育行政）	无	语文	7	男	高中
K－YX－23	教师	无	语文	6	女	小学
M－ME－24	教师（教育行政）	社会职务	音乐	6	男	小学
M－TE－25	高校毕业生	教研室内部兼职	拓展探究	1	女	小学
M－XB－26	教师（教师培训者）	无	科学	5	男	初高
M－YC－27	教师	无	语文	1	男	初中
M－YE－28	教师	无	语文	5	女	小学
M－YG－29	教师	无	语文	10	男	高中
M－ZB－30	教师培训者	社会职务	体育	21	女	初高

另外对观察资料和书面资料也进行了编码。观察资料的编号以 O 开头，书面资料以 d 开头。由于所有的观察都写入了田野日记，所以观察资料的编码为 O－观察对象代码，后缀以记录日期。书面资料的编号规则如下：

（1）教研室的内部杂志，记为 d－区代号（例如 M/K），后缀以日期；

（2）教研室、教育协会的网站资料（包括活动安排），记为 d－N－区代号（或教师代号），后缀以日期；

（3）访谈对象所发表的文章，记为 d – P – 访谈对象（如 1，或 T1，L1），后缀以日期；

（4）教师的教案，记为 d – E – 教师代号，后缀以日期；

（5）学校的课程安排，记为 d – 区代号 – C，后缀以日期。

（三）资料分析

质性研究在资料分析方面不可墨守成规，也没有绝对正确的方式（Patton，1990），这并不意味着可以无限地创造，它仍需要高度的方法论和专业的知识（Renata，1990）。研究者在资料的分析过程中遵循了布迪厄（Bourdieu）所谓的"参与性客体化"①。首先，研究者对自己所持的认识论进行了反思，确保作者的分析视角与使用的理论本身保持一致性。其次，研究者对理论之间的流派、评判也有所反思，这表现在文献综述与文稿讨论与总结部分。再次，研究者对资料收集过程，分析过程保持反思，以弥补在接近"现实"过程中主观性可能产生的负面作用。

资料分析的深度和广度取决于资料收集的目的，及其对每一项目所作的选择（Yvonne，Scott，2002）。研究者在两次田野研究中，收获了丰富的资料。决定退出田野的主要原因是，研究者意识到所收集的资料足以回答研究问题。换言之，在资料的收集过程中，已贯穿着对资料的分析。访谈问题的调整都与研究者对希望了解的"现实"有关，而这一现实是由研究问题导向的。从田野回来之后，研究者进行了录音的逐字转录，整理了观察笔记，对收集到的文献进行分类。并将上述所有材料导入质性分析软件 Nvivo 8。

Nvivo 8 的使用主要在于提高研究者资料分析的效率，至于如何编码，如何形成概念等，还是要借助于研究者自身。本次研究中主要使用了 Nvivo 8 的节点功能、分类功能和质询功能。

首先是利用节点对资料进行编码。编码是质性研究资料分析的第一步。在 Nvivo，Atlas. ti 等质性研究工具没有普遍应用之前，基本上都是通过纸、笔的手工操作实现对资料的分析。利用这种传统的方法分析多个案例，工

---

① 参与性客体化（participant objectivation）的探究对象不是认知主体的"活生生的经历"，而是可能的社会条件，及其对经历的影响与限制。更确切地说，是对客体化行为本身的探究（Bourdieu，2003），即将主体与客体（对象）之间的关系客体化，进行反思。

作量非常巨大。当这些软件相继问世时，的确给质性研究者，尤其是扎根理论研究者带来了"福音"。Nvivo，Atlas. ti 软件自身对各种材料的包容性，节点的功能非常适合从文本本身揭示意义。与质性研究中的编码法几乎是不谋而合。编码法是将原始资料打散以便进行分析，并重新排入不同的类目中。这是一个从几乎没有结构与组织的原始材料中获取有意义概念的过程。里奇曼（Litchtman）将其归纳为 3C 的分析模式：编码（codes），范畴（categories），概念（concepts）。其中编码是首要步骤，范畴与概念会在编码的过程中浮现（Lichtman，2006）。这种编码的操作方式蕴含的前提是，不做预先的结构分析，从资料中寻找意义，形成归类。研究者在第一轮编码的时候，即采用了这种方式。利用树节点对实践层面浮现出来的事项赋予逻辑的关系。如教研员的实践活动中有一项是"以课为载体的教研活动"，但这活动又可以分为多个层次，如研讨课、展示课、评比课等。所以对其进行了内部分类。对于未能归结到特定逻辑关系中的事项，则以自由节点的形式标识。正是在这个过程中，对于一些"概念"有了"本土"的理解。如教研员所谓的"研究"到底有何指，与主流概念"研究"有何差异。

　　研究者的编码并没有止于这种"自下而上"的意义呈现。鉴于这是一项问题指向非常明确的研究，研究者的第二轮编码的主要参照依据的是研究中的理论框架。这期间，研究者不仅运用了树节点、自由节点，还运用了个案编码中的"分类功能"。从理论的角度而言，位置（position）是影响教研员身份建构的重要因素。从实践层面而言，研究者发现教研员个体过去的经历对于其身份建构也有重要影响。鉴于此，研究者对每个教研员的背景信息进行了"赋值"（value）。如将教研员的来源分为五类：教师、教育研究者、高校毕业生、教师培训者和教育行政人员。当研究者需要对其中一类人员的具体行为做考察、分析时，只要选取特定的"值"即可。通过这种分类，教研员身份建构的不同途径也越来越清晰。

　　两轮编码完成之后，需要对编码进行系统的整理。一部分的解码（解除编码，合并编码）在编码过程中已经完成。所以第三轮主要以归纳范畴为主。研究者仔细阅读树节点、自由节点，对其逻辑关系进行检查与提炼。当资料分析进入这一阶段时，挑战也愈来愈大。在上述编码、分类的过程中，教研员的"共性"大于"差异性"。简言之，教研员社会身份表现出很强的结构导向。教研员的身份建构可视作"成功的社会化"后的一个类型。但若从细节入手，30 个教研员是 30 个独立的故事，他们对职能进行不同的排序、选择，进而赋予个性化的意义。故研究者面临了"区分类型"与"兼顾细节"的矛盾。正如帕藤（Patton，1990）所言"质的研究的挑战性在于从大量的资料中寻找出意义之所在，减少信息量，辨别出对研究之事务具有重大意义的类型，并为展现资料所揭示的实质内容建立出架构"（Patton，1990）。在这种情况下，研究者重新回到研究问题，并根据已有的分类，尝试建立群组。最终形成了四种身份建构的类型。

此时，Nvivo 的"质询"（query）功能为发现"共性"与"个性"之间的逻辑关系提供了便利。在运用了自由编码、树节点编码、个案编码（"赋值"归类）的基础之上，研究者进一步利用了"矩阵编码"和"复合编码"的质询功能。"矩阵编码"是"将行与列的项目两两之间进行逻辑比较，并从选择的项目中，搜索出同时符合两项目间搜索条件的编码内容"（黄士奇，何明轩，2009）[143]。如研究者希望归纳出不同学科、学段的教研员对研究的看法时通过"矩阵质询"，在"列"中选择"小学"、"初中"、"高中"，在"行"中选择"语文"、"音乐"、"拓展"，即可以得出不同组合配置下的教研员的特征。在此基础上，研究者可以对特定人群作进一步的分析，从中归纳出对"研究"的多维理解。

另外，Nvivo 软件携带的"链接"功能，使得研究者能够迅速回到个体的完整资料中，将人的行为放于"行动流"中，赋予较完整的理解。"批注"、"备忘"等功能则便于研究者及时记录资料分析时的所思所想。对这些内容的再审视，类似于质性研究中通常所说的"情境式策略的分析法"，即根据情境来了解访谈记录或其他文字资料，使用不同的方法来界定文字中各种不同的要素的关联性（麦斯威尔，1996）。

总体而言，资料收集与资料分析是一个不断反思和完善的过程。两者之间并不存在严格的界限，只是在特定时间段内，工作重心有所不同而已。

第四节　研究可靠性与研究伦理

信度、效度通常用于判断量的研究的可靠性、可行性。虽然在追求质性研究的科学地位中，也有研究者对质的研究的信度或效度做出了论证。但在本研究中，研究者更愿意将其称为"值得信赖度"。这种值得信赖度，通常取决于"实地工作者之技巧、能力和严谨地执行其工作"（Patton，1990）[52]，而这些又和研究伦理有交叉重叠之处。故将两者放置在一节中讨论。

一、研究可靠性

若从研究设计上而言，研究者亦可以采取"多案例研究"的方法，也可以采取"单案例嵌入性研究"（Yin，2004）的设计。前者的设计思路是以区教研员为单位，分析、比较同一背景下，不同案例所表现出来的现象，由此进入到理论的归纳。后者的设计思路是将 H 市教研员作为一个案例，在这些案例之中嵌入多层次的分析单位，如地区、学段、学科等。这种经过严密设置的个案研究在回答"研究可靠性"问题上显得更加"论之有据"。因为殷在个案研究设计上的思路表现出实用主义的特征，他力求通过对分析个案实现理论上的"外推"，也就是传统社会科学研究中所追求的"普遍性"问题。

本研究未采取上述严密的设计，只是界定了个案的独特性，呈现了个案内部的多面性。缘由在于本研究并不期待通过个案来回答普适性的问题，而是撷取了质性研究的理念精髓，将本次研究看作一项交往、理解、诠释的活动。作为一个独特、完整的个案可以呈现活动的主体、时间、空间、情境、事件等，是进行深描的理想载体。所以本研究中的个案分析继承了族志学研究的若干理念与传统。但考虑到研究时间、研究者精力等问题，采用了个案的方式呈现教研员这一族群的多样、复杂。所以在判断这一研究可靠与否，值得信赖度（trustworthiness）如何时，需从质性研究的逻辑出发。

麦斯威尔认为：效度是以非常直接的、平常的方式来指研究的描述、结论、解释、诠释以及任何其他说法的正确性和可信度（Maxwell，1996）。如果仅仅用概括性、理论性的词汇来说明效度，用归类、参与者验证等抽象的方式来避免效度不够，无疑是一种"照本宣科"的方式。故研究者结合进入田野、收集资料、分析资料等过程，具体说明如何排除"信度威胁"，最大程度上保证该研究的可靠性。

进入田野之前，研究者首先对其要运用的理论具有深刻的理解。在质性研究中研究者本人的主体性或主观性特质有形塑研究的作用。避免这种主观性是不切实际的。重要的是研究者对理论所能发挥的作用，所存在的局限都要有清晰地了解。研究者需时时提醒自己，不是为了证实一种理论而去获取材料。以教研员的身份建构而言，研究者借用了阿彻的形态衍生理论，但是在结构的探讨中，融入了中国本土文化因素分析。从研究问题转换到访谈问题时，研究者考虑的不仅仅是理论中透露的关键信息，还充分考虑到受访者对该问题的反应。换言之，研究者对受访者的工作环境、工作日程、工作节奏有充分的了解，所拟的访谈问题表现出与受访者"情境相关"的特征。并通过角色迁移，设想自己是受访者时，对问题作何回答。这些过程都说明了自研究开始，研究者必须是一个反思型实践者。而田野日记则能帮助研究者监视自己主观，反思自身行为。

在田野中，研究者消除受访者的不安或不适，通过多种途径获取资料。为了让教研员畅所欲言，研究者在访谈之前，会告诉教研员本次访谈的目的、用途。如有必要，可以签署保密原则，消除他们心中的顾虑。在录音之前，征得教研员的同意，若其感到不适，则放弃录音。第一轮田野研究的经历表明有些教研员虽然拒绝录音，但是却能给予很深刻的洞见。

除了访谈之外，本研究还运用非参与式观察。研究者并非在某一阶段性的研究结束后，通过文献、访谈或观察，对获取的资料进行三角验证。而是在研究过程中，结合田野笔记，就观察中发现的新问题，及时体现在访谈问题中。这样保证了对"事件"多方面的刻画与及时地追踪。故研究过程中的三角验证不仅是获取"真实"资料的一种途径，也是防止关键信息遗漏的方法。

如何确保研究者没有对受访者的观点进行误读，歪曲，也是研究可靠性的表现之一。麦斯威尔（Maxwell）将其称为"阐释信度"，他认为检查阐释是否真实，最重要的方法就是严谨的、系统化地理解受访者对于各种事件的想法，而不是以自己狭隘的想法来框限受访者的言语和行为（Maxwell，1996）。在避免阐释信度不足的问题上，"参与者查询"是一个备受争议的方法。有学者认为要排除误解参与者的意见或观点，参与者查询是唯一有用的方式（Guba，Lincoln，1989）。但在排除研究者先入为主的建构时，也有必要认识到受访者诠释观点时所受到的各种因素的影响。所以受访者的观点只是一种参考而已。

诚如蔡敏玲所言：使这个故事"值得信赖"所作的努力并不是一个与

研究程序分开的独立步骤。这项努力嵌合在研究的整个过程中。所以在质性研究方法中，为了保证研究的可靠性，需要结合研究目的和境景，排除影响效度的若干因素。而不是临到研究结束，通过各种数据、理论来证实研究的有效性（蔡敏玲，1996）。

二、研究伦理

在说明如何确保研究的可靠性时，已经对研究伦理有所涉及。如保密原则（保护受访者的隐私）的应用。这里将对未提及的部分做补充说明。陈向明曾归纳在质的研究中，研究者本人、被研究群体、研究者的职业群体、资助研究的人、财团和政府机构、一般公众都会对研究者的伦理道德原因和行为规范产生不同程度和不同方式的制约（陈向明，2000）[425-426]。本研究是由研究者独立开展与完成的，所以主要是从研究者本人与被研究者群体及其两者之间的互动来考虑研究伦理。

首先，研究者在进入田野之时，会向研究对象表明自己的身份，说明研究目的。

其次，遵循"研究对象优先"原则。在研究过程中，以研究对象的时间、空间便利为前提。由于教研员经常往来于教师进修学院、区域内的学校等场所，事务性工作较多。所以本研究以不干扰其工作为前提。当有教研员因各种原因，拒绝接受访谈，或者临时退出研究时，研究者持开放、包容的态度。

再次，对研究对象持信任的态度。研究者基于对教研员工作的理解设计访谈问题，但同时不因没有获得"想象中"（或预期）的回答，而设置一些问题，对研究对象形成误导。这样就偏离了质性研究作为一项交往活动的内涵。研究者在信任研究对象的同时，也会对研究对象做出适当的回报。

第三章

教研员的制度变迁和角色演变

    提及教研员的来历，无论是教育年鉴还是学术论文，都倾向于认同教研员的产生"以俄为师"，具有中国特色。持这一观点者，最主要的论据在于中国的教研机构、教研室职能与苏联的教研制度类似。且中国在20世纪40年代与苏联在各个领域关系密切，教育管理上也曾掀起过"学苏"热潮。但以此断定教研员的来源，稍欠妥当。故本章首先从历史分析的角度出发，对教育质量保障系统的发展，及其教研员角色变迁做一梳理。

第一节　中国教育质量保障系统的发展

    教育质量保障在中国表现为行政干预下的教育质量控制与改进行为。其中教育质量控制的主要措施就是对教育目标达成程度的检查与监控，表现为自上而下的问责。质量改进立足于学生、教师、学校的需求，借助专业团体的力量，实现个人或组织的能量提升。若以教育质量保障系统为历史分析对象，实为一项巨大的工程。因为教学、课程、管理、评估、研究无不是教育质量保障系统的有效组成部分。从"源头"而论，教育质量保障必然与公共教育的产生有关。所以本章以晚清时期，中国公共教育的产生为始，论述教育质量保障的发展。之所以以"系统"一词冠之，也因最初的视导机制在后来的发展中，逐渐分化出新的部门和职能。同时也因本书主要的分析对象是教育质量保障系统中的教研员，所以对于分殊，或应新的教育变革情境产生出来的其他新机制，并没有多作研究与探讨，而是将笔墨聚焦于教研室，并对与教研室有关联的机构有所介绍。

教育质量保障的发展与教育内涵、质量内涵的发展密切相关。晚清政府之前，中国社会处于"皇权"居上的稳定结构中，未发展出"工业模式"逻辑的教育质量观。科举作为选拔人才的主要工具，实现人才流动的同时，也保障了统治者所谓的"教育质量"。但是，科举制度瓦解之后，对教育质量的理解，及其相应的教育质量保障机制，都有了新的发展。

一、晚清政府：以教育外在事项为主的质量保障体系

晚清时期，因洋务运动产生的新学堂和国外教会学校大量的涌入，中国的教育实态已经发生改变①。由此可见，传统的取仕之径和质量保障措施已不能胜任时代所需，加之外强入侵，国家内部矛盾加剧，使得部分政治人士确信改良教育可以挽救国势②。在此背景下，"废科举、兴学堂"运动拉开序幕。

科举考试在中国传统教育中占据重要的位置。它既是统治阶级吸纳人才的主要工具，也是"皇权"意识形态渗透至教育的有效中介。有学者指出清政府在 1905 年取消科举无异于"自杀行为"，因其丧失了"一种社会、政治和文化影响的重要工具"（Elman，2000）。废科举之后，如何延续政府对教育，对人才的控制？晚清政府在新的考试制度中，延续了毕业奖励出身的做法，从制度上保证了新学学生的出路。然而科举终究式微。学生所获得的只是"功名"，不再享受官职。通过考试形成的"进则为官，退则为绅"的链条出现了松动。与学制相结合的学业升迁考试制度开始试行，但在新学未能完全普及，学生招生人数不足的情况下，新的考试制度在实施中多打折扣（胡向东，2006）。那么在旧的考试制度废除，新的考试制度未能发挥作用的情况下，政府通过何种措施来保障教育的质量，维持政府对

---

① 当时西学兴起，出现了翻译、造船、制器、驾驶、测量等之学。传统的科举考试无法将这些人才纳为己用。对于此，主要有两种方法。有人提出在现行的科举考试之外另立一科，"以为登进人才之途也"另有人则主张改武科为艺学（王德昭，1982）[176-179]。

② 1898 年维新运动的失败，1901 年清政府签订《辛丑条约》，各种矛盾进一步激化。在此背景下，清政府愿意做出让步，使清统治合法化，于 1901 年进行新政改革。学制改革作为新政改革的重要组成部分。张之洞撰写的"癸卯学制"之所以获得通过，与其"中学为体，西学为用"的思想密不可分。这一学制兼顾了清政府的政治意识形态与革新派对新教育的若干要求。

教育的监督管理?

晚清政府在学习日本建立学制的过程中，已意识到视导为"行政之耳目"，于1906年正式建立了三级视学体系。在这之前，中国直隶省已经出现了查学，在实施《奏定学堂章程》，推广新学，监督学校教育方面发挥了重要的作用（汪婉，2010）。然而早期的查学以学堂之兴废为调查重点，对教育的指导甚少。1906年，《学部奏酌拟学部官制并归国子监事宜改定额缺折》和《学部奏陈各省学务官制折》对部视学、省视学的选拔条件、巡视范围等有了详细规定，但是如何巡视却未加探讨。

1909年晚清政府对于各级各类学校的管理有了较为清晰的图景。在《奏定视学官章程》中，指明视学官对下属各类教育行政机构、各种学堂、各项学务职员均有监督、管理的权力。其中对学堂的视察包括了教育、卫生、经费、教员办事授课、学生风纪、设施。此外，学部若有特别的指示，也需专门视察。省视学在行政权限上有别于部视学，视察类别与部视学并无很大的差异。省内的学务管理机构、各类学堂均属其视察范围。在视察学堂时，教育经费（办学收支、教职员薪金）、课程设置（课程类别、使用教材、授课时数、教师水平、教学方法）、学生情况（招生数额、在校人数、学生程度、纪律风气、缴纳学费）与设施均是其关注的要点（汪婉，2010）。而县劝学所处理的事项要琐碎与细致得多。仅1910年学部公布的《奏定劝学所章程折》中对其应办事务的规定长达二十条。除了在教育经费、课程设置、学生情况方面需加注意外，还要负责劝人入学、管理学堂考试、进行学务统计与编制、完成私立学堂与私塾之认定、教育研究所之设立及维持，及与地方性相关的工作。

晚清政府虽然模仿日本建立了视学体系，但这一初创的教育质量保障体系却有自己的特色。首先，中国晚清时期的视学视察范围广泛，"表现的监督作用十分明显"。但对教育专家（教师）的"说服"和"协调"不够，视学制度还相当不完善（汪婉，2008）[135]。其次，晚清政府的视学偏重教育外在事项的管理。有学者统计：在1907年到1909年的450篇查视报告中，报告内容多注重劝导入学、改善校舍、教具、补充师资、调查学款、加强劝学所机制。1909年至1911年期间开始注重改善教育内容和教学方法（汪婉，2010）。再次，在官僚架构的影响下，三级视学体系意味着不同行政级别的视学工作重点也会有所不同。部视学、省视学配额少，对各地教育形成抽查的形式。对教育影响密切的多为基层的劝学员。他们从筹款、兴学，到深入学校收集资料，事无巨细，一一过问。并有义务向上级视学报告。

总体而言，晚清政府时期，教育质量保障体系处于萌芽阶段。"癸卯学制"的颁布标志着国家公共教育系统的正式形成。随后，教育行政系统得以独立。在取缔科举制度的同时，教育行政系统承袭传统，借鉴日本建立了视学制度。"新学"背景下的视学延续了旧有官制，保留了官僚作风，并将部分职能典型化。三级视学拥有不同的职权范畴，各级视学工作重点不一。国家虽然力除旧弊，但对于"新学"、"旧学"的态度却是模糊的。从教育目标到课程设置，乃至学校组织，都采取了折中的态度。故对于保障何种教育、如何保障教育的实施，其实并无明确的规定。

二、国民政府：以教育内部事项为主的质量保障体系

1911 年，辛亥革命摧毁了晚清政府赖以存在的官僚权力、文化和宗教符号。与此同时，也构成了军阀、地方势力、社会力量等错综复杂的局面，削弱了政府与社会关系的统一性（Rankin，1997）。中国大陆一些地方出现了省自治的现象。在国民政府统治区内，教育思想与教育实践都发生了巨大的变化。教育目标和方法均受到了"儿童中心论"的影响。1912 年，蔡元培在《全国临时教育会议开会词》中指出成人"立于儿童之地位而体验之，以定教育方法"。1915 年，新文化运动进一步推动了"发展儿童个性"的提法。1922 年，（北洋政府）颁布的"壬戌学制"明确提出："教育要适应社会进化之需要，发挥平民教育精神，谋个性之发展。"在教育教学实践方面，一些地区已经意识到传统班级授课存在的弊端。除了引进国外的各种教学法（设计教学法，道尔顿实验室计划等），学者也进行了本土性的教学实验，采取了自学辅导、分团教授等方法。在这种情境下，民国时期的教育质量保障系统如何保障新理念、新政策的实施，对各地不同的教学研究做出何种应对？

最为明显的变化之一，就是评估标准的改变。1913 年，教育部公布《视学规程》，反映了国家主要从学校的行政、教育、经济、卫生状况，学务各职员执务状况，社会教育及其设施状况，及特定事项中监督、管理教育事业。中央视学一般根据上述事项逐一报告，但具体到对个别学校的视察报告时，多以汇报所视学校的"教"与"学"为主。1918 年，《省视学

章程》和《县视学章程》相继由教育部颁布。从政策文本而言，民国政府对视学的职能界定有所增加。在省视学方面强调了对社会教育及其设施状况的监督，在县视学方面对"学校课程教授及学生成绩之状况"、"学校训育学风及操行成绩之状况"有所关注。这与当时的社会背景密切相关。民国政府在普及教育方面，对社会力量有所强调。时任教育次长的范源濂（1913）在解释义务教育时，既强调了儿童监护人有"使儿童就学之义务"，也指出"地方公共团体有筹款设学收容其地方其他学龄儿童就学之义务"（璩鑫圭，童富勇，1997）[701]。政府对于不履行义务者，有权进行惩罚。虽然社会团体有组办教育的权利，但需经过视学检验与认证。

对学业成绩和训育成绩的关注，与民国政府考试制度的建立有关。1912年1月25日，《中华民国教育部普通教育暂行办法通令》明确宣布："废止旧前奖励出身"，标志着以考试谋取功名的路径被彻底截断。此后，民国出现了两种并行不悖的考试制度。一是文官考试制度，试行两次，但受官僚影响过大，未收成效（张皓，1999）。一是教育考试制度。由入学招生考试、毕业会考、学业竞试等组成的考试一开始只是在学校层面自主运行，国家虽然对考试类型、考试方法有所规定，却未以统一的考试来衡量学校的教育（胡向东，2006），主要还是通过视导人员①检查教育教学的效果。事实上，国民政府疲于战争，各地"新学"实施力度不一，所持教育理念不尽相同，对于"教育"目的理解本身存有差异。故在教育质量保障环节，关注的是"教育政策实施了没有"，"实施的效果究竟如何"在民国初期并不彰显。

随着教育规模的日益扩大，教育管理机构也在因时、因需地发生变化。其中劝学所在1922年改制为教育局，意味着基层教育管理机构的"兴学"任务告一段落。教育管理与地方其他事务管理的界限逐渐清晰。随着新学堂的兴起，"教学"事务成为教育质量保障关注的重点。如姜琦（1935）认为"教学"若是不好，那么其他一切都是浪费的。所以"教学视导"占教育行政的第一位。其实，在20世纪20年代至30年代期间，视导这一教育质量保障机制无论在名称、内涵、职能、人员构成上都发生了巨大的变化。

---

① 视学与视导是两个不同的概念。视学主要是享有教育行政权的教育官员，视导人员来源多样。这在本章第二节会详细阐述。

这一变化为中国以后教育质量保障机制的发展奠定了基础。

　　晚清政府在"仿日"的基础上建立了视学制度。至国民政府时期，则受惠于欧美的视导理念和中国的本土实践，视学制度演变为视导制度。当时的《教育杂志》、《中华教育界》、《江苏教育》不乏美国视导理念之介绍，也有学者将美国一些视导著作译书出版。美国的视导（supervision）中的"指导"之意也被引进。但是视察与指导的关系如何？本土学者并没有达成一致。可以确定的是，仅仅通过"控制式"的视察无法保障日益发展的教育质量。探讨为何要视导，不仅仅出于教育法令的推行，教育政策的实施，还鉴于"师范毕业的教师太多，既无教学的训练，也无教学的经历"的现状（刘之介，1941）。在这种情况下视导蕴含的教育质量改进职能得以发现，即通常所谓的"指导"。

　　"指导"职能的彰显与中国本土的教育实践有关。与晚清不同的是，民国时期出现了大量的专业团体和组织，并在不同程度上促进了教育质量的提升。但中国当时"缺乏真正完备的独立学术机构，学会之间也缺少相互联系，不能形成研究合力"（聂劲松，2006）[54]。一些民间教育研究机构因资金、合法性等问题，在教育史上只是昙花一现。由政府支持的教育研究会①却得到了长久的发展。政府干预专业组织的这一行为也表现在对各地教师开展联合研究事件的处理上。20 世纪 20 年代，中国江南地区的一些学校开始试验新的教学法，表现为学校为本，由教师、校长参与的教学研究。但是政府对小学教育的联合研究非但不加提倡，反从中阻碍。如浙江教育厅因党部的干涉取消了个地方的联合研究会（吴研因，1931）。取而代之的却是"地方教育辅导会议制度"的成立。1928 年，浙江省依各旧府属划分为 11 个省学区，将各学区内的省立中学附属小学分别改为国民教育实验学校，在实验学校内设置地方教育辅导员，组织和辅导学区内小学教员的研究和进修工作。此后，国民政府颁发了一系列的辅导条例，强调不同层面、不同学校的辅导。

　　辅导制度的出现，一方面从机构上确保了教育质量保障的"指导"职能，另一方面从制度上确立了中心学校作为教育质量保障的基层单位。国

---

　　① 教育研究会按中央、省、县三级设置，负责研究教育诸问题，为教育决策提供依据。教育研究会的参与者甚众，有"各局局长、视学、各类司长、各省学务公所议长或议绅、学堂监督教员、著有学识或富于教育经验者等"。

民政府迁都重庆之后，"中心学校辅导制度"在四川省境内得以进一步发展，采取了更加多样化的联合活动的形式，加强辅导。这些活动由各县政府按期规定，包括：演说竞赛、运动会，或童军检阅、速写或速算竞赛、时事测验、成绩展览、远足或野餐等（查振律，1941）。与这种竞赛类活动相伴随的还有各类评奖举措。除了中心学校辅导制度之外，国民教育辅导团也开始兴起。它最初产生于"省"，后逐渐形成地方性的县级辅导团。辅导团的出现加强了视导（督学）、中心学校（或师范附小）的联系。辅导团的活动如下：

> 选择对于国民教育有研究有经验的教师，担任指导员。组织巡回辅导团，巡回往各县辅导。辅导的时间，每一次以两周为准，至少也要满一周，辅导的时候，关于教学，先是初步诊断，根据诊断的结果，作初步的会谈；继之以示范，再作第二步的会谈，示范以后再进复行诊断，根据诊断结果，再作一次总会谈。其他一切行政，训育，社会教育工作等，都本此程序进行辅导。并相机指导教师研究进修的方法，供给研究参考的资料，帮助制订各种改进计划，再解决各种困难的问题等，此外并定期举行扩大示范教学及讨论会（郭有守，1941）。

在这种情况下，"辅导"的意义已有所改变。在学者眼里，辅导"应根据被视导者之实际需要，而示范教学、成绩展览、教学批评会、研究会、读书会，以及各种联合活动，更应切实举行，务使被视导之学校与教师，因受视导人员之辅导，能自动研究，自谋改进"（顾克彬，1935）。然而当辅导与"竞赛"、"示范"（尤其将示范教学制度化，并产生"示范教学纲要"）相结合后，辅导所产生的改良功能不免受到制约。另外，辅导团还兼具培训之责。章柳泉（1941）认为"巡回辅导法"也许是一种过渡的办法，最大的动机是解决师资问题，所以在辅导里含有浓厚的训练意味。换言之，在师资缺乏的条件下，辅导团不失为一种补救之法。

至于研究职能，自公共教育实施以来，国家就已经设置了相应的职能部门专门从事研究。民国时期，专业团体的兴起更是推进了教育、教学研究。视导"研究"职能的出现相对特殊。当视导负责管理、指导教师的进修与研究时，自身要具备研究之责。较为有趣的是，已有人开始思考建立区教育研究室。视导主要通过集体订购图书、杂志，集体读书的方式进行研究或进修。并将规定的一些研究题目下放到学校（张登寿，1941）。

从社会功能主义的视角而言，职能的分化应伴随着社会机构的分化。虽然有学者试图对"辅导团"与"视导"两者在性质、职能上加以区分，认为辅导团应偏重于技术（教学技术，学校行政技术）的指导，视导对行政机构进行督察，处理类似于加薪的行政事务（孙邦正，1942）。但具体到教育机构设置上，两者界限不清。辅导团是新兴事物，这一自上而下产生的组织需镶嵌在"视导"系统中才能发挥作用。除却这一因素，当时各地政府受财政的掣肘，部门之间多有交叉、重叠。如四川省曾一度将检考处并于督学室，以求"财力之经济，人力之集中，而增加行政之效率"（四川省政府，1941）。由此可见，当时中国的教育质量保障系统并未因新职能的出现，而产生机构的分殊。视导仿佛一个大框，里面放置了"视察、辅导、培训"等多个职能，一方面加剧了各职能部门的权责不清，另一方面使视导成为一个"高利益"的机构，行政权威不言而喻。

简而言之，"人的发展"成为教育质量的重要组成内涵。这可从教育目标、教育视导标准中窥见一斑。战乱时期，由于缺乏统一的考试制度，以成绩来衡量教育质量的做法并没有形成。相比之下，通过视导确保教与学的质量是较为普遍的做法。随着教育规模的扩大，教育内涵的发展，行政主导下的"视导"体系内部衍生出指导、辅导、培训等职能。但是承担这些职能的机构权责不清。

三、老解放区：资源匮乏情形下形成的教育质量保障应对之策

老解放区的教育不同于民国时期国民党政府区域内的教育。老解放区教育形式多样，有干部教育、社会教育、学校教育。由于老解放区位于中国经济不发达地区，时常处于包围、封锁的战争环境中，所以不同时期、老解放区的教育发展形势不同，但在教育行政结构层面存有共同之处。此处主要以陕甘宁边区的教育为例。原因有二：首先，陕甘宁边区，尤其延安是边区政府的所在地，许多教育政策与教育实践均出自这里，对其他边区有着重要的影响作用；其次，陕甘宁边区的教育实践与探索成为1949年后中国政府建设与管理教育的主要参考摹本，影响了中国大陆后期的教育发展（Seybolt，1971）。

中共1927—1937年在江西等苏区的教育实践为边区教育工作的开展积累了经验。苏区的干部教育、学校教育和社会教育渗透着强烈的政治色彩（高华，1999），为后来的延安教育所继承；江西等地为"为提高教职员的政治水平和教授研究方法，每月需召开1次的教职员联席会议"在陕甘宁边区也同样存在；以模范小学培训小学教师的做法也被陕甘宁边区的中心学校所继承。

此外，苏联、国民党政府的教育质量保障举措也影响了边区的教育工作实践。在负责老解放区教育事业的人员中，其"上层人物有过在苏联接受训练的经历，中层干部多为来自国民党统治地区的教育工作者与知识青年"，所以"会或多或少借鉴苏联或国民党统治地区的教育经验"（陈桂生，2009）。以教育正规化运动为例，反映了来自东部沿海城市的知识分子试图以正规化的管理来提高教育质量，是对国民党政府统治区域内的教育管理的借鉴。然而，教育正规化运动虽以提高教育质量为目的，但因硬搬城市经验，忽视农村实际，宣告破产。另外，在识字率低、资源匮乏、教师短缺、迷信思想严重、民众对教育政策持观望态度的陕甘宁边区（Seybolt，1971），开展教育质量保障工作有一定的难度。所以陕甘宁边区在教育质量保障方面有自己的特色。

教育工作的管理，质量保障主要依靠巡视和汇报制度。陕甘宁地区从边区到专区、县一般都设立了督学。督学不仅对学校教育和社会教育进行督导，还要介绍先进学校和先进教师的教学经验，组织参观考察，帮助解决学校教育和社会工作中可能解决的困难（梅汝莉，1995）。1938年，边区在教育厅的《各县第三科半年工作总结与今后工作方针》中指出：巡视工作尤应特别加紧，每个学校至少都须巡视一遍。三科对教厅，区对三科，乡对区，都必须按期报告。完全小学、模范小学都要按照新订的规定，经常向上级报告。但是督学或其他行政人员的巡视，未有专门的标准。巡视中强调以教育质量为中心，并关注各科人员推动教育的努力程度，不以数量为判断依据。在对质量的解读时，不仅包括教材、教学管理、学生学习情形与进度、学校俱乐部等维度，也包括学生的政治立场、课外活动等（边区教育厅，1938）。

鉴于师资力量薄弱，边区政府采取了多种途径提高教学质量，丰富教师队伍。除了兴办师范学校，还举办训练班轮训在职教师（璩鑫圭，邹光威，1981）。其中模范小学（或完全小学、中心小学）在提高教师教学方面扮演了重要的角色。陕甘宁边区无论是在"扩生"运动，还是教育正规化运动，抑或民办公助期间，都强调模范小学的作用。这类小学凝聚了区、县最好的资源，招收学生实行考试，建立董事会，聘请当地有威望、热心教育工作的人士参加主持（李志松，2010）。他们不仅发挥示范的作用，还推动县内小学的发展。这与国民党政府的中心学校辅导制度类似。其他边区（如晋冀鲁豫）也通过中心小学指导教师教学、组织课堂观察、研究与儿童相关的问题，并确定了中心小学"行政上的助手"的地位（中央教育科学研究所，1986）[424]，帮助管理教育教学。另外，边区在学校实施校长负责制。校长一般由边区或行署（专署）委任，或由其他行政人员兼任，确保了在没有系统的质量监督、管理体系下，依然能够保证学校政治教育的方向性。

各边区存在教员联席会、研究小组、研究室等组织，对解决教师教学难的问题也起到了很大的促进作用。在陕甘宁边区，教员联席会一般由县组织，用于检查工作，交换经验（李放，2006）[201]；在晋冀鲁豫边区，研究小组以联合学区为单位，研究儿童生活观察及教导方法，并请视导人员参加；研究室则由学校教务处领导，研究教学方法与方式，并编辑教材。

陕甘宁边区之所以没有形成系统的教育质量保障体系，主要原因在于边区教育体系多样化，除了普教系统外，还有干部教育、社会教育。且政府并不以发展普教系统为重点，而是将干部教育摆在首要位置（梁宏，2002）。尤其 20 世纪 40 年代初教育正规化运动的失败，进一步降低了普通教育的地位。甚至将普教的出路归结为培养不从事生产的"二流子"，正面鼓吹"能写会算即毕业"（李鼎铭，1944）[44]。1944 年，边区文教大会上通过的《关于边区教育方针的决议草案》规定：学校的学制不求一律，一般的应该废止正规的班级制和学期制。凡学完规定的教育内容即可作为毕业。故在不以正规学制为主，社会教育大力发展的背景下，教育质量的衡量没有来自政府的统一要求或标准，表现出较大的随意性和主观性。

简而言之，边区的教育质量保障是对干部教育、社会教育、学校教育的共同保障。但无论是在人才培养上，还是学制规划上，没有一致的目标和计划，也不特意通过考试进行学习成果的检定。每周一次的"教育准备会"，学校之间的互聘教员等办法是为了解决教学困难，师资不足为指向的，而非站在促进研究的立场上。所以边区的教育质量保障未成体系。且因战时教育的需要和复杂政治环境的影响，边区政府将学生鲜明的政治立场视作教育质量的表现指标之一。

四、1949 年后：日趋系统化的教育质量保障体系

1949 年后，百废待兴。老解放区的教育管理经验被借鉴。在第一次全国教育工作会议上，教育部副部长钱俊瑞提出："我们的教育必须根据共同纲领，以原有的新教育的良好经验为基础，吸收旧教育的某些有用的经验，特别要借助苏联教育建设的先进经验。"这里的新教育指老解放区的教育，旧教育则是"民国时期国民政府管辖的教育"（陈桂生，2009）。

中国大陆的督学系统和教研系统是对"新经验"与"旧经验"的共同吸收（卢乃桂，沈伟，2010）。1949 年 11 月，中央人民政府教育部成立，专门设置了视导司，在各大区和省、市、县各级教育行政部门专门设有督学室和视导室（科、组），强调对教育方针、政策、法令、决议执行情况的视察、研究等。当时《人民日报》短论指出：学校工作的重心是教学工作……对学校的监督，必须首先视察学校的教学工作。然而对教学工作产生重大影响的却是教研室（或教研组）。视导制度在 20 世纪 50 年代末被废止时，明确由其他专业机构来实施检查与指导。"文革"之后，督学制度代替视导制度，得以恢复与重建。

与督学制度命运不同的是，教研制度在 20 世纪 50 年代得以发展。先是在北京市抽调优秀教师成立"教学研究组"，研究、解决教材、教法问题（陶西平，1992）；接着 1954 年教育部发布的《关于全国中学教育会议的报告》和北京市委颁布的《关于提高北京市中小学教育质量的决定》（简称《五四决定》）都强调了政府部门对教育的"业务领导"。1956 年，教育部"关于建立教学研究组织机构的指示"中，提出"各省、自治区、直辖市应该有步骤地建立和健全教学研究室，或者通过教师进修学院加强教学工作的领导"。从此，全国各省加速了教研室的建制。但"文革"期间，教研工作被搁置。故此处以 1985 年颁布《义务教育法》后，督学系统与教研系统的工作为重心，分析中国的教育质量保障系统的传承与发展。

《义务教育法》颁布的第二年，中国建立了独立的中央督导机构。1991 年，国家教育委员会颁布了《教育督导暂行规定》，对督导"督政"、"督

学"的职能进行了描述。截至 1992 年年底，全国 94.8% 的地市、83.9% 的县区建立了督导机构。国家、省（自治区、直辖市）、地（市）、县（市、区）四级督导网络基本形成（教督，1993）。1994 年，国家教委颁布了《普及义务教育评估验收暂行办法》，对义务教育评估指标作了具体规定。其中，教育质量的要求简化为"小学、初中毕业班学生的毕业率达到省级规定的要求"。1999 年，国家教委在《普通中小学督导评估工作指导纲要（修订稿）》中列出了七大评估要点：办学方向、管理体制和领导班子、教师管理与提高、教育教学工作、行政工作的常规管理、办学条件、教育质量。而教育质量又分为六个维度。①思想政治观点（高中），道德判断能力，文明行为习惯，个性心理品质，自律能力；操行合格率；有犯罪行为学生的比例。②基本知识和基本技能。③各年级全科合格率；高中会考合格率；毕业年级毕业率，按时毕业率。④体育锻炼和卫生习惯，身体发育、体制、体能状况；毕业年级体育成绩合格率；各年级近视眼及其多发疾病的发病率。⑤学习能力；创造能力；动手能力；审美能力；兴趣爱好。⑥劳动态度和劳动技能；生活自理能力。由此可见国家政策层面对于教育质量的诠释主要从个人知识、能力和道德的培养出发，这与素质教育中的对"素质"的理解可谓异曲同工（Kipnis，2007）。在督导评估实践时，则以学生成绩的合格率与优秀率来判断学校教育质量。

在筹建督导体系的同时，国家也对教研系统进行了大规模的调查。并在此基础上确定了教研室的七大基本职责：①根据中小学教学需要，研究教育思想、教学理论、课程设置、教学内容、教学方法、教学手段和学科教学评价等；②根据本地实际，提出执行教学计划、教学大纲和使用教材的意见，为教育行政部门决策提供依据；③根据地方教育行政部门的部署，组织编写乡土教材和丰富教材；④组织多层次多形式的教学研究活动，帮助广大教师执行教学计划，钻研、掌握教学大纲和教材，不断改进教学方法，努力提高课堂教学效益；⑤总结、推广教学经验，组织教改实验，探索教学规律，推动教学改革；⑥指导和帮助教师开展学科课外活动；⑦组织对学科教学的检查和质量评估，研究考试方法的改革（国家教委，1990）。由此可见，教研系统主要聚焦于教与学的管理与指导。作为国家事业单位，教研室不具备行政管理的权限，即使对教师教学做出评估，也应站在指导、改进、推广的立场上。

与督导系统并行的还有各省的教育评估机构。1993 年，国务院颁布的
《中国教育改革和发展纲要》指出"各地教育部门要把检查评估学校教育质
量作为一项经常性的任务"，要求"建立质量标准和评估指标体系"、"通过
多种形式进行评估和检查"。此后，不少省市建立了专门的教育评估机构，
并开发了教育、教学评估标准，各类"重点学校"、"示范学校"、"星级学
校"等的评估相继进行。虽然这类评估机构属于"事业单位"，本质上"仍
然是政府的内生性机构，即以行政委托的方式安排人事与任务，政府依然
掌握着评估行政的权力和资源"（葛大汇，2009）。这类评估机构主要负责
高中学校、幼儿教育、职业学校等非义务教育阶段学校的评估。然而，运
用指标对学校进行评估、授予等级的做法影响了教育督导的做法。督导在
义务教育系统内也采取了类似的做法。

　　如上所述，督导系统、教研系统、评估机构的主要职能在 20 世纪 90 年
代基本得以确立。然而 20 世纪末的课程改革对三大教育质量保障体系提出
了新的要求。评价的不足促使督导体系纳入自评机制；在课程权力重新分
配的情况下，校本教研焕发了新的活力（王洁，顾泠沅，2005）；国外评估
思想的引进促使评估组织重新定位。这些改变促使质量保障体系从学校的
实际情况出发，进行评估与指导。与此同时，在国际竞争力的影响下，"教
育问责"出现在教育政策的词汇中。国家教育部成立了基础教育质量监测
中心，从学生的思想品德和公民道德、学生的身体和心理健康水平、学生
的学业水平和学习素养、学生的实践能力和创新意识、影响学生发展的教
育环境和社会环境等六个方面进行质量监测。

　　由此可见，自 1949 年后，中国的义务教育质量保障系统在基础教育阶
段从最初的视学系统逐渐分化成两个并行不悖的体系：督学体系与教研体
系。前者侧重教育事业的整体管理，规范办学行为，监督教育政策的实施；
后者关注教与学，既有监督、问责的作用，也有指导、改进的作用。

第二节　教育质量保障人员的角色变化与特征

　　中国的教育质量保障系统产生于国家公共教育形成之初。随着社会的
演变、教育的发展，这一系统不断发展，分化出若干新的部门。其中质量
保障人员角色也有所变化。卡斯特（Castells）曾指出：角色是被社会制度

和组织结构化的规范（norms）所界定的（Castells, 2004）。身份对应的是意义，角色对应的则是社会功能。此处主要分析教育质量保障人员在不同时期履行的社会功能。

一、晚清政府的视学与劝学员：监督、兴学

直隶省的视导实践早于晚清政府视学政策的颁布。最早的一批查学（后来的视学）"皆是科举出身，有赴日本留学或游历之经历"（汪婉，2010），这批人表现出"中体西用"的特征：他们是科举考试筛选出来的人才，具有传统社会的知识、价值，同时又对日本的教育、教学管理有一定的认识，并被安置在"推广新学"的位置上。1906 年，晚清政府正式设立视学官，明确其"秩正五品，视郎中"的官职，并令其专门巡视京外学务，是政府之耳目。视学人员的设立是基于教育行政的立场，他们被赋予教育管理与监督的职能。从官衔与职能来看，晚清视学的建立虽然吸取了日本的教育管理经验，但也是对中国"学官"①传统的继承。

部视学、省视学与县视学在选取录用、行政级别、管理权限上均有很大的差异。1909 年学部拟订的《视学官章程》中所指：视学官以宗旨正大、深明教育原理者为合格。每区所派视学官，须有精通外国文及各种科学者一人，以便考察中学以上之教法。省视学由提学使提名，督抚委任，要求具有师范学习或出洋留学的背景，并对工作经验提出要求，即"充当学堂管理员、教员取得成绩者"方可担任。县视学由提学使任命，由"本籍绅衿年三十以外、品行端方、曾经出洋游历、或曾习师范者"充任。至于劝学员则明令由"总董（由县视学兼任）选择本区土著之绅衿品行端正、夙能留心学务者，禀请地方官札派"。从部视学到劝学员，其行政权限表现出层层递减的趋势。且下级有向上级汇报之义务。

由此可见，在视学制度建立之初，政府对任职部、省视学者要求较为严厉，既要有教育知识，也要具备教育管理经验。县视学与劝学员在"教

---

① "学官"是中国传统社会主管学务的官员和官学教师。如汉代的五经博士、博士祭酒，西晋的国子祭酒、博士、助教，宋以后的提学、学政、教授、教谕、教习等（姜文闵，韩宗礼，1988）。虽然中国传统社会里存在举荐、捐纳制度，导致出现官员与其职位名不副实的现象。但学官的职能是巡视、考核、教授（王德昭，1982），所以充当学官者必须具备一定的知识。这类人员通过科举考试后，为政府服务，以享受政府为之提供的"安全与声望"（Lo, 1991）。所以学官同时拥有两个特点：一是管理或指导学务，二是对上级行政部门负责。

育经验"方面未有严格规定，而是从"本籍绅衿"中择优录取。这与当时
晚清政府希望借助乡绅力量，筹办新学有很大的关系。晚清时期，公共教
育体系刚刚起步，政府对教育投入甚微，民间办学积极性降低（罗志田，
2006）。所以地方视学或劝学员的主要职责是"筹款、兴学、开风气、去阻
力"。虽然部视学、省视学有教育教学之见识与经验，但受人员配额的影
响，很难对学校教育、教学展开全面的指导。加之晚清时期，各类学堂初
建，学堂之外部事项（各类教育情形，学校招生、风气、卫生、经费等情
况）的维持重于内部事项（如课程设置、教材教法、教师水平等）的经营。
据《直隶教育杂志》上的查视报告①可知，视学对于入学率、学校组织、课
程设置等都起到了监督的作用，但管理的职能的并不凸显。在五篇查学报
告中，只有一篇提出了改进意见。这一情况在 1906 年后得以改善，但视学
的职能主要以监督调查为主。以 1906—1909 年的《学部奏派调查直隶学务
员报告书》为例，视察内容主要为：本省学堂类别数目及学生总数；各府
厅州县学堂类别数目及学生总数分表；天津学堂类别数目及每年增加比较
表；全省师范生逐年卒业人数表；此次调查各学堂分表及调查意见表。

　　虽然视学机制的运行对规范办学、推进新学、贯彻教育政策的实施，
起到了重要的作用，但是视学的工作并没有表现出系统性，具有较大的随
意性，表现出因人而异、因地而异的情况。例如，李揩荣在对武清县东北
两路学堂视察时，撰写的各地视察报告详略不一，无特定标准（朱有瓛，
1987）。另外，视学队伍中的官僚作风、以权谋利的行为同样存在（江铭，
1994）[107]。各级视学并非严格遵守视学章程。因交通、地区之差异，视学会
选择教育成效显著者进行视察。据载，由于天津是直隶学务的模范区域，
省视学 1905—1911 年，对其视察 15 次，同属天津府的南皮县，因学务毫无
成绩可言，在这七年之中，竟只得一次视察机会（汪婉，2010）。

　　所以视学员、劝学员在职能与地位上与传统社会的官、绅并无大异。
传统的社会结构中，绅士是"皇权"与"民权"的中介，国家政府通过科

---

　　① 光绪三十年（1904 年）顺天府属查学高步云、刘桂芬调查涿州学堂利弊禀；光绪三十年九
月二十五日（1904 年 11 月 2 日）保定易州查学王振垚、冯蕴章查视广昌县小学堂情形禀；光绪三
十年十月初五（1904 年 11 月 11 日）保定易州查学王振垚、冯蕴章查视涞水县小学堂情形禀；光绪
三十年十月初七（1904 年 11 月 13 日）冀州查学李金藻查视新河各小学堂情形禀；光绪三十年十月
二十日（1904 年 11 月 26 日）大名查学齐丕福查视南乐等州县高等小学堂情形禀；光绪三十二年
（1906 年）省视学高奎照、张良弼、陈恩荣、焦焕桐等查视天津各学堂情形报告。

举制度，使绅士阶层得以进入统治集团内部，在掌控绅士的同时，依靠绅士实现对民间的统治（吴晗，费孝通，1949；张仲礼，2001）。科举废除后，晚清政府的视学沿袭了旧制，被赋予官职；或者将原先具有功名的官员调至担任视学官。如"清末学部 1906—1910 年先后派出视学官近 20 人，除刘崇杰为留学毕业生，罗振玉出身是秀才外，其余均是有较高的科举功名和官职的人"（江铭，1994）[106]。这些人管理学务的同时，也形成了向政府汇报的制度。所以无论从职位，还是其职能的履行来看，晚清时期教育质量保障人员重在行政监督。

二、国民政府的视学与辅导员：管理、辅导、培训、研究

民国时期的教育质量保障体系继承晚清若干举措。随着公共教育规模的发展，系统内部也发生了若干变化。在衡量教育质量时，"学生课程教授与学生成绩之状况"受到了重视。机构职能进一步分化，从行政管理之中衍生出了"辅导（指导）"，且辅导中蕴含着培训。但是如上所述，机构职能的演变并没有促成部门分工。在这种情况，各类职能汇于"视导"名称之下。视导的内涵发生了巨大的改变：视导表现为由多类人员、多类机构参与的，兼具视察与指导的活动。这也反映了教育质量保障系统的两重功能：控制与改进。

从历史传承来看，原先的视导人员主要有视学、劝学员所组成。晚清政府对这类人员的选拔，以教育经验、留学经历、本籍绅衿为主要判断条件。尤其是居于县层面的"总董"、"劝学员"主要职能在于提供办学资源，提倡入学风气。所以这类人员为"本籍绅衿"，至于是否拥有教育背景并不重要。就此而言，这类人员很难胜任教育教学改进之职能。故民国国民政府在"省视学"与"县视学"的遴选中，无一例外地强调师范教育背景和教职经历。这种改变试图增强地方视学对学校教育的指导力。

"省视学"的任职条件变化不大。但在实际工作上，他们工作重心开始偏向"教与学"。据《京师学务局教育行政月刊》所载的视学报告可知，在 20 世纪 20 年代视学虽然也对学校人员编制、设备、管理、经费投予关注，但是视学重点却在教师的教学方面。每一篇视学报告几乎都无一例外地记载了教授科目、教案、教科用书和教授实况。在教授实况中，对教师的教态、教法等做出了评价，并提出了改进建议。视学结束后，学务局以公文

的形式敕令被视察学校根据视导意见进行改良。

这一时期，扩大的教育规模与配额有限的视学人员之间的张力愈加凸显，导致受视导的学校数量有限。如程湘帆曾指出："现制每县虽设视学一人，但例行巡视每年仅一二周而已。且此种巡视由其性质而言，亦不过考成而已，究竟改良教师教学之方法及学生学习之程度者几何？实为疑问"（程湘帆，1924）。虽然国民政府的视导受美国教育理念、教育发展、职能演化的影响，出现了"指导"的内涵。但"指导"一职能究竟由谁来实施，效果如何，还有待论证。

国民政府迁都南京之后，视学改名为督学。督学的职权主要体现在：教育行政方面的视察及指导；教学方面的视导；学生成绩的考核。但若实施起来，处于教育行政机构中的督学所发挥的指导效果微弱。顾克彬指出，上至部视学，下至学务委员，很少行视导之职。他说：

偷巧的更可在劝学所调查一下，把学校的书目抄录一编，学校的情形咨询一回，然后做一篇报告，说几句什么"设备不甚完全"、"教授尚称合法"这一类笼统评语，就算完事。县视学比较的又好些，视察的次数，当然比省视学有多些。学校一年可以视察一两次，可是真正能和校长教员学生接近的不是县视学，而是学务委员会。但是学务委员会又因和校长教员们太熟悉，往往不视不察，指导一层，更是谈不到了。所以上自部视察，下至学务委员，整个的负视察责任的人，所做的就是这么一回事（顾克彬，1930）。

尽管如此，督学系统内部的分工却越来越明确，出现了分区视导、驻区视导、分类分科视导等多种并存的形式。无论是政策还是理论研究者，尝试对处于不同行政级别的督导人员做出职能区分。其中，处于省或省以上的督导人员职能更多表现为"督导"，而县级或县级以下的人员更多表现为"辅导"（潘毓俊，1941）。辅导也分为分科辅导、整体辅导（多学科集合一起而进行的辅导）（洪石鲸，1942）。

除了与晚清视学职能相似的督学外，视导队伍中出现了中、小学校长、教导主任或优秀教师。这与辅导制度的建立有密切关系。"中心学校辅导制"是通过中心学校的教师帮助区域内教师成长的制度。而"辅导团"则是通过优秀教师的巡回来加强对各校的辅导。由于辅导团属于行政机构，中心学校是视导系统中的基本单位，最终无法避免行政职能的影响。自辅导制度建立以来，"辅导"职能也多被探讨，基本分为三类："教学、训导、养护"的辅导（杨若堃，1941）。实践中，则以教学的辅导为多，借助于中心小学开展一些示范教学。并强调训导、养护的辅导也可以参照教学的辅导进行。其实，三者在教育实践中的分野并非十分清晰。

如上所述，辅导职能中还蕴含着"培训"的意味。新学渐成趋势之后，对新学教师的需求开始变得迫切。虽然民国时期的师范教育有所发展，但师资队伍建设依然存在着两大问题。一是师范教育毕业的学生未必能很快适应现实的教育、教学；二是受教师薪资水平、社会地位等的影响，师资缺乏一直是困扰学校教育的主要问题。在这种情况下，游走于行政机构、学校之间的视导也承担了提高教师水平的任务。在论及视导人员如何辅导教师进修时，陈鸿年提到，"最好发动教师组织国民教育研究会，舞鼓（鼓舞）教师参加寒暑假修习会，指示教师利用休假期从事研究考察，劝导教师写工作日记，提倡教师旅行及参观，指导教师组织读书会，召开教学讨论会或座谈会，以及鼓励教师参加学术团体所举办的通讯研究与从事示范教学等"（陈鸿年，1942）。若按上述互动内容和频率来看，视学组织这类活动的可能性并不大。这些活动很多是巡回辅导团所倡导的。巡回辅导团的活动主要以中心学校为据点，在中心学校组织各类与教学相关的活动，期待中心学校发挥辐射作用。

随着学界对"视导"职能中"辅导"的强调，辅导"尤重在以实验研究方式推行"（顾克彬，1935）。研究活动的主体是谁？这就涉及组成教育视导的第三类人员：师范学者或教育研究者。位于教育行政部门的视学或辅导员更多的是负责新的教育研究成果的实施、推行。之所以教育、教学上的难解之题多半委托给师范院校进行，是因为在国民政府时期，师范学校对中小学负有辅导之责。在组织层面，师范学校与视导机构交流并不通畅，加之师范学校内部没有专力于辅导的组织、没有用于辅导的独立经费，所以实施起来难免有阻力。当由政府牵头的辅导团开始出现，且辅导团的三级体制（省、县、中心学校）逐渐形成，辅导团内部的分工开始进一步细化。在思考辅导团何以对教师产生指导时，其"研究"职能被关注。但这一职能更多限于省辅导团。如孙邦正认为："省辅导团宜多从事于试验和研究的工作。所当研究的问题很多，如辅导方式问题，辅导团的组织问题，各种教材教法问题，学校行政改进问题，社教推行方法问题等，都是要在实地指导的时候，才能获得切合实际的解决办法。"（孙邦区，1942）换言之，在视导系统内部，行辅导、培训、研究之职的更多的是辅导团的优秀教师，或中心学校的校长和教师。暂且不论这类人员的辅导、培训、研究究竟能够发挥多大的成效，但是这类人员迎合了教育系统对视导职能分化的需求。

论述至此，可以发现民国时期教育质量保障人员的构成日趋多元化。凡在教育领域内行管理与辅导（指导）之职者，均被视为视导人员，如小学校长、教务主任、主任教员或正教员（陈文钟，1913；程湘帆，1924b；葛承训，1935）。程湘帆按行政属性将其分为两类：一类为行政人员，即"办理公文之俗吏"，"不必专门学术"，另一类为视学员，"大都教师出身，且有学术经验者。后者之自视较为清高，而每每鄙薄办公人员之俗"（程湘帆，2008）。实际上，民国时期各类教育团体、研究机构非常活跃。他们中的有一部分人也被纳入到视导队伍中。故此时的视导人员可以分为三类：一是位于政府教育行政机关之下的教育研究、指导人员，即为传统意义上的视学；二是位于民间各个教育组织中的专业人员，以教育家、师范教育学者为代表；三是位于学校或学区之间的人员，以校长、优秀教师为代表（卢乃桂，沈伟，2010）。由此对视导人员的角色隐喻也发生了改变：即视导人员不仅是"行政机关的耳目和喉舌"，还是"教师的教师"（顾克彬，1935）。由上述的实践可见，三类人员中以校长或优秀教师对学校教与学的指导为多（李荫，1941）。与此而来的一个问题是：如果说督学的教育行政权限具有合法性，那么校长与优秀教师是否具有行政权威？

回答这一问题要分而视之。从中心学校辅导制度和学校管理制度来看，校长是具有行政权威的。一则校长本身具有管理学校的行政职能，二则从视导结构而言，中心学校有其政治上的功能：帮助教育行政事业的进展，增加教育行政的效率（教育部国民教育辅导研究委员会，1932）。作为中心学校的校长需向视学、辅导团汇报工作。但现实中，与辅导团接触更多的可能是中心学校各个学科的优秀教师。因巡回辅导团主要由教师组成，能从学科教学上给予指导。中心学校的教师成为辅导团与区域内其他学校教师之间的中心桥梁，承担着传播优秀教育实践的职责。故在视导链条中，校长的行政职能由教育行政系统所赋予。而优秀教师的行政职能未被言明，但确实附着在教育行政系统之中。由此便产生了一个有趣的现象：位于巡回辅导团中的教师的行政权威高于中心学校的校长，而中心学校校长的行政权威又高于优秀教师。这类人员所在的机构又在督导"督政"的范畴之内。

有行政权威是一回事，是否具备行政职位则是另一回事。视学、校长在教育行政系统内，具有合法的行政职位。所以李惟远对视导人员的重新定位应是指那些具有行政权威，却无行政职位的人士。他认为教育视导人员为"半行政半技术性质，则其应该有官等，且其官等宜比照其他技术人员，从高厘定，俾适合其身份，而正被视导者之观感，以利于督导，似是合理的要求"（李惟远，1942）。这一对"官职"的诉求蕴含着以行政力量推进教育质量保障的逻辑。

总体而言，民国时期的教育质量保障人员较之晚清，已经有了显著的变化。首先，视学人员的构成已经不局限于"官"、"绅"，各类专业人员开始进入视学队伍。视导内涵指代更为规范，有取代视学之势。有学者提出视导是"教师之教师"，应通过考试从有经验有技术的教师中选拔（夏承枫，1934）。这在国民党政府后期的中心学校辅导制中得以部分实现。其次，多样化的人员构成促使各级视导的职能有了重新的调整。晚清时期，地方视导人员的主要职责是利用其社会声望或经济能力，筹款兴学或监督办学。然而，当中心学校的校长或教师取代原来的士绅，基层视导人员成为最接近教师教与学的人，对指导教师教学有着重要的影响作用。再次，对视导的概念理解也超越了"行政之耳目"的局限。民国时期，中国引进了美国的视导（supervision）概念。美国视导注重专业知识，指导教学的观念对中国学者有很大的影响。他们在论述视导人员的任务时，均强调视导人员应具备行政、教学、指导、研究的知识与技能（邰爽秋，1935；罗廷光，1948）。雷震清更是指出教学视导存在的理据在于："无经验及年轻的教师，初出应世，急需一种同情的具体的忠诚的协助，即有经验的教师，亦须有相当的协助，方不致于厌烦而不谋进步。"（雷震清，1933）故视导队伍通过纳入新的人员以实现其指导之职能，同时兼施培训、研究之责。然而这种行政主导的教育质量保障对教师产生了深远的影响。表现之一为：由政府主导的中心小学辅导制取代小学教育联合会后，教师研究兴趣远不如以前（吴研因，1931）[35]。

其二，优秀教师在教育质量保障系统中的定位不清，职位与行政权威出现不对称的现象。教师内部出现了不同的权力分层。

三、老解放区的教育巡视员与辅导员：报告、指导、分享

陕甘宁边区的教育质量保障人员主要由巡视员（或督学）、辅导员（中小学校长、教师）构成。虽然边区的教育工作总结与意见中，经常提及加强巡视制度，并将其看作提高教育质量的重要手段。但是对巡视人员的职能没有明确的规定。这与中共政府早期在鄂豫皖地区的文教政策有关。鄂豫皖省苏维埃政府文化委员会 1931 年颁布的《巡视纲要》中指出：

> 各地巡视员在学校教育方面要对学校中教员的资格，学校的位置，学生的考查，教员的程度，教材的选择，训练的程度以及学生与家庭的关系等问题进行调查了解。在社会文化教育方面，要调查了解各地是否普遍设立了读报班、识字班、列宁室、俱乐部、演讲所、游戏场等文化组织，在各地文化组织中是否吸收了广大工农群众，用什么办法吸收群众注意这些组织；这些组织的布置如何，以及负责人是否得到群众的信任等问题。在学校经费方面，要了解校务委员会和当地文化委员会对学校是否负责；教员薪资伙食共计多少，出于何处；教员伙食和其它费用是否感到困难等问题。（李才栋，谭佛佑，等，1981）[706]

显然，在以干部教育、社会教育为主的陕甘宁边区，教育巡视员的职能与国民政府视导人员的职能已经有了很大的区别。在边区学校教育不发达，教育质量保障未成体系的情况下，模范学校校长或教师虽然参与了教材编写、教法分享，均是对战时环境下"缺教师、缺教材"现状的应对之策。虽然边区模范小学的建立初衷类似于国民政府的中心小学辅导制，且力图洗刷"自上而下"的管理弊端，但在政权割据的背景下，教师本身就带有鲜明的政治立场。即使没有自上而下的"巡回辅导团"，模范学校的校长及优秀教师所具备的辅导职能与国民政府中心学校的校长与优秀教师也无多大差异，且带有行政权威。只是具体到辅导事项上，一则没有既定的标准，二则也没有发展出固定的程序（如示范教学），且多半不带奖惩。这很大程度上与边区政府不发展正规教育（学校教育）有关。

在"应对之策"下，教育指导中附带的"研究"味道也寡淡许多。辅导人员将工作的重心放在优秀教学的发现、推广与共享上，促使不胜任教学的人员尽快进入教师队伍。这也与辅导人员的构成有很大的关系。边区教育资源的缺乏不仅仅表现在硬件设施的短缺上，而且表现在人才任用上。一般而言，巡视人员应从有威望，有丰富的教育实际工作经验的同志中选拔。但是陕甘宁边区的教育不仅缺乏教师，也缺乏教育行政人员。教育干部还经常被抽调做其他工作（张永，2009），所以教育巡视与汇报常常难以如期完成。加之巡视工作的范畴较广，包括干部教育、社会教育和普通学校教育——这种工作对于保障学校教育质量并无多大帮助。反而是由校长或教师参与的各类交流会议，有利于解决当时教学人员短缺的问题。

总体而言，老解放区的巡视员主要职责是调查与报告，关注"教育诸种事项是否得以实施"，而"实施的效果如何"限于当时的环境与资源，并没有得到太多的注意。如同国民政府所辖区内一样，模范学校的形成，使得教师群体内部出现了分层。虽然这些教师发挥了教学指导的作用，但未被纳入到视导体系之中。

四、1949 年后的督导、教研员、评估人员：督政、教学指导与评估

20 世纪 50 年代，教研制度的正式确立，使得原先行教学指导职能的教师有了明确的称谓：教研员。督导系统的废除与教研系统的兴起，促使教研员在教育质量保障体系中扮演重要角色。当时教研员大多数来自校长或优秀教师。他们通过教材开发、公开课观摩、讲座等方式，实现了对中小学的"业务领导"。然而国家对于这类人员的编制与职能没有明确的界定。与督导相比，这类人员之所以能够存在，在于当时中国大陆面临的教育问题与 1949 年前的老解放区十分相似。教师的合格率远不足以支撑庞大的义务教育。如何开发适合新中国教育的教材也是困扰国家教育行政人员的问题。故老解放区解决教材、教法的方法被运用于新中国的教育管理。正如 1980 年《教育部关于进一步加强中小学在职教师培训工作的意见》中提及："省、地（市）、县教学研究室在提高中小学教师文化业务水平方面积累了较丰富的经验，今后应在开展教材教法学习研究过程中，努力培养教师的业务能力，为教师进一步系统学习文化、专业知识创造条件。"

因教研员主要工作是保障教学质量，所以国家依然需要督导对各级各

类教育行政机构、学校进行评估、保障。这也与当时国家公共教育系统的恢复程度相吻合。在学校教育未得以大面积展开之前，适龄儿童的入学问题没有解决时，提高教育质量的内涵——教与学实为一种奢谈。20 世纪 80 年代督导系统得以恢复与重建。1991 年，国家教委颁布的《教育督导暂行规定》（简称《暂行规定》），指出任职督学者需满足的基本条件是：熟悉国家有关教育的方针、政策、法规，有较高的政策水平；具有大学本科学历或同等学力，且有 10 年以上从事教育工作的经历，熟悉教育教学工作业务，等等。然而有的地方为了工作的需要降低了对教育督导人员的要求，聘请一些非教育督导人员参加，以致大量不具备教育督导资格的人员参与到教育督导实践（王桃英，2009），使得督学队伍官员化，指导不力（黄葳，2009）。90 年代督导主要关注的是"两基"问题，及基础教育中的"教师工资拖欠、学生辍学、学校乱收费"等问题（教育督导团，1993）。如今，督导结合自评，对学校的校风建设、文化、学校管理、德育工作、教学工作等项目进行检查。

按《暂行规定》政策：督导工作由督导部门单独实施。但实际工作中，除了要调动兼职督学的积极性外，还要根据"督学、督政"内容邀请其他人员参加。督导部门无法完成所有的教育督导工作（杨润勇，2007）。故在质量保障体系下，督导主要结合相关的教育政策（如"两基"）做出监督、检查。督导的工作以督政为主，范畴广泛却难以深入，有关的教学专项督导运行体系不清。

教研员的职能在 1990 年得以正式界定，主要表现为立足于学校的课程与教学，通过教材、教法的研究、指导促进教育教学质量的提升。虽然教研室属于事业单位，教研员的听、评课应以改进教学为目的，但因大部分地区的教研员掌握了地方试卷命题的权力，且对教师的职业发展具有重要的影响，所以教研员的专业权威逐渐异化为行政权威。在应试教育盛行的时候，教研员甚至演变为"考研员"（李志宏，2009）。在课程改革理念的影响下，教研员回归课堂，服务教师的呼声日益强烈。在此背景下，产生了不同人士对教研员角色的多重期待，教研员自身也面临着身份的重新构建。

教育评估机构作为省教育行政部门的内生性机构，其人员构成多属于教育行政系统的内部调整。如在一项有关高等教育评估机构的研究中曾指出：在教委机构改革的过程中，来自原教委 10 个处室的同志，结集到新址，踏上了开创教育评估院工作的新征程（朴英仙，2005）。专家在评估机构中也只是"为政府打工"（葛大汇，2008）。所以与英美等国不同的是，中国没有形成独立的第三方评价机构，专家们所从事的评估工作，是政府意志的延伸。

由此可见，目前中国的质量保障人员的角色主要与其所属的机构有关。具体到基础教育质量保障体系而言，主要有督学和教研员。虽然相关政策对两类人员的选任有详细的规定，但实施的时候，按条件、程序录取并不是唯一的途径。两类人员来源多样，既有教育行政人员兼任，也有从校长、教师中选拔而来。但督导因其在教育行政系统中占有合法的位置，所以其"督政"与"督学"的角色基本上得以默认。而教研员因其职能之特殊，定位之模糊，角色中虽表现出行政管理与教学指导的"两栖性"特征，但"专业服务"职能更受提倡。

纵观中国质量保障人员角色之变化，可发现这类人员具备如下三点特征。

一是教育质量保障人员的角色随公共教育的发展而日趋多元化。最初的质量保障人员——视学与劝学员出现于中国晚清政府，国家公共教育系统萌芽阶段。这一时期，新学堂尚处于"推广"阶段，民众对于新学不甚了解，加以抵制。视学的主要职能是监督新学堂的办理情况，劝学员则通过筹款与游说"去阻力，开风气"，来落实兴学的任务。至民国时期，学堂渐成主流，教材教法研究兴盛，在此背景下，教育质量保障人员的职能由关注教育外部事务转向内部事务。然而，当时老解放区内的教育正规化程度低，系统性不强，教育质量保障人员对"如何教，教什么"的"研究"兴味减弱。鉴于战时教育的特殊情况和老解放区"缺教材、缺教师"的情况，存在自上而下的巡视报告人员，也存在以教师为主体的辅导人员，以解决教学难的问题。1949 年后，质量保障人员的检查教育、培训教师、开发教材、研究教法的传统得以延续和发展。并出现了专门从事教育评估工作的人员。随着课程改革的推进，国际教育思潮的引进，对教育质量保障人员的角色期待也日趋多元化。故教育质量保障人员角色的变化，与国家公共教育体系的成熟和发展密切相关。

二是教育质量保障人员的职能发展具有连贯性，行政权威是其角色的重要特征。晚清政府建立视学时，确定了其"政府之耳目"的作用。视学行政监督的传统一直延续至今。即使在民国时期，教育质量保障人员内部已经分成了不同的群体。无论哪类人员，都与政府保持着微妙的联系。以中心学校辅导制而言，虽然是借助中心学校校长和优秀教师来推动地方教育的发展，但不可避免地被纳入到教育行政体系中。所以中国的质量保障机制多属于教育行政机构的内生性机制。政府以强大的力量将各类人才纳进教育行政系统。虽然后来的教研系统、评估系统属于事业单位，却也是当地教育行政部门的直属机构，接受国家财政全额拨款。在工作上，教研人员因掌握教育行政管理上的部分资源，评估人员的检查评估通常与奖惩措施联系在一起，导致原先的专业权威渐渐演化成行政权威。所以，在中国无论何种教育质量保障人员，其扮演的角色都或多或少地带有行政权威。

三是在地方政策实施层面，各类教育质量保障人员的职能多有重叠。教育质量保障系统对督导、教研员、评估人员的职能有不同的规定。但实施过程中，三类人员的职能却出现重叠现象。中国督导具有四级（中央、省、市、县）体制，但是督导视察项目多，其中教学督导就与教研员的职能有重叠之处。加之教育督导队伍的不健全，也需要教研员成为集体视导中的一员。同时，督导有权对下级教研机构进行评估。由此造成了由政府主导的质量保障人员权责不清的现象。21世纪之后，各省市进行了不同教研制度的尝试与变革，如山东省着手将教研员聘为"政府督学"，进一步模糊了教育质量保障人员的职能归属。

第三节　课程改革背景下 H 市教研员的角色发展：结构的新期待

根据以上的历史梳理，不难发现教研员"以俄为师"这一论据很难成立。民国国民政府时期"巡回辅导团"的建立与"中心学校辅导制度"的成立已使得教师群体内部出现了权力、职位的分殊。一些优秀教师成为"教师的教师"，同时也被赋予了行政权威，甚至有部分教师具有行政职位。老解放区也同样存在这批教师，但是并未被纳入到正式的督导体系中。1949年后，这批优秀教师被赋予了"教研员"的称号。由于教研制度的建立，这类人员在制度上与督导形成了分工。所以教研员更多是吸取国民政府、老解放区的教育质量保障经验，由教育发展到一定程度而形成。其最初来源主要为优秀教师。

鉴于中国的教育管理并非简单地复制苏联的经验，尤其是教育质量保障系统与人员的发展，与中国公共教育的发展程度密切相关，具有中国的文化传统。下文将进一步分析1949年后中国教研制度的产生，及其价值诉求。

一、教研制度的正式确立及教研员的角色定位

20世纪50年代，中国面临着教育统整的巨大任务。如何加速合格教师的培养？如何开发适合的教材？都是当时中国教育需要解决的问题。针对这些问题，中央政府继承了老解放区的一些做法。如1951年暑期，北京市曾就语文、历史、地理三科，抽调一批较优秀的教师分别成立各学科教学研究组，解决教材缺乏或不适用的问题，初步统一了教学内容和进度，并推行新的教学法（陶西平，1992）[4]。将教学研究组织提上议案则在1954年。在这期间，"苏联经验"对中国教研制度的影响主要体现在大学层面。中小学教学研究组织的运作主要是对老解放区辅导制度与"研究室"的继承。虽然在40—50年代，中国政府多次强调向苏联学习①，但40年代恰是苏联教研制度改革的时期②，而此时的中国早已出现以中小学教师为主体的研究方式。50年代中后期，随着中苏关系的破裂，中国迅速从"以俄为师"转向"以苏为鉴"，恰在此时，中国正式确立了教研制度。

1954年，教育部在《关于全国中学教育会议的报告》（简称《报告》）中指出：为了加强中学的业务领导，在地方党委和政府批准之下，可以成立教育研究室，负责管理当地中学的教学研究与教师学习问题。教研室的

---

① 1945年，毛泽东就在《论联合政府》中指出："苏联创造的新文化，应当成为我们建设人民新文化的范例。"1949年10月，刘少奇在中苏友好协会成立大会上指出："我们要建国，同样也必须'以俄为师'，学习苏联人民的建国经验。苏联有许多世界上所没有的完全新的科学知识，我们只有从苏联才能学到这些科学知识，例如经济学、银行学、财政学、商业学、教育学等。"12月，教育部副部长钱俊瑞《在第一次全国教育工作会议上的总结报告》一文提出：我们的教育建设，"特别要借助苏联教育建设的先进经验"。

② 1947年，俄罗斯联邦教育部颁布了《关于教师的教学法研究工作的命令》，其中开篇便指出，"目前教学法研究工作的组织情况，不能保证有系统地提高教师的教学方法上的水平"，继而宣布废除1938年颁布施行的《中小学校教学法研究工作规程》、《农村小学教师联合教学法小组规程》和《区教育研究室规程》，并于1947年颁布了《教育研究室规程》，形成了三级教研体制，对教研室的任务、工作内容、形式、领导、人员编制、经费和设备重新做了界定。

人员可在当地编制之内，予以调剂。同年，中共北京市委发布《关于提高北京市中小学教育质量的决定》（简称《五四决定》），指出"市教育局、区文教科和学校领导干部，应切实钻研业务，在业务上真正成为名副其实的内行；必须把主要精力迅速地、坚持地放到教学研究和教学领导上去，系统地总结经验，交流和推广成绩优良的学校和模范教师的先进经验，切实改进教学。"《报告》与《五四决定》都强调了政府部门对教育的"业务领导"。这一领导的实施需借助特定的人员。《五四决定》发布后，北京市教育局成立了中学、小学教学研究室，各区成立教学研究组，由业务能力强的优秀教师组织、开展教研活动。1956 年，教育部关于"建立教学研究组织机构"的指示中，提出"各省、自治区、直辖市应该有步骤地建立和健全教学研究室，或者通过教师进修学院加强教学工作的领导"。从此，中国各省加速了教研室的建制。从事教研活动的优秀教师被授予教研员的称号。

自 20 世纪 50 年代确立教研室之后，中国逐渐澄清了"教研组"与"教研室"的概念①，附属于行政机构下的省、市、县（区）级的教学研究组织称为教学研究室，学校内部以学科为基础的教学研究组织称为教研组。但教研室定位依旧不清晰，有的设置在教师进修学院之内，有的由教育局（科）直接领导。教研员大多来源于骨干教师或校长，属于教育行政干部编制，通过公开课、集体研讨、经验推广、讲座等形式对教师做出指导。80 年代，"文革"期间被搁置的教研室逐渐得以恢复与重建。此后，教研员的职能在不同时期发生了改变。

首先，确定了教研员为教师提供业务培养的职能。1980 年 8 月，《教育部关于进一步加强中小学在职教师培训工作的意见》中明确指出："省、地（市）、县教学研究室在提高中小学教师文化业务水平方面积累了较丰富的经验，今后应在开展教材教法学习研究过程中，努力培养教师的业务能力，为教师进一步系统学习文化、专业知识创造条件。"由于当时中国大部分地

---

①　20 世纪 50 年代，中国既有隶属于行政机构的教学研究组织称为"教学研究组"，如"1954 年暑假后，北京市教育局中教科、小教科分别成立教学研究组，主要学科配备了具有丰富教学经验的专职教研员"。也有学校内部研究各科教学法的组织成为"教学研究组"，如教育部 1952 年颁发试行的《中学暂行规程（草案）》与《小学暂行规程（草案）》规定：各学科设"教学研究组"，由各科教员分别组织，以研究改进教学工作。

区在应试思维影响下，片面追求升学率，教研员逐渐沦为"考研员"，主要关注教学常规和考试（李志宏，2009），与理想的职能相去甚远。80 年代中后期，中国教育尝试各种本土实验，教研员在总结、推广优秀教学经验，组织研讨、讲座中发挥了重要作用。即使如此，当时对教研员的职能并没有做出明确界定。其工作常与督导重叠，并作为视察人员中的一分子，在集体视导中扮演"教学视导"的角色。

其次，在调查的基础上确定了教研室的地位与教研员的职责。1987 年，国家教委中学司对各省、自治区、直辖市的教研室及其工作进行了一次比较广泛的调查。调查结果显示："各地一般都认为，教研室是从事中、小学教学研究和教学业务管理的机构，是同级教育行政部门在教学工作方面的助手。""教研员队伍中有一部分行政编制"。在此基础上，国家教委于 1990 年 6 月颁布《关于改进和加强教学研究室工作的若干意见》，规定"教研室是地方教育行政部门设置的承担中小学教学研究和学科教学业务管理的事业机构"、"教研室的教学研究人员原则上应按中小学教学计划规定的课程门类进行配备"。教研员应承担："研究教育思想、教学理论、课程设置、教学内容、教学方法、教学手段和学科教学评价"、"提出执行教学计划，教学大纲和使用教材的意见"、"组织编写乡土教材和补充教材"等七项职能。

再次，对教研员的任职条件与资格做出规定。2000 年，教育部基础教育司下发的《教学研究室工作规程（征求意见稿）》，对教研员的学历、教育观念、知识、能力、态度及思想作风做出了规定。2001 年 6 月，国家教育部颁布的《基础教育课程改革纲要（试行）》指出"各中小学教研机构要把基础教育课程改革作为中心，充分发挥教学研究、指导和服务等作用"。由此可见随着教育改革的深入，越来越强调教研员的专业引领职能。但从教研室的工作环境、工作制度而言，不难发现其行政职能未减。如教研室一般设置在当地教育局内，教研室实行主任负责制，主任由当地行政部门任命或聘任。教研室需建立定期向当地教育行政部门和上级教学研究部门汇报工作制度。

由此可见，教研员作为教育质量保障队伍中的一员，不仅具有质量保障人员的特点，在历史发展的过程中，还形成了自己的特色。

首先，教研室作为行政部门的内生性机构，教研员的行政权威是其角色异化的主要原因。虽然政策文献日趋淡化教研员的"行政角色"，但是研究揭示教研员的工作被行政化。这种行政化一方面表现在教研员要处理教育行政部门的若干"非教学研究型"任务，另一方面表现在教研员掌握着教育行政资源，影响了教师的职业发展，加剧了教研员的"专业霸权"的表现。这与教研机构的单位属性有关。虽然1990年教研机构被独立为"事业单位"，时至今日，教研机构并没有完全独立于政府机构之外。这有其历史渊源。20世纪50年代，中国正式建立教研室，一方面是对过往经验的继承，解决"缺教材、缺教师"的问题；一方面是实现政府对教学的领导。正如顾明远（2004）所说：教研室（组）的组织，也符合把教师组织起来，党支部建在连队的原则，便于管理和领导。所以政府通过具有教育经验的人管理教学是教研员存在的理据。在这种情况下，教研员或多或少地带有行政权威。如今强调教研员服务职能的"回归"。从行政的词源出发，服务的意涵已孕育其中，故此处的服务更多指向于专业服务职能，虽然大多数教研员来自教师，但因其特有的行政权威，必然使得其专业服务职能异化。

其次，教研员研究职能的凸显与中国义务教育发展程度密切相关。传统的教研制度的价值取向主要是"弥补缺陷"，教研员在此制度的规约下，根据"教什么，学什么"、"缺什么，补什么"的原则，以教学管理与规范为重点，着重于培训教师对教学内容和教学法的把握，通过学科培训、听评课、经验推广等见效较快的教研活动对教师进行培训（董绍才，2010）。然而当下，中国的基础教育已经进入了注重内涵发展的新阶段。正如周济（2008）在教育部基础教育质量监测中心揭牌仪式上所言：中国教育已经呈现出新的特征，数量和规模的问题已经基本解决，质量和结构的问题成为主要矛盾。在提高教育质量的过程中，教师的教学扮演着重要的角色。随着中国教师培训制度、资格认证制度等的建立，现在的教师结构与水平较之以往已经有了巨大的改变。"弥补缺陷"取向的教研制度在中国教育发达的大、中城市已不适用。所以强调教研员的研究职能与中国义务教育发展的程度有关。

再次，教研员的评估职能将在区域教学质量保障中发挥重要的作用。中国教育质量保障体系落实到地区层面，经常发生机构重叠、职能交叉的现象。这固然与中国教育质量保障机构属于政府内生性组织有关，也与社会系统对于素质教育政策实施的保障制度尚未配套有关（杨润勇，2006）。如今，中国正在探索基于标准的教育质量保障机制，也在筹划如何推动区域教育变革。如果能够合理地发挥教研员的评估、指导职能，不仅能避免工具理性的问责观，还能够实现教育的系统改进。因为教研员与督导、评估人员相比，是接近教学现场的人，能够贴合教师，教学所需，其评估应具备改进的功能。另外，与督导机构、评估机构相比较，教研机构有更为深厚的"地方"特色。教研机构向下不仅可以延伸至"区"一级，还与学校的教研组有直接的对接关系。所以，教研员可以整合区域内的优秀教育资源，促进教育变革。基于此，在质量保障体系中，如何防止教研员的评估职能异化为行政职能，重新定位教研员的角色，以促进区域教学质量的提升，将是重要的议题。

二、H 市教研室职能的发展

H 市地处长江三角洲东部。作为沿海城市，其独特的地理位置与历史影响令其获得了发展先机。H 市是中国教育逐步走向现代化的一个窗口和缩影（陈科美，2004）[1]。自"废科举、兴学堂"拉开帷幕以来，H 市就走在教育教学改革的前列。当时，罗振玉在 H 市创办了《教育杂志》，国外教育思想开始系统地被引进。在国民政府统治时期，H 市是教育家、教育实践者会聚的场所，各种教育理念、教学法实践相继从这里走出。毫无疑问，在教育质量保障方面，H 市也继承了国民政府和老解放区的若干经验。1949 年以前，H 市教研工作并没有建立独立的学术兼管理性机构，而是在教育行政机构中加以推进（赵才欣，2008）[16-17]。

虽然 20 世纪 50 年代中国逐渐形成教研制度，但是各个地区教育发展情况不一，教研室在地方教育行政机构中所处的位置也不尽相同，总体上兼具管理与指导教学的职责。H 市的教研机构经历了如下的发展。

（一）逐渐完善内部学科建设

1949 年 10 月，H 市教育局设立教研室时，其下有四个研究组，分别是文史地组、自然科学组、编辑组和小学各科教学组。对教研室的定位是"研究中小学及工农学校各科教学以及编审教材、教育刊物之机构"。教研室与教育行政组织内部其他的研究机构不一样的地方在于，其研究建立在学科基础之上。通常最先成长起来的是语文、数学这类学科的教学研究。在学段上，最先成熟起来的是小学。H 市教研机构的出现肇始于四个区试行的"小教研究组"。在20世纪50年代，这些教研组的成员只有三到五人。换言之，即便设置了研究组，并不意味着每一学科的教学研究人员都能配备齐全。这就产生了一人身兼多职的现象。或者出于科室设置的需求，从其他教育行政部门抽调人员补充。市一级的音乐、美术教研员都是在20世纪90年代慢慢补充进来的。这也从侧面反映了教研室的职能细化与教育发展程度是密切相关的。

在历次的教育变革中，一旦涉及"教与学"领域的内容或课程创新，教研室的学科（后来一部分称为课程）研究人员也会随之发生变化。H市的一期课改推出了"必修"与"选修"板块相结合的课程模式。教研室内部也相应地出现指导选修课的教研员。但选修课对中小学而言，无论在教学还是在管理上，都是新事物。实践中不可能涌现出与此相关的经验丰富、教学优秀的教师。所以这部分教研员多半是从教研室内部其他学科调任而来。这一现象在二期课改中尤其明显。二期课改提出了新的课程框架，包括基础型课程、拓展型课程和探究型课程。其中基础型课程属于国家规定的课程，在新理念的影响下，原先的学科有所调整。如初中、高中阶段出现了科学、生命科学，原先的自然被融入综合课程，小学阶段的自然科目保留。而拓展型课程和探究型课程则是"新鲜"事物。这两类课程属于地方课程和校本课程，在具体实施过程中，以学校自主开发为主。伴随着这些新的课程而出现的就是这类课程的教研员。

虽然新的课程（如拓展课程）已经超越了某一具体的学科，但这类教研员的职能与原先学科教研员相仿，工作逻辑也与学科教研员相似。他们任职、聘用都不够稳定，兼职、流动的现象较为普遍。

（二）行政管理职能的合法性降低

教研室建立之初，即为教育行政机构。它隶属于市、区（县）教育局，需完成上级部门交办的事项，多少具有教学管理权力。尤其在20世纪60年代，H市为了加强管理，将"教学研究室"改为"教学研究处"（简称"教学处"），使得教研室（处）的行政权力名正言顺。

1984年，H市又将教学研究处改为教学研究室。1985年，H市编制委员会发文定编，将教学研究室划为独立的教育事业单位。从教育行政系统中脱离的教研室与系统中的其他组织关系为何呢？1987年，H市教育局印发了《H市中小学、幼儿园教学研究室工作暂行条例》（简称《条例》），规定:"教研室在同级教育行政部门的直接领导下进行工作,市教研室对区(县)教研室进行业务指导,形成全市的教研网。"这一规定,实质上削弱了教研室的行政权威。原先教学处与基教处平行,《条例》颁布之后,意味着教研室受基教处的直接领导。2001年,教育部下发的《基础教育课程改革纲要》指出"在教育行政部门的领导下,各中小学教研机构要把基础教育课程改革作为中心工作,充分发挥教学研究、指导和服务的作用",唯独没有提到"管理"。即便如此,"业务管理"和前面三个职能构成了教研室的工作主线(赵才欣,2008)[22]。

区教研室的发展更为曲折。其最初隶属于区教育局,后来又合并到教师进修学院(校),成为其中的一个职能部门。教师进修学院(校)是教学研究的另一个业务领导。H市各区的教师进修学院(校)在建立之初,主要致力于教材、教法的研究。20世纪70年代之前,只有部分教师进修学院(校)(原名为"红专学院")负责指导学校的教学研究工作。80年代,教师短缺之际,教师进修学院(校)开始承担教师的学历培训。80年代末,随着教师学历教育任务的逐步完成,教师进修学院(校)的工作重心也随之转向教师的在职培训。90年代末,国家进行教师教育体制改革,教师进修学院(校)开始面临生存的问题①。在这之前,区级教师进修学院(校)的上级业务部门是市教育学院,主要工作在于培训。在区教研室合并进来之后,教学研究、指导职能才开始凸显。在课程改革背景下,教师进修学院(校)的职能定位是:研究、指导与服务。与教研机构的职能几乎没有差异。其中研究包括"教研、德研、科研"三个职能部门,除此之外,还有培训(包括师训与干训)、教育信息两个部门。各区的教师进修学院(校)在部门名称上可能有所不同,但职能类似。在一连串功能重组的过程中,区教研室的行政职位也被取消。但相对于教师进修学院(校)其他职能部门,区教研室有其对口的业务领导部门和行政领导部门,分别是市教

---

① 1998年,国家教委发文撤销区教师学院大专建制之后,H市将市教育学院并入当地的师范大学,成为继续教育学院。它是响应中国教师教育体制改革为数不多的城市之一。在此情况下,区教师进修院校被取消了大专建制的同时,失去了上级业务对口部门。这时,各区的教师进修学院(校)纷纷采取行动:有的努力申请进行本科甚至更高学历教育的资格;有的直接与业余大学合并成为社区大学;还有的则一分为三,一些从事培训工作的教师被分到业余大学进行教学,教研室与科研室、德研室合并成立教育科学研究所,其他的教师则"留守"学院,等待新的出路(张人利,2006)[3]。

研室和区教育局。即使其上级业务领导合法的行政权被降低，但区教研室还直接对区教育局负责。所以就 H 市的整个教研系统而言，行政管理职能的合法性降低，但因其在教育系统中的特殊位置，行政权威犹存。

（三）教材编审与课标开发职能的重新分配

1949 年 10 月，H 市教育局设立的教研室，除了负有研究与改进教育、教学的任务之外，还具有刊物、教材、读物的编审权。并负责"调查统计本市教育概况、编辑教材、教学参考资料及教育研究刊物"（赵才欣，2008）[19]。换言之，教材、教辅的编写与审核是教研室的职能之一，由编辑组来完成。但 20 世纪 50 年代初，在中央领导者的指示下，教育部责成人民教育出版社编写统一的中小学教材。随后《H 市教育局组织机构分工职责的初步意见》中略去了"教材编写"这一任务，改成了"组织编写教学参考资料"、"筹办教学资料陈列室，并负责审查资料"。由于教学研究部门按学科、学段设计，了解教育、教学的实际情况，掌握区域考试命题的信息，所以很长一段时间内，由教研员编写的教辅材料大受欢迎。

至 1986 年，国家颁布了《关于中小学教材编写、审查和选用的规定》，提倡一纲多本、编审分开的中小学教材改革方针之后，教研室的相关部门的职能又得以重新界定。教研员受欢迎的部分原因在于他们与命题指向有联系。为了遏制应试教育的风气，H 市教研室有了不成文的规定：教研员不得以个人名义出版教辅。当教材编写的权力重新回到地方之后，其工作主要由教材组的人员承担。教研员通常提供咨询、给予建议。

这一职能分配，一直延续到二期课改。1998 年，H 市推行二期课程改革，有若干创新之举。首先，为了推进课改，H 市教委成立了课程改革委员会办公室（简称"课改办"）。在实际运作过程中，市"课改办"与市教研室是两块牌子，一套班子。课标制定的工作可以分为两个方面，一个是跨越学科的"整体性"工作，一个是具体到特定学段、学科的课标制定，这两方面的工作主要由综合研究部和教学研究部负责。与课标开发同时进行的还有教材开发，由 H 市"课改办"下属的"课程教材部"统筹，承担课程教材的立项、编写、审查、试验、推广。由于教材的编写需参照课程标准，所以课程教材部需与各学段的教学研究部联系、沟通、研讨。

教研室的教学研究部不具备教材的审查权。但是教研员工作的多面性，使得各学科教研员不仅在教材的立项、编写环节发挥重要的咨询作用，还在教材审查过程中有一票之权。H市教材的审查权归属于基教处的"H市中小学教材编审委员会"（简称"市审查委"）所有。在《H市教育委员会关于进一步加强H市中小学教材审查工作的若干意见》中规定了四个送审机构，分别是课改办、基础教育资源中心、区县教育行政部门及经市委批转的其他单位或个人。实际上，这四个机构送审的教材有一定的差别，基础教育资源中心主要提交的是音像和教学软件等电子材料，区县教育行政部门提交的是地方课程教材。只有课改办和其他单位（或个人）提交的是中小学教材。当这些材料交至"市审查委"（由专家、教师和教育行政人员组成）时，一般先由专家个人审查，再由小组集中审查。在学科教材的小组审查中，教研员担任了各学科教材审查小组的成员，参与其中的工作。

区教研室与教材编写、审查无多大关系。作为教师进修学院（校）的一个工作部门，教研室①内部主要以学科、学段来区分子部门，并无相对应的课程教材组。区教研室对课标、教材、教法的研究更多以解读、宣传、实施为主；由于区更接近于学校教学实践，所以也负责将区域内部的优秀教学经验加以总结、归纳，向上传递。故区教研员即使参与到教材编写过程中，也只是个人行为。区教研室并不承担课标开发、教材编写的职能。由此可见，在二期课改背景下，市级、区级教研室的职能也有了进一步的分化。

（四）研究范畴日益变广

1957年，教育部颁发《关于中学教学研究组工作条例（草案）》后，H市教育局进一步澄清了教学研究室的职责任务。首要一点就是规定了教学、教材、教法的研究工作。主要包括：（1）研究中小学计划、教学大纲及教科书的内容分量是否适当合宜，向领导反映提供意见；（2）了解、发现教学中存在的重要问题，进行分析研究，提出改进意见；（3）了解、研究优秀教师的教学经验，帮助教师总结，以便交流经验（H市教育局，1957；转引自赵才欣，2008）[20]。由此可见，这个时期教育行政对教研室研究职能的定位就是"教学研究"。

20世纪90年代，教研室的研究职能开始扩大。这与当时国家的政策导

---

① 在二期课改背景之下，H市各区教师进修院校的教研部门名称有所不同，有的因袭传统叫作教研部，有的称为研训部，有的叫作课程教学研究部。名称不一，但职能一样。

向有一定的联系。1990 年，国家教委在《关于改进和加强教学研究室工作的若干意见》中指出，教研室"根据中小学教学需要，研究教育思想、教学理论、课程设置、教学内容、教学方法、教学手段和学科教学评价等"、"研究考试方法的改革"。但随着"教考分离"的提出，H 市将考试命题的研究、制定转移到考试院手中。由于考试是对教师教学成效的检测，为了避免"所教"与"所考"之间存在巨大的鸿沟，考试院在统一命题时，也会咨询教研员的意见。事实上，考试学科（如语文）教研员对"考试"的研究并没有减少，而是对考试的"介入"程度有所降低。面对高风险考试，市、区教研员都不会直接参与命题。但在区层面，各区为了实现自己的质量监测，保留了区教研员命题的合法性。区教研员对命题的研究与教学目标、教学重点、考试重点是联系在一起的。

随着课程改革的深入，引发了课题研究的热潮。原先以学科为单位配备人员的教研室无论从职能上，还是人员配备上，都无法满足课程改革的需求了，且与"课改办"的称呼名不副实。故 H 市教研室保留原先中小学（幼儿）教学研究部，增设了综合研究部。综合研究部主要负责项目研究（如课程领导力行动研究、学校课程计划编制研究）和教学评优工作。而区教研室并未增设此部门。无论是课题研究还是传统的教学研究，都由教学研究部承担。如此一来，教师进修学院（校）的科研部与教研部的差别就日益减少。按照以往的惯例，科研部的上级业务对口部门是 H 市教育科学研究院，相对于教研室，它们的研究更为宏观。但随着课题研究的兴起，作为课改执行单位的教研室在研究范畴上，与科研室的界限越来越模糊。

（五）评估职能的重新定位

H 市教研室虽然在统一命题中的作用日益减弱，但并不意味着其评估范畴的缩小。从上述历史梳理中，可以归纳教研机构的评估职能是从视导系统中派生出来的，与传统督学不同的是，由教师或校长实施的评估聚焦于教学，且伴之以指导。后来，随着教研制度的建立和发展，该机构的指导与服务职能日益被强调，就政策文献而言，很少强调这类机构的评估职能。但因教研员熟悉教学、教材，所以任何事关教学成效的评估，必然会与教研机构形成合作关系，或委托教研机构进行。

在 H 市，学生的学业考试依然是评估教学成效的最直接的手段。虽然高风险考试的命题工作现由考试院独立承担，但是综观考试环节，命题只是考试流程中的一个环节。在命题之前，要进行咨询，命题之后要有专人负责阅卷。所以在"咨询—命题—阅卷"这一流程中，教研员只是从"命题"环节退出。在阅卷环节，教研员扮演着重要角色：

> 阅卷的时候，教研员起一个核心的作用。尤其是语文学科（总计150分），其中70分是作文，属于阅卷工作量最大的一块。基本上是以教研员为组长，组织比较优秀的语文教师一起阅卷。阅读部分（80分）这一块，有高校教师参与的阅卷，也有中学教师参与的阅卷。但是起主要作用的，每道题的具体负责人往往还是各区县的教研员（M–YG–29–110517）。

"阅卷"这一职能并不属于教研室的正式职能范畴，而是因教研员所处教育系统中的特殊位置而衍生的职能。同时也是对传统教育质量监控职能的继承。只不过教研员在其中的权重有所调整。

H市市、区两级教研室除了接受教育行政部门委托的教学视导外，自己也具备正式或非正式的评估职能。正式的评估职能，即通常所谓的"集体视导"和"调研"。"集体视导"是各个学科的教研员集中在一起，对区域内部的学校进行统一的视导。各区实施情况各不一样，名称也不一样，既有突击式的"飞行视导"，也有提前告知的视导。"调研"有时候也被视为视导的一种方式，就教育教学实践中存在的一些共性、突出问题展开调查、研究。区教研室实施集体视导是区域教育质量的一种保障方式，也是对区教研室隶属于教育局时的工作方式的传承。市教研室则通常采用调研的方式，在某一固定的时间内，进入某一区进行调研。总体而言，由教研室主持的"视导"与督导主持的"视导"在性质上有所不同，教研室做出的评估对学校不具备"高风险"，鲜少带有惩罚性。教研室更多地聚焦于归纳、总结、推广优秀教育、教学经验。另外一种非正式的评估是镶嵌在教研员的日常教研活动中的。区域公开性质的听评课对教师的职业生涯发展具有"高利益"。H市教师接受职称评定时，开过区级公开课是其必备条件之一。

当H市的教育进入内涵发展阶段①时，教研室在整个教育质量保障系统

---

① "内涵"发展是当前H市政府及其研究机构对H市教育发展的一个定位。意指H市的教育已经完成了数量的累积，应更聚焦于教育现代化中的"内涵"问题。包括：教育公平，课程的育人价值，教师的专业成长，多元教育价值的处理，家长的力量，等等（C–I4–111101）。

中发挥了愈加重要的作用。从 H 市教育质量保障系统的内部机制而言，当下具有评估职能的政府机构（或政府"内生性"机构）分别是督导、教育质量监测中心、评估院、考试院和教研室。但各个机构因其职能分配不同，所采用的评估指标也不相一致。从系统性的教育质量保障的"目标设定"而言，各机构对教育质量的理解应该是趋于一致的。事实上，在二期课改中，课程标准是由教研室制定的，标准的实施过程也是由教研室负责监督，但标准的实施效果（更多是以学生的学习成绩来表示）则通过考试院的命题、考试来反映。若教研室与考试院在目标（或标准）上产生歧见，以学生学业为中心的质量保障系统有可能出现脱环的现象。为解决这一"歧见"，"绿色指标"[①] 出台，试图建构教育内部"标准—教学—评价"的良性循环系统。

H 市在推出"绿色指标"之前，参与了 2003 年教育部基础教育课程教材发展中心的"建立中心学校学业质量分析反馈与指导系统"的项目，初步建立了 H 市中小学学业质量的数据库。当时这一工作主要由教研室负责完成。如今，国家推行"改革义务教育教学质量综合评价"试点项目，H 市以"绿色指标"申报该项目。获准后，成立了 H 市"改革义务教育教学质量综合评价办法"项目组。这一项目涉及多个部门（包括考试院中招办、教科院普教所、教委教研室、督导事务中心），教研室发挥着主导的作用。就"绿色指标"的分工而言，H 市教委在实施指导意见中指出：

市教委基础教育处、教研室负责与相关部门的联络协调。市教委基础教育质量监测中心负责与教育部基础教育课程教材发展中心的日常联系，参与学科测试工具的开发、学业质量数据的分析、撰写学业质量分析反馈报告、制定学业质量测试评分标准、组织人员培训等工作，完成区县测试结果的反馈。市教委基础教育处、教研室和市、区两级招考机构共同做好学业质量抽样测试考务组织工作，区县教育局提供相关支持。区县教师进修院校参与区县学生学业质量数据分析和撰写报告等工作。H 市学生体质健

---

① "绿色指标"是基于课程标准的学业质量测试与背景问卷相结合的评价。主要指标包括：学生学业水平指数，学生学习动力指数，学生学业负担指数，师生关系指数，教师教学方式指数，校长课程领导力指数，学生社会经济背景对学生成绩的影响指数，学生品德行为指数，学生身心健康指数和跨年度进步指数，等等。

康监测中心收集学生体质健康数据（H 市教委，2011）。

　　H 市的教育质量监测中心是 H 市教研室的一个下设机构，监测中心的主任由教研室负责人兼任。2009 年，H 市教委建立教育质量监测中心的目的，在于依托教研室的力量拟定 H 市的基础教育质量标准，研究开发 H 市教育质量监测工具，实施教育质量监测工作，为各区开展基础教育质量监测工作提供技术支持和业务指导（H 市教委，2009）。故不难看出，在上述分工中，基教处是行政领导，教研室是总体设计兼执行领导。

　　由此可见，H 市教研室的评估职能，并没有随着"教考分离"的方针而日益萎缩。因教研员工作的特殊性，及中国教育变革发展的需求，其在教育质量保障系统中的位置日益提高。有必要补充的是，有学者认为教研室是一个"不可通天"的机构，至省级别，就不存在上级对口部门，导致了教研室式微的趋势（丛立新，2010）。这一说法有待商榷。仅从 H 市教研室的设置而言，在项目上，常与教育部基础教育课程教材发展中心发生联系。且 2012 年，教育部基础教育课程教材发展中心将教研室工作推进作为其职能之一。在自上而下的教育变革中，"上层"会产生若干新的职能部门，负责改革中提出的新事项。地方机构在应对来自上层职能部门的任务时，主要有两种方式。一是顺势产生新的部门，二是将原有的相关职能机构赋予新的权责，以实现业务上的对接。中国大陆多采取第二种方式。如今 H 市教研室内设基础教育质量监测中心，评价职能的合法性得以确立。且有可能与教育部基础教育质量监测中心的工作发生对接。

三、H 市教研员的角色：群内分工不同

　　H 市教研制度发展至今，已经远远超出了传统教研室的职能定位。这种变迁，必然对位于其中的教研员产生深刻的影响。要了解这种影响，必须先了解教研员内部的分层①。具体的职能要求对于处于不同层次的教研员影响也不同。

　　（一）市教研员与区教研员的区别

　　在分析市、区教研员的职能分工之前，需要对 H 市教研员做出一个清

———————————

　　①　这里的分层主要依据"职位"（position）来判断。

晰的界定。根据1990年国家教委颁发的《关于改进和加强教学研究室工作的若干意见》中规定："教研室的教学研究人员原则上应按中小学教学计划规定的课程门类进行配备。"若以此为判断，H市教研员应该是教学研究部门的工作人员。但由于综合研究部除了负责大型研究项目之外，还负责学校的课时编排，教师的教学评比，学段教学工作，所以也将其纳入教研员的行列。另外，需要补充说明的是，M区将教研员称为"研训员"，主要是想突出"研究与培训一体"的理念。实际上，其所从事的工作与教研员并无差别。故此处以教研员统一代称。

为了清晰地呈现市、区两级教研员的区别，此处结合H市教育系统结构（见图3-1）进行分析。

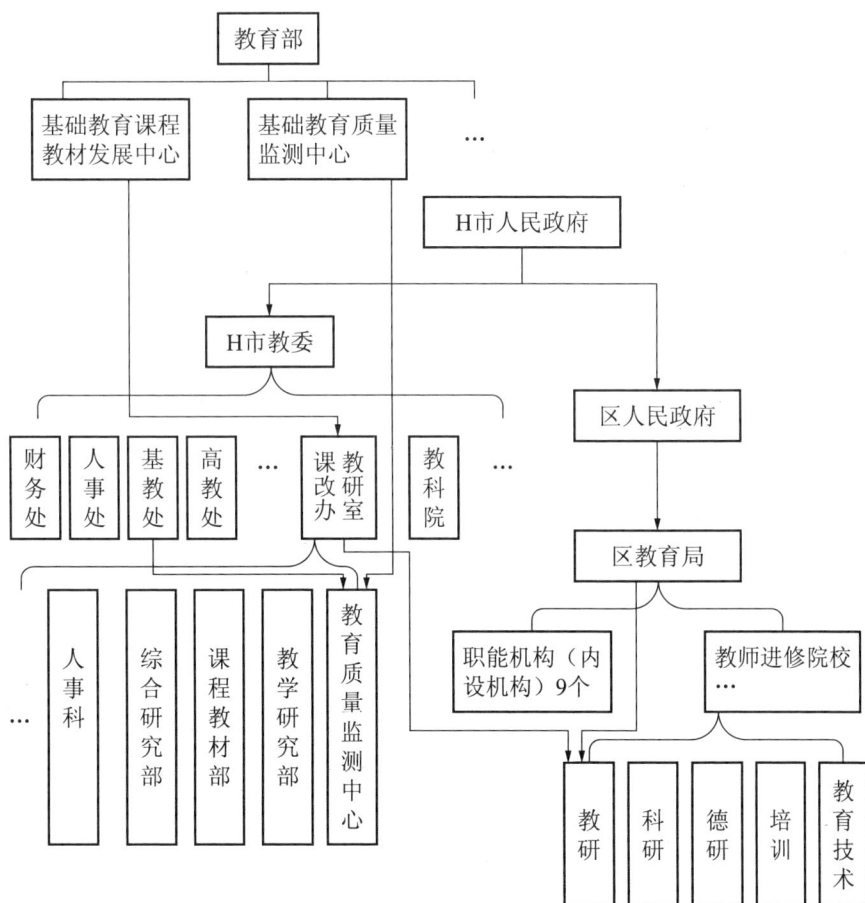

图3-1　H市教育系统结构

　　从业务分工而言，市教研员（包括学科教研员和综合教研员）主要负责学科教学研究与指导、课程计划制订、课程项目研究、教学评比。在教材的编审、学业质量的监控方面起辅助、咨询的作用。鉴于教研员具有学科背景和教学经验，所以作为"课改办"的实施与组织人员，教研员也是各门课程标准制定的负责人与联络人，任课标小组（小组里有高校学者、学科专家、一线教师）的组长，拥有课标最后的决策权。另外，基础教育质量监测中心作为一个新成立的部门，无论在人员配备还是设施上都处于起步状态。鉴于教研员熟悉学科教学，具有教学评价、学业评价的经验，故这个部门的工作很大程度上依赖市教研员实施。

　　从部门对应关系而言，基础教育课程教材发展中心应与 H 市的课程教材中心相对应，但因基础教育课程教材发展中心很多项目与课程、课标、教学相关，所以下落到 H 市教研室的时候，通常更多借助于综合研究部和教学研究部的人员来完成。由此可见 H 市教研员的工作涉及面非常广，并与教研室其他部门有着密切的联系，甚至直接参与教研室其他部门的工作。所以 H 市教研员必然充当组织者的角色，需要协调各个部门的关系，并和专业人士、行政人员、教师、区教研员等保持联系。此外，市教学研究部各学科研究室与其他行政部门、专业协会保持着千丝万缕的联系。例如 H 市教育学会学科教学专业委员会的秘书长一般由市学科教研员担任。故学科教学专业委员会开展的相关活动也主要是通过市、区教研室的关系传递下去。此外，一些学科（如音乐、体育、科学）教研员还要接受"体卫艺科"处的领导。

　　区教研员更多地是以"执行者"的形象出现。课标的制定主要以市教研员为主，区教研员主要负责课标的解读与实施。换言之，区教研员相较于市教研员，更接近学校。定期去学校听评课、检查教学、参加集体视导，已经成为区教研员的常规工作。具有教研工作经验的领导曾这样说：

　　区里更多的是跑学校。市教研员跑区跑得多一些，对区教研做一点指导、服务工作。区教研员到学校去做指导、服务工作比较多一点（C－L3－111104）。

　　在这种情况下，教师是否可以开设区级公开课，是否能够参加市教学评比大赛，很大程度上取决于区教研员。市教研员的工作相对宏观，负责总体的学科教学的规划、改进与推广。课改之初，H市在每个学段建立了50所课程教材改革研究基地学校。市学科教研员均参与基地学校推进新课改。

因为区教研员更为贴近日常教学实践，加之区教研员承担了区域教学质量保障工作，保留了部分的命题权。所以区教研员较之于市教研员，还要承担诸如"模考"的命题工作。

教研员负责模考的命题，他起到一个上传下达、理解消化，并且顺便推广的关联作用。比如说考试院出台了一些修订或修整的意见，教研员先理解，然后根据我们区的情况进行判断：哪些可以在卷子中体现，哪些是条件尚未成熟的。判断之后，他要在具体的制卷中体现出来，考过之后，结合考试的数据进行分析，加以论证。有时候要把论证分析的结果，通过一些渠道反映给考试院（M–YG–29–110517）。

由于区教研室内部并没有分化出课标制定、教材编写、教学评估的职能部门，所以市教研室业已分化的四个职能统一落到区教研员身上。虽如此，区教研员在实施上也有所侧重。区教研室不具备教材编审权，区教研员参与教材开发多半为个人行为，且教材的建设多集中在"地方教材"或"校本教材"这一块。而地方的"教与学"却是区教研员不得不关注的事情。为区在各项教学、论文等比赛中获得佳绩，从选择教师、定教材到排练，区教研员都会亲自参与。故区教研员在设计、决策（课标开发）方面的职权不似市教研员那么大，但事务性的工作并没有减少。在教育质量监测过程中，区教研员要配合市教研室、市考试院等部门进行数据的收集。从层级关系上看，区教研员不仅要对教师进修院校负责，还要对市教研室、区教育局负责。故一位区教研员说道：

我们以前是没有教育局的，现在教育局又回来了。跟我们所处的教研室这个单位是有关的。在很多外省市，教研室是直属于教育局的一个单位。我们是中间还有一个教育发展研究院（即D区的教师进修学院），然后才是我们的部门。所以，层级越多，做的事情越多（D–SC–09–110512）。

另外，在市层面很少提及教研员的"培训"职能，一则有专门的职能部门负责教师的市级培训，即 H 市师资培训中心；二则师资培训的重心开始向区、学校转移。《H 市"十二五"中小学、幼儿园教师培训工作实施意见》指出："原则上每位在职教师参加市级课程、区（县）课程和校本研修的比例分别为 10%—20%、30%—40% 和 50%。"在这种情况下，位于区教师进修院校下的教研员承担了部分的培训职能。从历史发展观之，最初来自于优秀教师的辅导人员对在职教师进行教学指导时，也蕴含"培训"之意。但后来区教师进修院校有独立的培训部，负责干训与师训。20 世纪 90年代末，在教师教育体制改革背景下，区教师进修院校进行功能重整，谋求出路时，师训部人员都或多或少地受到了裁减与调整。正如 K 区的一位教研员说道：

以往在承担学历培训的时候，培训处有相当一批老师专门从事培训工作。那时候，教研室和培训处等于是两条线。因为他们有他们的老师，我们有我们的老师。现在呢，经过这么多年的改制以后，培训处已经没有自己专职的老师了，所以他们上课呢，最后还是依托我们教研室（K‑MB‑14‑111107）。

师训部除了请教研员开设相关培训课程之外，还会聘请高校研究者、学科专家、特级教师等进行相关主题的教学，并管理教师的在职培训学分。教研员除了参与师训部的一些培训课程的讲授外，自身也负责一些培训任务。这些培训主要围绕课改专题，聚焦至具体的学科。在新教材推广阶段，区教研室开展了大型的教材解读培训。例如：

学科的培训跟师训部不一样。这个全部由各个学科的教研员自己做讲座。你叫师训部怎么做呢？比如我们自然的，我们劳技的，我们拓展的，他对教材又不熟悉。我们都会自己安排的（D‑TE‑11‑111117）。

总体而言，区教研员承担的培训职能重于市教研员，无论是参加师训部的培训项目，还是教研室自己主持的学科教学培训，尤其教师培训重心向区域、学校转移之后，培训与教研开始联姻。加之师训部门的人员在教师进修院校功能重整时有所减少。故以校为本的教研与培训的重任就落在了区教研员身上。一些区的教研员如《H市"十二五"教育发展纲要》中所提倡的一样，开始建立学科教研培训基地。

（二）学科（课程）教研员之间的差别

指导、研究、评估等职能也会因教研员的学科背景不同，而有差异。在上述教研室职能发展的梳理中，发现教学研究部内部学科的设置与中小学的教学实践发展是同步的。当学校出现某一新的学科（或课程）时，教育行政部门或其直属单位相应地进一步分化出新的部门或人员管理新的学科（课程）事务，H市拓展探究教研员即是这么产生。课程产生的时代背景不同，重要程度有别时，其教研员的工作也存有差异。就目前H市的课程结构而言，拓展型课程和探究型课程的教研员的工作有别于基础型课程的教研员。

首先，拓展型、探究型课程不以传统的评估方式来检定教学的成果。其次，由于是新出现的课程，大学里没有开设相类似的课程，教研员本身没有受过专业的训练，也缺乏践行该课程的经验。再次，这类课程所运用的教材并没有统一的规定。所以相较于传统学科的教研员，这两类课程的教研员一方面受既定陈规的影响较少，一方面需应对各类不确定的因素（如不同的教材、教法）。

在基础型课程里面，不同学科的教研员，职能范畴或重点也有所差别。就语文、数学这类考试学科而言，教研员的常规工作之一就是命题及其分析。然而，对于音体美这类学科而言，教研员则免去了有关命题的工作。科学，作为基础型课程里出现的新学科，虽然与拓展型课程、探究型课程一样，同属于新课程，但由于其归属于国家课程，所以无论是课标的建设，还是教学工作的指导逐渐趋于常规化，但学校在教师队伍配置上，依旧不及基础型课程里的传统学科。

学科（课程）教研员之间的差异还表现在该学科教研组的建设上。从现代学校组织而言，语文、数学是学校的"大学科"，同年级的任课教师可以形成备课组，不同年级同一学科的教师则形成教研组。由于音乐、体育类的学科由来已久，教研组建设也比较成熟，但是在学校教学中占用课时量少，遇到规模小的学校，学校中只有一两个音乐教师时，教研组、备课组也就不存在。学校中的科学课多以年级组①的形式建立，由数学、物理等理科背景的教师组合而成。而拓展型课程、探究型课程的教师多半从其他学科调剂过来，学校领导对其重视程度直接影响了该类课程年级组的建设（见图 3 - 2）。图 3 - 2 - 3 与图 3 - 2 - 4 是学校领导比较重视情况下的一种组织状态。现实中，这种类型的学校并不多见。所以科学或拓展的教研员主要依托中心组来开展工作。

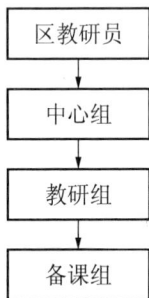

图 3 - 2 - 1　语文教研员的工作层面　　　图 3 - 2 - 2　音乐教研员的工作层面

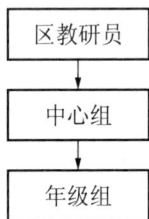

图 3 - 2 - 3　科学教研员的工作层面　　　图 3 - 2 - 4　拓展教研员的工作层面

图 3 - 2　教研员在学科（课程）工作方面的组织差异②

———————————

① 传统的年级组是由同年级班主任和任课教师组成的，进行文化学习、德育研究、讨论班级管理的组织。在二期课改背景下，H 市一些学校的年级组承担了更多的职责。如拓展型课程、探究型课程没有专职的教师，会调用语文、数学课的教师，一者解决了特定学科师资不足的问题，二者弥补了教师工作量的问题。而语文、数学课教师中有不少是班主任，且拓展型课程、探究型课程的实施还需要借助其他学科的帮助。所以在一些学校，原先由班主任主持的年级组，无形中形成了以班主任为核心，负责新课程实施的组织。另外，像科学这类的综合课程，在没有专职教师的前提下，也需要同年级不同学科教师的合作。

② 在有的学校，年级组和备课组可以通用。为了做出区分，本书中的备课组是学校内部同年级同学科教师所形成的组织。它与教研组的不同之处在于，后者组织形态大于前者，是同学科跨学段的组织。年级组则是以年级为单位，取消了学科的分野。这种组织契合了科学、拓展等课程的教研活动的需要。因为科学、拓展是综合类、活动类的课程，不局限于具体的学科。所以学校内部为了开齐这些课，通常由同年级内不同学科的教师形成"拼盘式"的组织。

区学科中心组是由区教研员领导的一支优秀教师团队。不同学科、不同地域中心组承担的任务有所不同。一般而言，所有学科的中心组均参与教学指导、示范工作，但初中或高中的"大学科"的中心组还参加区内命题的研究与制定。在区域面积大的 D 区和 M 区，中心组成员负责片①上的活动。

综上，中国教育质量保障系统的发展与公共教育发展程度密切相关。视导是中国最先出现的教育质量保障机制。这一机制是科举制度取消之后，模仿日本的教育管理制度而建。科举制度在传统社会中之所以重要，不仅仅因为它是选拔人才的工具，还是统治阶级用于思想文化、意识形态管理的工具。当科举制度取消之后，新学、旧学交替之际，并没有发展出成熟的考试制度。视学开始担负起监督教育的职能，被视为"政府之喉舌"。由于晚清政府新学初始，许多地方的学校徒有其名。当时教育质量保障的重心在于推广、监督新学。任职视学者一律享有官职，劝学员在地方有一定的名望，所以行政主导的监控职能非常明显。

民国国民政府时期，视导理念与实践均得以发展。受美国视导的影响与政策实施的需要，视导的指导职能被强调。当时的新学堂已渐成规模，教师的缺乏，民间教学法研究的兴盛，考试制度的乏力均对政府主导的教育质量保障系统提出了挑战。在当时情境下，视导体系通过纳入新的成员，实现了其职能的转变：从原先的教育管理与控制走向控制与指导相结合。与指导相伴而生的还有研究、培训职能。这些职能的出现确保教育发展到一定的阶段，有特定的机制开始保障"教与学"，即中心学校辅导制和巡回辅导团的出现。但辅导制最终还是归于视导系统之下。换言之，职能的分化未能催生部门的分殊，行政的吸纳力强大。四川省在 20 世纪 40 年代初推行的"视导网"制，更是将"教建指导员，文经股主任，文化干事，均明定职权，一律纳入视导网内，以健全组织"，更确定了师范学校，中心学校，民众教育馆之任务，从事辅导地方教育。但现实中视导组织不健全（视导内部的权责关系不明、视导与外部其他辅导机构的关系不畅），视导人员多为"开曹闲值之辈"（孙邦正，1942），导致视导在学校教育、教学改进中的功能并不凸显。一些地区开始编订视导标准。实际工作中，视导则依

---

①　"片"是比区小的一个单位。由于教研员人数与学校数额形成张力，所以大区又分成若干"片"，形成以"片"为单位的教研活动。

据经验判断教育、教学。

与国民政府同时存在的还有边区政府。虽然老解放区对中心辅导制度有所借鉴，但受教育资源、战时环境的影响，老解放区对学校教育的重视程度不高。而是开展了形式丰富的社会教育，其中不少带有政治动员的意味。加上教育干部的缺乏，老解放区的教育质量保障系统没有国民政府辖区内复杂，缺乏对视导理论的学习与研究。视导系统主要由巡视员（或督学）和中心学校两条线组成。后者实为教育资源短缺之下的教育质量保障的应急之策。研究、培训功能有所下降，主要通过中心学校的教师进行示范、指导教学，发挥辐射作用。

以此观之，教研员来自于优秀教师，兼具教学管理与指导之职确有据可考。20世纪50年代，虽然确立了教研制度赋予了这类教师"教研员"的称号，但是对这类人员的定位依旧是模糊的。直到90年代才在编制问题、机构属性上确定了这类人员在教育行政系统中的位置。简言之，这类人员不享受行政编制，教研室属于教育行政部门的直属事业单位。即接受国家的全额拨款，并为教育行政部门提供政策建议。但在这之前，一些教研员已经享有行政编制。加之原先的教研室有的设置于教育局内，有的设于教师进修院校，有的设于教育科学研究所，各个地方不尽相同。这样造成了教研员编制的混乱，也不利于教研室的定位。故90年代的文件中并没有对教研员的编制采取"一刀切"的做法，而是默许了多种编制的存在，但确定其不是教育行政人员。

在此背景下，H市教研室也逐渐脱离了行政编制，从教学处转向教研室。区教研室从教育局脱离出来，整合至教师进修院校。经历了部门重新调整之后的教研员，在二期课改背景下，被期待履行多种职能。仅仅从教研室的机构变迁而言，教研员要在课标开发、教学指导、质量评估、教材编审、研究、培训方面发挥主导或辅助的作用。但具体到教研员这一职业群体内部而言，处于不同位置，具有不同学科背景的教研员，在履行上述职能时，会存在差异。首先表现为不同级别的教研员在研究职能、管理权限上有所区别。市教研员更偏向于研究，尤其是综合教研员，承担的是与原先教学研究迥然不同的"课题研究"或"项目研究"；区教研员则偏向于指导与培训。其次表现为学科的差异性。学校教育中的学科地位之高低，直接地反映在教研员的队伍建设、人员设置过程中。这种内部的分殊，随着H市的二期课改愈演愈烈。

　　总体而言，在百余年的发展过程中，教研员的角色特点为：首先，教研室作为行政部门的内生性机构，教研员的行政权威是其角色异化的主要原因；其次，教研员研究职能的凸显与中国义务教育发展程度密切相关；再次，教研员的评估职能将在区域教学质量保障中扮演重要的角色。

　　从上述历史发展而言，教研系统在1949年之后得以独立，原先来源于优秀教师的辅导人员从庞大的视导体系中得以独立，成为正式的教研人员。实现了初级能动者到团体能动者的过渡。根据形态衍生理论，阿彻将系统与社会分为若干层级，相应的，能动者也具有三个层级。首先是初级能动者，即个体受社会资源分配的影响，"被动"地在社会中居于一定的位置。换言之，初级能动者受先存结构的影响，在没有找到所属利益群体之前，能动性无法得到延展。1949年前，在视导队伍中担任辅导员的教师即为初级能动者。这类教师被从教学一线抽调出来，放置于视导体系之中。其所行使的职能都是教育系统所指派的。但在整个历史的发展过程中，不难发现，由于这类人员所具备的知识、能力，不仅能够满足教育质量的控制，还能承担起具有教育改进之责的指导、培训。正是如此，这类人员在教育质量保障系统中的位置日益明确，即作为教学质量保障人员。1949年后，教研制度的确立，这类教师拥有了"教研员"的正式称号，从原先的视导体系中独立出来，形成了一个新的利益群体，有其专门的机构和特定的职责。但是这一利益群体并不是教研员作为集体能动者，与教育质量保障系统内部其他群体通过协商、斗争等方式主动获取的，而是由行政机构赋予的。所以教研员虽为团体能动者，具有澄清共享利益的能量，组织共同的行动，但难以形成社会运动，对决策施加团体的影响。但从整个历史发展进程而言，教研员能够独立地实施教学视导，负责课程与教学领域的管理与指导工作，不啻为能动性的提升。

　　能动性的改变镶嵌在互动的过程之中，长达百年之久，如阿彻所言，其有一条简单的故事线：从前组织（pre-grouping）到再组织（re-grouping）。教研员的发展也经历了这样的过程。虽然纵观百余年的教研活动实践，不可避免地会得出教研员专业职能受行政干预的影响，有所异化。但H市的教研室职能的发展，也反映出教研员因其工作特点，可能在教育质量保障系统中发挥越来越重要的角色。尤其在二期课改背景下，教研员群体的内部分化日益明显。这种内部分化是否影响到教研员的能动性？教研员是如何诠释其角色的？这将在第四章讨论。

第四章

教研员的社会身份建构

H 市教研室职能发展的历程说明其组织内部已经形成了一条流畅的"课标制定—教学指导—质量评估"质量的保障链。至于教研员的内部分层，则说明了在这条质量保障链条中，不同层次、类型的教研员将会发挥不同的作用。本章重在对这两个层面（结构与人）进行平行分析，下章则围绕两者的互动展开，分析教研员如何在课程改革背景下建构社会身份。

按照形态衍生理论，社会身份的建构有两个前提条件。第一，社会化过程的发生。结构的制约力将通过社会化之后的角色呈现出来。换言之，角色是社会身份建构的结构参照物。第二，社会身份的形成必须有个人身份的介入，表现为个性化的过程。个性化是主体与结构协商的过程，借此过程，主体性也得以呈现。鉴于前一章已经对教研员的角色发展、角色特征做了梳理与分析，并描述了 H 市教研室的新职能，故本章首先呈现教研员作为一个职业群体，如何赋予其角色意义。

第一节　日常工作中呈现的群体共性

在经历了职能的分殊和整合之后，H 市教研员、区教研员在教育质量保障系统中主要发挥"教学质量保障"的作用。无论他们的研究、培训、指导，还是质量监控，都聚焦于"教与学"领域。

一、以课为载体的教研活动

教研员在实际工作中承担了多项职能，不同职能之间均有一个共同的特点，即以课为载体。如教研员的研究主要是对课堂教学中出现问题的研究，教研员主持的培训要么是以"课"为载体的实践培训，要么是针对二期课改中的某一专项内容（如新教材的解读、有效教学）的培训。而且在制度规定上，D、M、K 三区的教研员需定期组织教研活动，通常是每两周一次。故通过对以课为载体的教研活动的分析，可以发现教研员在教学质量保障中究竟发挥何种作用。

（一）反映教师个体教学情况的家常课

家常课（又称为"随堂课"）是"原汁原味"的，不带任何表现性质与功利思想的课。这类课是教师教学常态的表演，主要由教师自己构想、实施，能够较真实地反映教师的日常教学水平及其存在的问题。如果从教学改进的角度出发，对家常课的观察、诊断与改进，应该是教研员工作的一部分。但在现实工作中，这种情况却较为少见。原因在于：

因为我们不大做平时的教学。平时的教学跟公开课堂教学模式有点不一样，当然你平时也可以做，但我也没有这么多时间（K - TE - 20 - 111107）。

家常课中出现的问题主要由学校教研组自行改良。D 区、M 区因区域面积大，学校数量多，学科教研员很难走遍区域内所有的学校。为此，D 区开始筹建网络教研。教师需定期向 D 区教研室网络平台上传课例、案例，或参与网络点评。这与在现场情境下，对教师教学做出判断，提出改良建议，始终存在差异。并且新建的网络平台在资源供给、技术支持上，还不够完善。

现实中教研员鲜少有时间亲临每所学校，指导教师日常教学，但不乏一些学校主动邀请教研员去听课。这类课暂未参加评比或展示，却非一般意义上的家常课。在教研员看来：

他们如果请我去听课、评课，通常都是认真准备了，真正的家常课你很难听得到的（M – TE –25 – 111102）。

　　皆因学校在邀请教研员之前，学校教研组或校内师父已经对所授之课进行了群策群力的讨论、设计。且不可排除一些学校邀请教研员前来听课，预存着培养骨干教师，或参与教学评比、展示的目的。有两种情况可能看到家常课。一种是突击检查式的飞行视导，但其检查的性质多于改进。另一种是蹲点调研，易流于"磨课"形式，且不多见。在访谈中，只有两位教研员对自己十年蹲点，解决实践问题的方式颇为自豪。

　　区域学科教研员与教师的人数比客观上决定了教研员很难完成全体教师的个别教学指导。加之教研员被期待发现、培训、推广"好的教学实践"，学校在与教研员互动时，受外部利益的驱动，对家常课进行主动加工，导致反映教师个体教学情况的家常课在教研员工作范畴中不常见了。

（二）解决教学中存在共性问题的研讨课

　　教研员无暇对区内所有教师做个别指导，他们希望通过区域性的教研活动，解决课改实施过程中遇到的困难，或者中小学教学实践中普遍存在的问题。一般而言，所有区县的学科教研员每两周都要组织一次教研活动。这种活动多半以研讨课的形式进行。

　　首先，研讨课由主题引领，即教研员主持的具体的课型、课例的教学研究均指向于某一特定的主题。主题的制定大概有两种情况。第一种是区教研员根据市里的学科指导意见与当时的会议精神，确定当下需要解决的重点问题，并计划在平时的研讨课中一步步地推进。研究者曾在 2011 年 5 月、11 月两次访谈了 D 区的一位教研员，她两次均提到了主题引领的教研活动。

　　像我们的学科教研活动，有一个学科的总体目标的定位。在每个学期，我们会有一个主题。比如说，这一学期，初中数学主要侧重在提高几何教学有效性上。就是说，如果我在听课的时候、在教研活动中选择的课题，采用的形式，可能以这方面为主（D – SC – 12 – 110512）。

　　在教研活动的过程当中，我们会确定一个主题，比如说，我们这学期的重点是在讲单元教学设计，或者我们这学期的重点是在讲作业设计，那么这个时候，在这个主题之下，对你的整个教学设计的环节做出一个指导

（D－SC－12－111114）。

这三个主题（有效教学、单元教学设计、作业设计）是当时 H 市教研室工作的重点。"有效教学"的提出由来已久，涵盖内容十分广泛，涉及对课程目标、教学目标的理解，教材、教法的应用。最主要的表现为对特定学段某一学科的目标的把握与达成。如今，在减负增效的背景下，H 市教委从提高教学效益，减轻学生负担的角度提出教师的备课、上课、作业布置的环节要保持一致，并拟出台《H 市中小学作业设计与实施指南》，H 市教委教研室也启动了有关学生作业的研究项目。这些都反映在区教研员主持的教研活动主题之上。

自上而下的教研主题来自于教研室的工作规划。市教研员通过会议向区教研员传递信息，区教研员在学校层面与教师一起实施。此外，教研员还会根据自己的学科特色，拟定一些主题。如语文教研员在某一时段里，以散文教学研究为主题。拓展教研员在某一时段里，以调查方法为主题。这与教研员个体对学科、课程的理解有关，多半属于个人行为。更为常见的是教研员将实践中发现的共性、有针对性的问题与教育行政部门倡导的政策、理念相结合。

譬如说，作为教研员，我怎么去解决孩子篇章意识比较薄弱这个问题？围绕这个研究问题，我们打磨几堂课（M－YG－29－110517）。

根据教研室的工作部署，教研主题在学期开学时已经拟定，尤其语文、数学这类学科，教研员工作的"节律"性表现得十分明显。依照学区教学管理计划和学校教学计划，什么时间上复习课，什么时间进行命题编制，什么时间进行质量分析，基本都是有规律可循的。教研主题也相对稳定。这种自上而下的主题安排，或者按照教学节奏形成的主题，降低了对教研员从实践中提炼问题、归纳主题的要求。

主题确定之后，需围绕该主题进行讨论，实践。在研讨课中经常出现的形式是同课异构。当下，对于同课异构的解释主要有两种。一种是不同的教师利用相同的教材，进行教学设计、上课。另一种是同一位教师对不同教学方案的尝试。这两种方式持有的前提是：不同的教学构想面对的是同样的教学对象。否则很难对不同的构想与设计做出客观的比较与评价。这种假设显然很难在现实中得以实施。最为重要的原因是学生不能成为教育实验的对象。以相同的教学内容对同一批学生进行多次的"演练"为业内所不许可，故"借班上课"出现在研讨课中。这从侧面反映研讨课的首要目的在于磨炼教师的教学，而非以诊断、促进学生学习为直接目的。

教研员主持的同课异构具有不同的形式。在学校数量多的大区，为某类课型准备时，可以出现一个课型多个教师准备的情况。如 D 区由两个区合并而成，两个区的教研室也得以合并，所以特定学段的学科教研员没有出现"一人一科"的现象，至少维持了"两人一科"的状态，在区域上各有分工。当遇到某类大型活动时，D 区的组织结构为"同课异构"提供了便利条件。

我们区域比较大嘛，老师比较多，一般不大可能只有一节课在开，基本上同一课题，有几位老师同时在上课。他们分开备课，到后来他们之间互相有一个借鉴（D – SC – 12 – 110512）。

这种形式的同课异构，只是为教师提供了一个交流的平台。教师的备课还是以个人为主，不存在集体研讨、共同建构的环节。鉴于内容、主题相同，教师之间可能就某个环节上产生借鉴。除此之外，教研员也会有意识地对研讨课进行一些"配对"。其中一种思路就是"强弱搭配"。

我的每一次的教研活动不会只排一次课。基本上采取同课异构的形式，我基本上要保证我有百分之五十的课，是有把握的好课。我会搭的……你让老师这么远的路过来，他肯定要听到比较好的一些课，有收获（D – SC – 12 – 111114）。

无论是"强强搭配"，还是"强弱搭配"，教师共同研讨、共同建构的成分并不太多见。研讨课的"研讨"主要表现为"课后研讨"，也就是通常所谓的"评课"。因大部分教师是出于制度上的要求，出席两周一次的教研活动，所以"研讨"的兴趣并不浓烈。并且研讨的建议是否可行，是否落实到执教教师的教学改进行为中，取决于"研讨课"的发展方向。若只是单纯地完成两周一次的教研活动，研讨课很可能是依照学科主题，完成研讨任务。若研讨课要发展为"展示课"，教研员则会跟进，关注改进意见是否在教师的教学中落实。所以研讨课以研讨、改进为目的，允许失误与不足的存在。

相较于家常课，研讨课属于教研员主持的常规活动。这一活动不可避免地受到教研室工作部署的影响，但教研员也具有较大的可为空间。活动的氛围较为开放，不以呈现"完美无瑕"的课堂教学为目标，学校骨干教师和中心组教师在其中发挥着重要的引领作用。

（三）作为引导教学方向的展示课

公开教学的目的不同，会导致教研活动流程的差异。若以研讨为目的，则通过实验、证明、修订各种假设，形成特定主题的教学实例。而以职称评定为目的，或在特定情境下呈现教改方向的展示课，则是另一番景象。前者可以存在失误与不足，展示课则是经过反复打磨，依据学科课程标准呈现的"好课"。无论区级、市级展示课，都具备示范的作用，要对教师日常教学做出引领。这对开课教师提出了更高的要求。

它（展示课）涉及整体环节的布置、多媒体设计、与学生的互动，对老师的要求就会提高。你的语言表达能力，你跟学生的一个互动，你处理危机或突发事件的能力……都有较高的要求（K–TE–20–111107）。

学校层面的展示课的准备与排练，教研员甚少参加，主要由学校教研组负责。一旦学校有意将开课教师培养成骨干教师，或者教师自身有评职称的需求，会向教研员提出邀请。接到学校邀请后，教研员会以讲评专家的角色出现。

教师具备了教研员认定的资格或条件方可以开设区公开课。人数多的区域或学科，需要通过比赛来决定名额；而区域小，或人数少的学科，在申报人数不多的情况下，教研员可以个别协调。一旦确定了区开课人选，区教研员参与的程度增强。此时，这节课已经被赋予了"区级教学方向"的内涵。

公开课都是教研员去组织。比如我这个星期要组织一堂课。我心里要非常明确，我组织这堂课的目标是什么，我要让全体听课老师学到什么，我要通过这堂课引导什么方向，这些都要事先充分准备的（D－YE－16－110516）。

区教研员全程跟进教师的选材、备课、试讲及最终的呈现。之所以如此，主要原因在于教研员肩负着引领区域教学方向的责任，且教研员可以随时与教师沟通、交流，及时发现问题，把握展示课的方向。

为了在区里面开一堂公开课，从确定学校，确定教材，确定老师，确定上哪一篇课文，用哪一个材料，到上这篇课文的全过程，你（教研员）都要全程参与。在备课和试教这个过程中，和老师一起探讨。你要这堂课表现什么，就要和执教老师沟通得非常充分。如果执教老师都没有领会你的意图，那上出来肯定有问题（D－YE－16－110516）。

教研员"全程参与"的程度也因教师而异。有关骨干教师的公开教学，教研员花费的指导时间相对较少，一般只是了解一下骨干教师的教学内容与设计，不会涉及执教过程的"演练"。但从骨干教师的成长而言，他们大多具有上述"磨课"的经历。经过"千锤百炼"之后，在一些教研员眼里，这类教师已经成为"免检产品"（D－SC－12－111114）。换言之，这些老师上课不需要教研员"操心"。而有待培养的青年教师，教研员指导的强度增大，历时也较久。

从分工上可以看出，区教研员主要负责区展示课的运作。市教研员负责市级教学展示课的准备、演练与展示。一般而言，市教研员参与的展示课可以分为两种。一种是任务导向展示。市教研员以文件下发的形式，让区里先行"推优"。这意味着市教研员参与市展示课的准备之前，该课已经过了学校、区里的层层筛选。即使如此，市教研员还会对这个课程以及教学设计进行再加工，蕴含着市级展示课优于区级展示课的价值判断。

比如说我们这次要拍体现《两纲》精神的课，这是有明确工作任务要求的，我们会要求区里面做推荐。因为区教研员也常常去听课、调研、督导，区教研员手上都会有一批优秀的老师。那么我有这个任务，我就会分解到各个区……你区里推荐的话，是区里的好课。但我市里面要拍成录像课，肯定是精品，要能够引领全市发展的方向。或者我今年拍的课，代表今年这个课程在这个课堂教学中的一个最高水平。我不说是第一第二，起码是一流的水平（C－TA－09－111123）。

任务导向的展示课，是通过层层筛选来确定的，有其固定的操作程序。此外，市教研员有时候也会和基地学校联手推出一些精品课程，引领方向。这类展示课的操作流程相对个性化。总体而言，由市、区教研员亲力亲为指导的展示课，实为一种"方向课"。他们试图通过这样一种课，给教师传递一些信息，或一些可操作的技能。

毕竟老师出来不容易。你要是没有给他一种体验、一种感触的东西，叫他们来，也浪费他们的时间。你的思想，你的设计符号，也不存在。所以我们总是通过一次活动要留下一个符号，这个符号通过一个主题，通过最后的评点体现出来。到最后我们总会有一个总结：一些课里面，哪些我们是要学的，哪些学的东西更适合我们今天的主题；我们建议老师不妨在哪些方面，要去做些尝试。我们只是提供建议。因为老师是因人而异的，这个方法对你合适，对我不一定合适（C－ZB－06－111103）。

教师个体根据自己的需求，有选择地吸收展示课所传达的信息与技术。这只是对"观摩"的教师而言。且这类教师吸收多少，运用到实践中多少等问题并不为教研员所关注。直接参加教学展示的教师，并没有太多的选择。就这堂课所赋予的"展示、引导"的价值而言，公开课堂教学已不是简单地诊断教学水平，促进教学改革那么简单了。要发挥参与展示课教师的榜样作用，教研员是"塑造榜样"的实施者。故展示课较之于研讨课，还有一个重要的功能——展现教育质量。它是区、市课堂教学的"形象"代表。区希望被市所认可，而市则希望在全国教学中"崭露头角"。在潜在的竞争思维影响下，每一级的教研员都会倾注精力，与教师一起上好展示课。执教展示课教师的个人声音在准备与展示过程中逐渐消解。教研员也因此耗费巨大精力，无暇指导教师的日常教学。

我们有的老师，一稿、二稿、三稿、四稿……改了很多稿。然后将整个过程记录下来。每学期的话，我觉得这个比例也不会太高，像这种大型的展示类的活动搞两次，我已经累得差不多了（D-SC-12-111114）。

H市是一个窗口城市，接受外来学校参观的机会较多，教师开展示课的机会也随之增多。教研员虽然在展示课中花费心血较多，但一学期准备一两节这样的课，就可以发挥各种展示之用。由于展示课要体现出"方向性"，教研员作为教育政策的实施者，在展示课的准备过程中发挥主导作用。教研员通常将此视作自己的关键工作。他们并非否定日常教学改进的重要性，而是认为可以通过公开课的引领来改变教师的日常教学。

（四）通过评选产生的优质课

由于获奖的优质课必须反映课改的理念和教学的方向，所以一些经评选而产生的优质课也会成为展示课。另外，区层面已经"磨"得成熟的展示课，也可能角逐优质课。故优质课与展示课之间多有重叠，但两者之间也存在差异。相较于上述的展示课，由竞争机制驱动的评选课，区教研员的参与度更大。曾有市教研员这样解释区教研员重视评比的原因：

这是他们的一种政绩啊，或者说业务能力的表现。你一直获奖，也可以说明你业务能力强，指导得到位啦（C-YE-04-110519）。

由于优质课涉及区域之间的竞争，在区教研员眼里是"不能有闪失的"。所以评选之前，区教研员会开展若干准备工作。首先从选教师开始，教研员并非等到评比开始才物色参赛教师。在这之前，区教研员已经结合日常的教研活动，有意识地培养一些候选人。有些候选人已经在以往的研讨课、展示课中脱颖而出。

首先你要区里面选拔，就是要看准苗子，日常多留心，对他多给予一些指导，给他一些机会啊，搭建一些平台啊……这样，他锻炼的机会就比较多了（M-YE-28-110517）。

　　或者通过校际竞争、层层选拔的方式来选择教师。选好教师之后，开始重新磨课。虽然在这之前教师已经经过了重重考验，但像上述"展示课"一样，教研员会集合中心组、学校教研组、区域骨干教师的力量，与教师一起准备优质课。

　　如果说展示课只是一种潜在的竞争，评比导向的优质课就是一种公开、激烈的竞争。这类课与教师个人的职称评定没有直接关系，却间接地影响着教师在学校、区域的地位，并成为其获得其他荣誉的助力因素。教研员与教师围绕评比的主题进行长时间的准备，帮助教师调课、借班上课等。其中花时最长的是对教案的反复修改与实践。

　　基本上是听试教，跟他一起备课，全程参与。有一次，一位老师参加全市的比赛，我去听试教听了六次。每一次都要叫他改，改教案，改课堂语言，改多媒体的课件，不断地改，量很大。35 分钟的课，你半分钟都不能浪费，不断地摸索怎么去设计精致。说实在的，这个比赛不能有闪失的（D – MB – 10 – 110509）。

　　教研员除了参与设计、指导教师的执教过程之外，还对比赛时的诸环节进行排练。大到教学理念、实践操作，小到授课用语、比赛着装，都会"管"。故优质课是精心设计与排练过的课。

　　整个过程一直跟踪。从备课开始，然后试讲，然后还得管到比赛穿什么衣服。作为教师来讲的话，这个也是比较重要的，都要管。

　　无论是学校的教研组，还是区中心组，都会积极配合教研员的工作。在准备过程中，"备课—试讲—研讨—修改"四个环节不断重复。虽然参赛在名义上是教师个人行为，但在竞争氛围下，已经演变成由区学科教研员领导下的教师团体工作，参赛教师个体在重复修改与排练的过程中逐渐变为一个教学执行者。

　　有时候你必须告诉老师，这句话怎么讲，那句话怎么讲，甚至于一大段话都是你讲。老师更多的可能是一个执行者（K – TB – 19 – 111104）。

与展示课不一样的是，市教研员不参与到市优质课的准备过程之中。市教研员更多是作为本学科的评委出现的。他在评比之前，需要做的是组织性的事务。例如确定比赛主题、邀请评委、商讨打分细节等。

虽然从确定比赛名额至比赛正式开始，只有一个月的时间。但是比赛名额是由区各学科教研员向市推荐。所以熟悉工作节律的教研员，很早就启动了这一工作。例如市教委教研室在 2011 年 2 月中旬发布了《H 市中青年教师教学评选活动的通知》，规定了比赛的主题，确定各区的参赛名额。区教研员推荐名额的时间定在 9 月中旬，比赛时间则为 10 月至 11 月之间。这也就意味着，区教研员至少有半年的时间准备优质课。例如：

> 我们这次参加全市的课堂教学评比的那节课实际上磨了一年。首先是区级层面有一个选拔。从获得区一等奖到进入市备战状态的这一学期里，光备课、改稿，至少有三十几稿……然后拍录像。从二月份到五月份拍课，市里面来听了两次，然后我们自己再改教案，改了两稿，然后我再试教……所以历时真的是一年之久啊！（K－MB－17－111107）

以课为载体的教研活动是教研员日常工作的一部分。开设展示课、优质课与其工作日程并不冲突，这些甚至可以打散在两周一次的研讨课中进行。只是优质课经历了更多的磨课环节，尽量避免一切失误的可能。如果说研讨课、展示课体现了课程与教学改革的方向，优质课同样如此：

> 因为参加一次评比，会带出一批教师来。在他们的备课、磨课、展示过程中，我们就可以把一些理念传授给各位老师。特别是，我们要很好地利用市区评选的优秀的课程，给教师们一个展示的活动。市区各级的评比呢，也有一定的导向性。对于我们，市级的评比、全国的评比，对我们区级层面的工作导向性是挺强的（K－MB－17－111107）。

评比培养的是什么类型的教师？多大范围内影响了教师群体的发展？教研员在与师训部门人员比较时，认为师训只是"面"上的培训，而教研员与学校互动程度大，有助于"点"上的发现。"点"在评比课中更多是一

个"单数"的概念，具体指参赛的教师。教研员也认为就受益程度而言，
参赛选手本人要比"陪练者"成长得快。这种成长附带着荣誉的获得。所
以"评比"看似一种培养教师的方式，实质却是选拔"骨干"，将教师分层
的工具。它甚少关注教师本身的需求，而是将教师打造成课改背景下的
"教学榜样"。

更为严重的是，评比有层层渗透、加剧的趋势。市层面出现的这种政
策导向的评比课之后，区、学校层面也相应地出现了各类比赛，美其名曰
为教师提供"展示的平台"。

我们除了有市级的比赛，区级面向各个层面的比赛也会很多。目的是
让不同的老师在他们各自层面上都有一个展示的平台。有了这样的展示平
台之后呢，他们的成长会更快一些（K－MB－17－111107）。

各级评比的出现导致了两个结果：一是各类评估指标的出现。如今 H
市就教师教学评价而言，学校、区、市层面都有各自的评价体系和指标。
二是教师之间的分层愈加清晰。每一级评比，都界定了教师在其群体中的
地位与水平，间接影响了教师的"成长"机会——在学校、区层面各项评
比课中表现突出者，其参与市层面优质的可能性愈大。

总体而言，在以课为载体的教研活动中，教研员在优质课上的参与度
最高，展示课次之，研讨课较少，家常课几乎没有。这是将四种类型的课
区分而看的结果。实际上，除却反映教师日常教学常态的家常课之外，研
讨课、展示课、优质课之间都有重叠（见图4－1）。

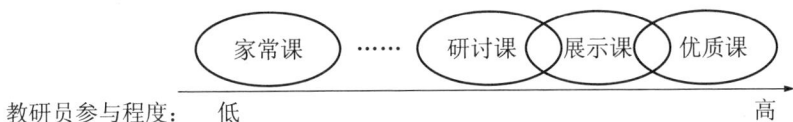

教研员参与程度：　低　　　　　　　　　　　　　　　高

图4－1　教研员与以课为载体的教研活动

两周一次的研讨课带有为展示课、优质课做准备的成分。研讨课多伴
以主题引导，这一主题基本在每学期的教研工作开始时已经确定，无论是
教研室的工作会议还是各类评比的通知，都会潜在地影响教研员日常工作
中的教研主题。例如前面提到的有效教研，它不仅仅是特定时间内政策、

理论研究的热点问题，也一度成为评比优质课中的主题。另外，优质课评选在确定参赛人员时，首先会考虑在展示课中成长起来的教师。评比之后获奖的课又会做展示之用。所以这三种类型的课在日常运作中时有交叉。但从参与程度而言，教研员在优质课中投入最多。优质课有很强的政策导向，并与区、市的教育理念、教学水平直接挂钩；另外，从教研员手下走出多少优秀教师是教研员工作成效的最直接的表现。故无论从外部压力，还是内在动机上，都有可能促使教研员在优质课上投入精力与时间。

从家常课到优质课，教研员参与度越来越高，表现为"磨课"的次数越来越多。多次"磨课"也只是为了在评比中斩获头角，实为表现主义。西方学者对教师工作中"表现主义"的议论主要围绕市场导向的问责（追求效率、效益，标准管理）对教育的入侵（Ball，2003；Jeffrey，2002）而展开。在中国，新管理主义思潮并未主导公共学校的管理，传统的教育质量保障措施盘根错节。英美国家的教师在"远程控制"（自评与外评相结合的方式下）下尚有一定的自主空间，能够依据学生的需求对自上而下的问责做出抵制。但在中国，教师若想实现其职称的晋升，必须要参加到展示课、优质课的行列中。在这些以课为载体的活动中，教师的自主空间很少，"表现主义"特征更为明显。

造成这一表现主义，并非教研员的主观意愿。就目前的工作状态而言，教研员固然希望通过展示课、优质课影响教师的日常教学。但是他们也认识到教师的日常教学"每次都搞得像公开课一样，那也不大实际"（K－ME－18－111104）。既然教师是否受到"榜样"的影响并不确定，公开课的教学方式应用到日常教学也不切实际，那么是何动力推动教研员花费较多的时间、精力在展示课与优质课上呢？答案并不复杂。教研员作为教育问责的实施人员，身处于问责关系之中，工作受到竞争导向的教育质量保障系统的影响。

二、由调研与视导构成的多维评估

调研，顾名思义为调查研究，与视导（视察、指导）有着截然不同的内涵。其中，教学视导是针对被改进单位（视导对象）区域教学的宗旨进行检查、指导，教学调研更主要的作用是为完善课程实施、教学管理和教学指导的工作（赵才欣，2008）[258]。换言之，教学视导是围绕一定的理念或目标，对学校做出个别性的诊断，并提出改良建议。而调研是就课程实施中的共性或突出问题，展开调查，虽然也附有改良性的建议，但更为关注建议的普遍性，不针对特定学校。严格意义上说，视导与调研是两类不同的行为。但区县教研员实施的调研或视察，实为同一事件。例如 K 区的"飞行调研"与 M 区的"飞行视导"除却字面表述不同之外，所指称的事情是一样的：即各学科教研员的联合行动，对学校进行检查、诊断、指导。这种方式又被称为"团体教研"，区分于教研员以个体为单位的工作方式。

（一）教育行政部门委托的教学视导

在 H 市教育系统中，基教处扮演"行政领导"的角色，市教研室扮演"业务领导"的角色。且后者需加强与督导室等部门的联系，为行政工作提供业务咨询。督导工作范畴广泛，具体到课堂教学的视察，需要借助教研员。如今为了避免重复的督察，由教研室主持的教学视导和督导室主持的督导以分工合作的方式推进。

视导和督导是两支队伍。为了避免学校和区累得不得了，我们一起去，但是有分工的。督导的队伍主要关注的是学校对教育法规的执行情况。我们视导关注于课程实施和课堂教学，两者不一样（C‑L3‑111104）。

分工合作的工作形式仅仅停留在市教研室层面。区县教研室分开推进各种形式的视导。其中一种，即为接受区教育局委托的教学督导，或者参与到区教育督导的活动中。在视导过程中，教研员通过座谈、听评课、翻阅资料对学校教学管理、教研组建设、课堂教学等状况进行全面的视察。如：

跟教学有关的我们都去看，这个比日常教研看的东西多得多，如学校几年的资料积累，学校做的质量分析，教研组活动记录等。日常教研只要以听课为主。教学督导的话，我们既要听课，又要看资料，然后写出一个意见上交，就是对这个学校最后有一个结论的，比如说语文学科如何，并提出一个意见（M‑YE‑28‑110517）。

期间，教研员虽然在听评课、座谈环节与教师有互动，但对教师的教学不会做详细的指导。而是将其反馈意见，以文本、表格的形式上交相关部门，由相关部门统一反馈给学校。

> 日常的教学调研，我们会非常细致入微地与教师交流反馈，督导呢，我们有时会跟老师粗线条地、大方向上讲一讲（M－YE－28－110517）。

虽然教研员日常对教师教学所做的评估不会影响到学校的升级或降级，但一旦教研员加入到督导的活动中，其所做的评估就具有"高利益"。总体而言，在受行政部门委托的教学视导中，教研员主要以教育监督的"协作者"或"执行者"的角色出现。视导的目的、主题、程序、结果由委托部门统筹安排。

（二）教研室主持的教学视导

市、区教研室除了配合督导、教育局的视察外，自身也开展调研或教学视导，且形式灵活多样。既有全体教研员参加的集体视导，也有分学段、分学科进行的视导。其中，市教研室主要采取集体性质的"教学视导"，大约半年一次，选定一个区，深入到区内学校的课堂。相较之下，区教研员的视导频率要高很多。

> 我们教研室每个学期会对四所学校进行调研。我们主任要求我们学科教研员，包括语数外、自然的、探究性的等等，每个学期找六所学校进行学科调研。所谓区教研室的整体调研呢，是十几门学科一块儿去的。所谓学科调研呢，就是学科组织两三个人到某个学校听课（D－TE－14－111117）。

教研室组织的教学视导与行政部门委托的视导似乎并无太大的差异，主要的方法是听评课、座谈会、查阅相关文本资料。实际上这些只是前半部分工作，可视为了解情况。其后，还有一部分就是"跟踪调研（视导）"，具体包括：听课后的指导、交流；参加教研组活动；组织专题教学研究活动；做专题讲座；总结反馈。更重要的是，教研室主持的教学视导还会"回头看"，即通过展示课，或后续调研等方式看学校在教学方面有无改进。

> 视导过程中，对执教的老师、听课的老师要做详细的讲评；视导结束

前，还会就我们一天的视导感受和学校学科分管领导交流。然后呢，要填三张表格作为反馈。表格不是当场填的，是回家做的，内容涉及教师的备课、上课、作业。隔两三天，我们会把反馈表格交给教研室主任。主任汇总成一个完整的报告，再到他们学校去交换意见。如果在视导过程中发现有的学校存在一些问题，我们会再过一个阶段进行反馈性地调研（M－YE－28－110517）。

调研、视导对象的选择，主要有三种情况。一种是由教研室领导根据学期计划部署。从三个区的实践来看，每学期教研室视导4—6所学校，兼顾到特色学校与薄弱学校，所有学科的教研员都会参与。

第二种是由学校申请，教研室按需布置的教学视导。一些学校在面临督导评级之前，希望在教学方面有所改进，会主动邀请教研员前去诊断。这种视导以分学科或分学段进行的方式较多。

第三种就是特定学科、学段在每学期内需要完成的视导。学科教研员既可能根据一些学校的申请进行视导，也可能结合课程推广的情况选一些薄弱学校去看看。

上述第二种、第三种的视导都是在学校知情的情况下进行的。但是由区教研室部署的，所有教研员都参加的集体视导，有一部分是在学校不知情的前提下进行的。这又被称为"飞行视导"或"飞行调研"。

这个是非常保密的，我们也可能不知道下个星期一到哪儿去，但是会在星期一的早上坐上那辆车。这就是突击检查。我觉得好处就是比较真实，因为真的就是随堂课……能从教师日常教学中发现一些问题（M－YE－28－110517）。

对飞行视导的看法，反映了教研员对其工作认识的复杂性。在上述以课为载体的教研活动中，教研员很少关注教师的家常课，虽然大部分教研员将其归因为"没那么多精力"，但从教育质量保障系统内部关系，教研员所处位置，极其有可能承担的工作来看，不难发现这种解释背后有来自教育问责结构的原因。而今，对于飞行视导的实施，教研员所给予的上述解释，却暴露了他们在展示、评比导向的教学研究，或定期视导活动中的不足。即教研员也清晰地知道若干形式的教研活动并非建立在真实的教学问题基础之上。

（三） 教研员个人的主题调研

无论是教育行政部门委托的教学视导，还是教研室自己组织的教学视导，对教研员而言，均以任务为导向。事实上，除了这两者之外，还有教研员根据自己所掌握的区域教育情况或围绕特定主题，有针对性展开调研。

我们前一段时间专门进行了试卷讲评课的分析，研究怎样上好试卷讲评课。这是我自己定下来的调研主题，我自己就要有目的地去学校听课。再比如说，要做好高、初中语文衔接教育，我就要了解下面基层学校怎么来进行这方面的工作 （K – YG – 22 – 110512）。

与上述两种教学视导（调研）相比，这属于教研员的个人行为。回到调研目的及教研员的职能，难以断言这种个人行为终究是结构趋势，还是一种个人兴趣选择。在教育管理者看来，调研是了解、发现、解决新课程实施过程中的普遍问题的。

调研呢，以前是面向课程推开，对一般学校实施新课程的状况的了解。如今，我们也寻找课程最后的质量保障的瓶颈在哪里 （C – L3 – 111104）。

在教研员眼里，对调研的看法与教育领导的看法并无太大差异。且领会到自己所处的位置具有"上传下达"的功能。故教研员个人的调研主题也会与特定时期新课程的推动有较大的关系，例如：

我们有一个上听下达的功能。各个时期有各个时期的调研主题，但有些常规的工作，比如说教材的使用，肯定是一项常规的工作。有关新教材使用的大规模的调研那只在特定的时期。现在我们调研教材的使用情况也是个常规。如青年教师使用教材 （M – YG – 29 – 110517）。

如今 H 市为了减轻学生负担，促进中小学生身心健康发展，对考试做了进一步的规范：小学一至三年级不得进行全学区、全区县范围的任何形

式的学科统考统测（包括学业质量监测）；四至八年级不得进行全区县范围
的学科统考统测，区县若要进行学业质量监测，每学年不超过 1 次，且只能
随机抽样监测，随机抽取的学生比例不超过本年级的 30%。严禁学校组织
中小学生参加任何形式的联考或月考（H 市教委，2010）。在这种情况下，
小学学段的学科调研代替考试，成为了解教育状况的一种方式。

　　小学里没有考试的，一般我们可以通过调研了解一些学生的情况（C -
YE - 04 - 110520）。

　　由此可见，调研与视导虽然在内涵、实施目的上均有所差异，但是实
际的教研工作中，两者经常交替使用。由教研员组织的调研、视导兼具了
检查与指导的功效。检查表现在对新课程实施中问题的关注。指导面向两
个层次：视导面向的是具体的学校改进，调研则试图解决一些普适性的问
题。区层面实施的"调研"，无论从目的，还是过程而言，更接近于"视
导"。以不同模式运作的视导聚焦教育质量的不同面相，蕴含的视察、指导
职能的分配也有所差异（见表 4 - 1）。

表 4 - 1　不同模式的视导（调研）对教育质量的保障

视导（调研）模式		运作方式	教育质量维度	问责力度
政府委托的教学视导		听课 + 文本资料 + 座谈	课程与教学的管理、教研组建设、教师教学（包括教案、作业批改等）、学生成绩	
教研室组织的教学视导	飞行视导	文本资料 + 座谈 + 听评课 + 跟踪改进		
	学校申请视导	视学校所需	某一学校各学科教学	
	学科视导	听评课 + 教研组活动	某一学校特定学科的教学	
教研员的主题调研（视特定时期教研主题或教研员个人所需）		听评课 + 教研组活动	与课程实施、教学研究相关的事项	

　　教育质量具有多个维度。实践中可测的教育质量与理论视野中的教育
质量内涵并不相等。上述质量保障机制的运作，反映了教育质量在事实层
面的几个维度。如果考试主要是通过学生的成绩来判断教育质量，那么教

学视导则是一种过程性评价，聚焦于"教与学"相关的事项来判断教育质量。对教师的教更为关注，其背后所持的假设是：教师的教是影响学生的学的重要因素，需以教促学。不同模式的教学视导，关注的维度有所不同。所具备的改进职能也有程度上的差异。由教育行政部门委托或教研室组织的教学视导，不仅关注教师的课堂教学，还涉及各类文本的检查，给一线教师增添了工作量。

> 太耗时间了。先是记录，记完之后又花时间整理。这些说起来没什么，但是我要上课，如果没有课，我一天到晚就做这些事情，也就没什么。课太多了，又要搞这个，太累了，事情很多很多（K－TE－T1－111115）。

虽然教研室组织的视导有提前诊断（在正式督导之前做出的诊断与改进）与跟踪改进的环节，但多少带有行政管理的意味。教研员的主题调研不可避免地受到特定情境下教研室工作重心的影响，但作为个人行为，也包含着个人的兴趣与价值判断。相比较前两者，这种调研所包含的"视察"行为最少，且有可能是调查、研究。所以问责力度也相对最小。

三、自上而下的课题研究与教学研究

自 20 世纪 90 年代教师作为研究者的诸多益处开始被学者发现：提升教师的专业发展，促进学校课程改进，实现学校组织的重构与变化。在此背景下，教师被赋予了多重角色。随之而来的是教师研究变成一个生成性的概念（generative concept），无所不包，最终导致其空无一物（Cochran－Smith, Lytle, 1999）。这只是西方有关教师研究的一个图景。在中国大陆，教师研究在学校有其固定的组织，并有专人（即教研员）管理与促进。传统意义上的教研员的研究，或者指导教师做研究，都是聚焦于课堂教学的。这与大部分教研员来自于一线教师，具有丰富的教学经验有关。伴随课改背景而兴起的"课题研究"与传统的教学研究在定位上有很大的不同。

这类研究被分为两个层次，在市、区层面又被称作项目研究。在学校层面，有名称不同，但性质类似的研究：如青年教师课题研究、小课题研究等。这两个层面的研究同为课题研究，之间存在什么关系，如何实施的呢？

　　首先看市、区层面的课题研究。市教研员承担的课题研究主要与课程改革和课堂教学有关。但综合教研员和学科教研员负责的研究领域有所差别。综合教研员以学段为单位，负责一些整体性的项目研究。而学科教研员将整体性的项目与学科背景相结合，进行研究，并负有指导教师课题研究的责任。教研室对各类课题的定位也不尽相同：

　　像我们市教委教研室，现在所承担的课题主要是两类，一类是支持青年教师尽快成长的青年教师课题。这些课题呢，一定是跟教育教学的微观层面相关的。这是比较小的，一年一个，要结题的。还有一块呢，跟课程改革相关。就是课改全面推行以后，面上遇到的一些问题。比如说我们的课程理念、顶层设计蛮好，但是落不到地上。那么课程实施作为一个主题，在这个主题下，有很多的现实问题……这种课题，一般叫项目。项目的特点有两个，第一，一定是课程实施、推进中的相关问题。第二呢，是通过行动的研究，通过现有的计划方案去尝试、去实践。实践的过程当中碰到什么问题，反思，反思过以后再来修正，修正以后，再去实践，再去反思。我们更多的是行动研究，是指问于实践的，而不是最后推导出一个理论模型（C‐L3‐111104）。

　　由此可见，教研员很少宣称自己做的是纯理论的研究。即使具有"课改办"的名称，并设有专门的研究部门，但是课改的理念、课标的设计还是要借助高校的研究力量和来自一线的教育实践人员。

　　我们可以通过一个项目把很多专家组织过来。课程方案就是由我们主任牵头，聘请了基层非常有名的校长，我们单位一些核心的研究人员，还有极个别高校的专家，先做一个框架文本。然后做的时候，不断地邀请高校的和其他方面的（专家）来批评指正（C‐XB‐03‐110520）。

　　项目成为集结各种研究力量的一个有效方式。当市教研室正式确立了一个个项目时，市教研员在课题研究方面，发挥组织、管理、协调的作用。表现为制定相关的程序，使中小学在课题研究方面走"申请、立项、实施、结题"的"规范"道路，或者引入评估机制，以竞赛的方式推动教师进行课题研究。

另外，市教研员个人也承担一些课题的研究，但需要区教研员，或基地学校，或骨干教师的配合。

课题也是他们（市教研员）做。他们做的话，需要你提供一些资料，或找几个人成立一个课题组（K - TB - 19 - 111104）。

区教研员不仅要分担市教研员在课题研究方面的一部分工作量，还需要完成来自区教育局，以及教师进修院校的课题研究。例如：

我们局里头做一些项目，相应地，学校也要行动起来，像电子书包这种课题，会让他们（学校）参与进来……在指派具体的任务之前，都有解说和介绍，让他明确自己为什么做这件事。任务不多，比较集中。相对来说，比较单一（K - YC - 21 - 111107）。

不难发现，区教研员在进行课题研究时，也会以任务分派的形式下放至部分优秀教师身上。这些教师有可能是中心组的成员，也有可能是基地学校的教师。或者，区教研员组建一支新的队伍，以合作的方式来推进课题研究。

我们前期研究质量标准时，通过与实验学校合作而运行。比如我今天布置下去一个事情——把一册教材所有的目标都梳理出来，对它进行合理的判断，他们回去要进行分工的。那么这几个老师都得到了一个机会。然后，他们会整合，会有一个研讨的机会。最后，到我们这里来的时候，我们要审核，审核之后，可能很多项目组的老师会参与一起，又是一次机会（M - YG - 29 - 111028）。

虽名为"合作"，实为任务分配。教研员将课题细化，分解给教研组长，教研组长再分解给组内的教师。而教研员与承担课题资料收集工作的教师并不存在直接的，面对面的研讨关系。所以无论是"合作"还是"研究"，都名不副实。除了教研员个人与特定学校的合作之外，还有教研室牵头的校际"合作"。

> 课题研究基本上是合作居多。像我们区里面本来就有一个伙伴合作，我们已经进行两期、三期了。伙伴合作是由我们学院里面推出的，是由几个相邻的学校，或比较相似的学校，建立伙伴教研组。让他们共同地探索、解决教学过程中的一些疑难问题（M－ZB－30－111028）。

这里的合作主要指的是教研员与学校的合作，而非学校与学校之间的合作。所以合作研究并非指向于学校之间共有的问题，很多时候也是就教师进修学院的某个研究课题，进行分解，任务分担。

至此，市教研员、区教研员进行的课题研究均有层层下派的趋势。教师既需要配合教研员完成课题研究，也可以自己申请课题研究。市教研室为不同阶段的教师制定了不同的课题。

> 我们有青年课题，针对教龄5年以下的教师。一般课题，通常针对拿到高级职称以上的老师，所以他的教龄基本上在15年以上了。重大课题，你有多少实力拿多少事情（C－ZB－06－111103）。

一般而言，教研员自己主持的课题，势必会参加。而教师的课题则视情况而定。如果教师申报的是区教师进修院校的课题，区教研员需承担一定的指导责任。如果是学校申报的市级课题，区教研员的指导力度可减弱。因H市的学校会借助当地的高校资源进行课题研究。对教研员的依赖也随之减少。在课题指导时，无论是市、区的教研员，都主张教师研究与自己教学相关的实践问题。

> 现在我们尽可能让老师们选出来的课题是解决自己现实中碰到的问题。不要把它放到好高、好远，跟我们教学没有联系。我们一般不引导（C－ZB－06－111103）。

如今各个区教师都在进行的，与教学相关的课题研究，通常称为"小课题研究"。

我们区有教学小课题研究。就是他们（教师）在教学实践当中选一个小问题。不是真正、纯粹的科研，算是教研。他们最后结题呢，可以提供一个案例，也可以提供论文，比较灵活（M‒TE‒25‒111102）。

由此可见，这种小课题研究与传统的教学研究差别不大。课题研究结果的呈现比较多元化，既可以以案例的形式，也可以以论文的形式。就论文而言，开始借鉴大学的研究"范式"。

我们也借助大学研究，一定要给他们研究的方法。写论文与你平时写体会是不一样的。要使他们拿出来的文本比较规范。标题和内容的表述能够一致（C‒ZB‒06‒111103）。

暂且不论教师研究有何特征①，是否需要借助"学院式"的研究范式。从"教师的课堂教学"这一研究主题而言，课题研究并没有完全取代教学研究。但从课题研究的运作方式而言，这种自上而下，层层分派的研究，还是较大程度转变了教研员的工作方式，改变了传统意义上的教学研究。

首先，随着课题研究的兴起，H市的学校组织结构发生了相应的改变。学校建立了科研室，负责上传下达，管理、指导学校的课题研究。根据课题研究的数量，下设相关课题组。由于学校中的课题研究不论是否由校长或教育局长挂名，实际上主要由教师承担，并由教研组组织，所以，课题组实际上与教研组重叠（胡惠闵，2011）。同时教师进修院校的科研部也对教师研究负有指导之责，故有时候科研部门会与教研部门形成合作关系，一起从事研究。这种"科研"与"教研"相结合的研究，混淆了教师研究的价值诉求。教师的研究以解决日常教学问题为目的，还是将其抽象到一定的理论水平？抑或两者有之？大部分区教研员主要来自于优秀教师，其

---

① Cochran‒Smith（1999）认为教师研究是教师有目的、有意识地对自己在学校和班级情境下实施的学校教育、教与学的探究。在西方的文献中，教师研究（教师作为研究者）常常和行动研究、实践者研究、合作探究、批判探究、自我研究等词语联系在一起（Roulston，Legette，Deloach，Pitman，2005）。中国大陆学者也指出了教师从事的研究必须建立在自主、自愿的基础之上，且聚焦于实践问题（陈桂生，等，2007）。

本身在课题研究方面也没有接受过系统的训练，由他们独自，或者与科研人员合作的课题研究又会如何？这些问题在当下都没有得到很好的解决。

其次，从传统的教学研究来看，"教学、教材、教法"是其重心。后来教法在20世纪80年代逐渐淡出人们的视野，研究主要围绕"组织课堂教学"、"揣摩教材"而展开。缺少了教学法的支撑，"研究"或多或少变成了"经验"的归纳与总结。虽然归纳、总结、推广优秀教学经验是教研员的分内工作，且多少蕴含着"自下而上"地实践推广的意味，但其中研究的味道不浓。教研员对"好的教学实践"的判断更多以"是否体现课程理念"为标准，缺乏对实践中问题的诊断，经验的抽象。加之如今的课题研究从"立项"开始，含有较强的引导性与干预性。加剧了教研员课题管理的职能，削弱了教研员对教师研究的指导。若教师能将课题研究与日常的教学问题相结合，算是符合教研室进行课题研究的理想目标。若教师只是疲于应付"自上而下"的课题，或者出于利益驱动而申报课题，其所得又有多少，有待商榷。

总体而言，无论是以课为载体的教研活动，还是聚焦于课堂教学的视导或研究，教研员群体共享的相同特征，反映了国家主导的教育质量保障体系的特点：兼具质量控制与质量改进的职能。且在当下的情境中，控制职能大于改进职能。这是否意味着教研员的身份是固定不变的，是对教育质量保障体系的复制？得出这样的结论还过于匆忙。上述的群体共性只是教研员社会身份的一部分，类似于社会文化活动理论中的"集体身份"，反映了组织性生活的结构特征（Roth，Lee，2007）。不同的教研员对此还有相异的诠释。

第二节　与群外人员的差别

教研员社会身份中的群体共性，反映了结构对教研员群体的要求。也是教研员在与结构互动后，集体成员相信其所具有的共同性。这种共同性一方面通过群体内部的共同特征来反映，一方面通过与其他群体的差别比较而得以凸显。类似于萨默斯（1994）从群内与群际之间来区分身份的同一性与差异性。阿彻虽然没有明言社会身份形成过程中的"群内同一性"与"群际差异性"。但是从图2-2、图2-3中可以看出，群际差异性与群内同一性辩证地存在于群体能动者身上。当多个群体互相作用时，不仅明确所属群体共同的目标、价值与利益，还会将所属群体与其他群体做区分。事实上，在百余年的教育质量保障体系的发展过程中，从教师群体中走出来的优秀教师，一直有别于视导系统中的行政人员、学者。此处不再从群体互动的过程挖掘这种差异性，而是结合课程改革背景，从教研员的感知层面叙述这种差异性。

从课程改革的进程而言，教学是其重要的一环。课程的理念如何真正影响教师的教学，政府需要特定的人员去推动。而体现新课程理念的教材是否适用于教学，也需要有专人去调查、研究、咨询。从教育的发展与转型而言，H市的教育已经进入内涵发展阶段，其中学生的发展是教育内涵的重要组成部分。与学生发展密切相关的是教师的发展。故也需要特定的人员去促进教师专业发展。如何判断学生与教师的发展，则需要评价。实施课程、教学与评价的人员既要通晓课程的理念，又要熟悉"教与学"，以达到评价的一致性。另外，更需有人将上述诸环节反馈，以供课程的决策与改进。教研员就是可以将上述环节串联在一起的人。但在课标制定、教材编写、教学评价方面，还有其他的人参与。教研员与这些人的区别又是什么？

一、"我们"眼中的他人

在课标制定、教材编写方面，参与的人员主要有教育专家①、教师；整体或专项的教育评估则主要由教育督导负责。如果从名称的字面含义理解：教研员主要负责的就是教学研究；若置于课改背景之下，则表现为课程与教学的研究，但是课标的制定，教材的使用，教育、教学的评估都会和"教学"打交道，更需要来自教学的研究与反馈。所以教研员还在课标制定、教材编写、教育评估中承担一些辅助性工作，故与上述三类人员有部分的交集。那么教研员如何看待与这三类人的区别，是其社会身份建构的一个重要侧面。

---

① 教育专家在中国大陆是一个指称模糊的词语。其中既包含了来自高校的科研人员，这类人员可以进一步细分为教育理论专家、课程论专家、教学法专家。也包括了来自政府直属机构的相关科研人员。例如在区教研员或教师眼里，市教研员也属于"专家"中的一员。所以为了便于区分，下文主要抽取教育专家中的一类人员——从事教育研究的大学学者，与教研员的职业进行对比。

（一）与大学教授的区别：理论与实践

H 市在 20 世纪 80 年代末开始启动第一轮课程改革试验，主要由从事教育研究的大学学者负责课程理念、方案、框架的厘定。虽然 H 市的二期课改可以视作是对一期课改的继承与发展，但其中人员的权责关系发生了重大的改变。H 市"课改办"（实为教研室）开始在课程改革中扮演"决策者"与"实施者"的角色。

20 世纪 90 年代末的二期课改正好与全国性的课程改革同步进行。在这次课程改革运动中，"课标"建设成为颠覆传统教学观的一个重要举措。"课标"理念的阐释最先从研究课程论的大学学者开始。但课标还需要结合各学科的特点，体现到学科教学中。这就需要学科专家、教学法专家、一线教师参与。长久以来，师范类高校内部的学科建设与中小学学科教学呈对应关系，故传统学科专家并不缺乏。鉴于教育理论研究长期对教学法的忽视，以及课程话语的转型①，使得教学法专家缺失，一些新兴课程没有成熟的研究团队。在这个时候，教研室内部机构与人员的重新调整，满足了二期课改的功能预设。换言之，当中国大陆境内其他地方在审思传统教学管理机构"教研室"在课程改革中的地位时，H 市却赋予了其"课改办"的称谓，成为弥补课程设计与教学实施鸿沟的一种尝试。教研员开始以"决策者"与"执行者"的角色出现。从机构职能而言，当政府成为课改的推动者时，基教处实则负责课改的运作，扮演"决策者"。但基教处的人员匹配上，不足以完成这一职能。而教研室人员配备以学科设置为基础，且与课改同步的是，出现某一类型的新课程，则相应出现该课程的教研员。所以从全局而言，在二期课改中，市教研员成为课标制定过程中的"决策者"。三级教研机构的存在使课标落实到教学的管理成为可能，就此而言，教研员也是课标的执行者。对于大学研究者主导的一期课改，教研员群体

---

① 有学者指出中国教育的话语经历了从"教学论"向"课程论"的转型（陈桂生，2005）。这具体表现在课程改革运动中。无论是全国性的课改还是 H 市的课改都借鉴了西方的"课程"模式。这一模式在理念、实践层面，都与中国传统的学科教学方式差异甚大。中国的教学法是建立在中国传统的学科教学和班级授课制的基础之上。所以在一段时间内，学科教学法盛行。理想层面而言，建立在学科教学研究基础上的学校教研组以教学法为依据开展工作。但因行政之干预，教研组逐渐沦为学校教学管理的组织，而非研究教学的专业组织。在这种情况下，教学法的研究势弱。另一方面，新建立的课程框架里出现了综合课程。像基础性课程中的科学、生命科学鲜少有高校开设相对应的课程。而拓展型、探究型课程更是超越了传统的学科界限。

内部持不同的看法。但达成共识的是：大学研究者提供的理论，距离实践还有一定的空间。且大学研究者对中小学的情况了解不多。

H市一期课改的时候，跟高校合作的非常多，后来可能高校的价值取向和基层之间往往有很多的冲突。再加上我们在实施的过程中，发现一些现象，如很多高校里面很有名的教授，会讲得很好，但是你让他落笔去写一个很具有实际操作性的文本，他可能不愿意去动笔。另外他可能在写的时候，对中小学的情况不是很了解（C－XB－03－110520）。

与大学学者相比，市教研员认为其优势在于对中小学情况的熟悉，具有组织、协调、判断、决策的能力，并认为这些能力有时候重于"专业"能力。

从我的工作经验来看，教研员做课程标准有其优势，教研员除了专业能力之外，还有很强的协调和组织能力，这个相当重要。我们认为在课程标准编制过程中，这个可能是比专业更重要的一种能力。学科教研员有一种能力——可以把专家、基层的教师、区县教研员都纳入到团队中。然后他还要学会一种本领——听取各种意见和决策。有时候我要做的一件事情就是拍板。当有三个不同意见的时候，我要去选择一种意见。但是我发现，这个恰恰是高校学者不愿去做，或者是他做不到的（C－XB－03－110520）。

组织、协调是对"事务"能力的锻炼。判断、决策则是专业能力的体现。然而在这方面，教研员内部并没有形成可做判断依据的条例与规则，而是完全依据教研员个人的经历与理解。从目前的制度安排而言，从教师过渡到教研员，并不存在外部的支持机构提供系统的培训与发展项目，帮助其胜任新的工作。而是依靠传统的师徒带教，或教研员的个人摸索来适应新的工作要求。教研员从教师岗位离开之后，其工作对象由学生转变成教师，无意中离课堂教学实践也远了一层。所以来自于教师的教研员一方面缺少理论的支撑，一方面逐渐离开教学的对象——学生，却因其所处的位置，对其职业特征产生了一种新的认识：比高校研究人员更加接近实践，比一线教师接近理论。

　　这种认识并非毫无根据。尤其是教研员处于这种关系网中，可以比教师更早地接触到上层的理念，比大学研究者更多地接触到实践。但是从"课标"制定的组成人员而言，理论和实践又是各有分工的：高校的研究人员更多进行"上位"的文本建设，来自一线的校长、教师提供实践经验。教研员则变成了组织者与决策者。

　　需要注意的是，除了来自于教师的教研员，还有从高校研究生毕业，或者具有教育研究经验的人进入教研员岗位。这些人员很快进入教研室"核心研究人员"的队伍，他们自身会做一些关于"课标"、课程方案的文本建设工作。所以对待高校的理论研究，与来自教师的教研员的判断存在程度上的差异。以 C－XB－03 为例，研究生毕业之后直接进入教研室，同时兼任科学学科教研员和科研部主任。她认为研究"课标"本身也是培养教研队伍的一种方式，可以促使教研员具有"课程"的视野。教研员本身也可以进行一些"上位"的研究。

　　我们也是基于培养自身队伍的角度考虑。因为学科教研员有一个很重要的条件就是要从教学研究专家转变为学科课程研究专家，从教学走向课程。这不是简单说一说而已。以前很多人说教研员是考研员。原因在于没有上位的东西，他眼里只有一册一册的教材，一个一个学段的东西。但是一旦教研员有了编写课程标准的经历之后，他头脑里面就有了整个学科，从小学、初中到高中一个完整的体系在他的脑子里。这时候，他去考虑问题，再也不是片段式了（C－XB－03－110520）。

　　而来自于教师的教研员，并不热衷于"上位"的理论研究，他们将自己的优势强调为"对实践的熟悉"和"理论与实践的结合"。并坦言在理论上，与大学研究者不在一个层次。

　　理论上肯定不可能像大学研究者，跟他们不在一个层次上。这是毫无疑问的。因为我们教研员也是教师出身。许多教研员是从骨干教师里面选拔出来的。有的人在研究上有一定的层次。总体上来讲，他是理论和实践的结合（M－XB－26－111028）。

教研员对实践的熟悉，不在于其对课堂教学的亲力亲为。虽然大部分教研员来自于优秀教师，但是任职教研员之后，他们更多的是观察、指导、评价教师上课，也不乏一些教研员会亲自上少量的示范课，但在受访群体中不多见。所以教研员群体对实践的熟悉更多的来自于其工作本身所赋予的"见多识广"。如：

大学教授（从事教育研究的大学教授），某种程度上来说，他所缺少的就是火热的教学生活，真实的教学场景。因为他们的位置决定了他们很难走到学校去。即使走到学校去，也是浮光掠影，不可能深入下去。像我们教研员，在这方面倒是得天独厚，占有优势的。如果你处理得比较好，你既可以利用这个岗位，多吸取信息；又可以进入课堂，进行有针对性的研究（K – YG – 22 – 110512）。

如果教研员对理论的研究、传播建立在"吸取信息"的基础之上，又如何保障课程理论与教学实践的一致性？这又回到 H 教委将"课改办"与"教研室"设为一处的初衷到底为何：是实现课程理念与教学实践的协调发展，还是有助于课程与教学政策的实施？如果是前者，教研室内部需要更新专业人员，履行新的职能。如果是后者，则依靠原先的人员实施管理职能即可。事实上，市、区教研室已经开始吸收具有研究背景的人员进入教研队伍。但总体而言，教研室的研究力量不足，所以需要借助"项目"的形式，聚合各类人员一起推进。而"课标"管理权限的界定又反映了政府对这场改革的主导权。所以两类意图皆有。具体到理念的实施，主要由教研员与教师进行互动。与大学研究人员相比，教研员认为其提供给教师的指导是"可操作"的。

我也请过高校的人和我们一起去听课。只要高校的老师一上去讲话，很多老师都是溜着走。对于教师来说，要求他这一辈子都面向未来，他是无法做到的。教师希望你提供给他实实在在的指导。然后在实实在在的过程之中，你穿插几句，非常切中要领的理念性的指导，他就觉得很有效。这是一个巨大的差异（C – XB – 03 – 110520）。

高校研究人员从事的如果是"书斋式"的研究，教研员通过这种合作的方式，确实有可能化解、弥合来自理论与实践的张力。但如何确保教研员理解的"上位"理念与高校研究者的意图是一致的，又如何确保教研员可以将这种理念准确地落实到实践中？这些都没有得到充分的关注。而教研员已经将诠释高校研究者的理论，视为自己工作的一部分。

> （我们）有理论的东西，但是可能没有像大学里面说出来的理论，全都是书面的东西。我们可能把书面的内化成自己的语言，但是有理性的特点。然后翻成我们的书面语言给老师们，他们可能比听大学教师讲授更容易一点（C-ZB-06-111103）。

总体而言，教研员认为高校理论有其必要性，并承认在工作中需要借鉴大学学者的理论。但是也认为大学学者的理论有其局限，与实践有一定的距离。而这一方面，恰恰是教研员所拥有的。需要注意的是，虽然教研员群体在区分与大学学者的差异时，存在一定的共识。但是共识之下，也发现不同背景的教研员对差异的判断有轻重之别。故群内的差异性会影响群内个体对同一事件或人物的判断，及自我的定位。

（二）与教育行政人员的区别：行政与专业

从教育视导的历史发展而言，教研系统是其一个分支，带有行政权威，只不过这种行政权威的合法性日益旁落。但在上述多样化的教育视导实践中，可以发现教研室依然参与行政部门的若干工作，例如教育督导委托的教学视导。同为实施教育评估的人员，督导与教研员之间的区别在哪里？

在与高校研究人员相比的时候，教研员认为自己更加关注实践；而在与教育督导相比时，教研员认为自己的工作偏向于研究，并强调这种研究是对实践的研究。例如：

> 督导主要是督政，我们的工作偏向研究。我们的工作有些像医生，是一种临场的研究（C-AF-02-110519）。

除此之外，在教研员的认识里，他们与教育督导的区别还表现为"行政"与"专业"的区别。与上述高校研究者的区分相联系，"专业"的内容与程度则形成了一个排序。在研究方面，教研员认为其专业程度低于高校研究者；在指导方面，专业程度高于教育行政人员。并将其专业的指导界定在学科基础之上。另外，教研员也意识到与督导评估范畴的差异。如：

> 首先，他们是政府行为，（我们是）专业指导。其次，评估的方向也不一样。他们评估学校整体办学，我们关注的是一门一门的学科。可能我们不会走到一起。我们是自下而上，他们是自上而下，这有区别的（D－SG－13－110516）。

尽管如此，教研员并没有否认自身的"管理权"。教研室的领导也直言教研室具有行政职能，表现为教学管理。但是在教育系统中，有专门管理教学的行政机构——基教处。教研室已然从行政系统中脱离，为何还具有管理职能？与基教处的区别又是什么？回答这一问题需要回到教研室的发展历史，和政府机构改革的背景中。从管理范畴而言，基教处管理基础教育的各项事务，原先作为教学处的教研室是管理教学的专门处室。但是这一处室非常庞大，在精简行政班子的背景下，教学处从行政系统中独立，成为事业单位。

> 教研室带有行政职能。我们单位叫教委教研室，所有其他直属单位都没有冠之以"教委"，说明我们原来是教委的一个处室。原来核定我们的编制有120多个人。一个教委机关，一共没有多少人，我们就占了很大比例。人家一看，这个政府太大。后来脱离开来，变成一个直属事业单位，教研员享受教师待遇，跟公务员有所差别。另外，工作的职能主要转到研究、指导、服务上，相对来讲，行政管理的职能就弱了，甚至没有了。没有了行政职能，也没有理由继续留在机关里面（C－L3－13－111104）。

教研室的"业务领导"得以强调，但事务管理的职能未曾褪去。正如其现任领导所言："消毒、校园安全等文件的确都会抄送到教研室。换言之，只要是进课堂的事情，必然经过教研室"（C－L2－111117）。H市副市长对教研室调研时指出："教研室和一般的事业单位不一样，教研室要有行政职能"，教委领导也提出："应赋予教研室一定的管理职能"。这些看法也在教研员中得到确认。

> 以前我们教研员不能出红头文件，只能发通知。这跟历史情况有关，因为以前的"教学处"对这个权力有些滥用，所以到"教研室"的时候，就把这个权力收了。但现在即使放宽了，基本上也不用。一般由"基教处"发文，教研室一起来做（C‐AE‐01‐110519）。

> 虽然现在又说到有"半个行政权"，但半个行政权，这个就很难说，它的定位、弹性就会很大（C‐YE‐05‐110520）。

鉴于"行政管理权"最终没有以一个明确的文件的形式确定下来，所以不同教研员对"半个行政权"的观感、认识也不一样。事实层面，教研员参加的飞行视导、调研，组织的教学评比等，都是行政管理职能的具体表现。但是从机构属性而言，教研员并不认为自己具有行政权。更为常见的是，协助具有行政权力的机构开展具有监控职能的活动。

> 我们本身不是一个行政单位，没有行政权力。但我们有很多视导。比如说教育局进行视导，他们没有专门视导的力量。很多时候，就是我们教研员参与的（M‐XB‐26‐111028）。

与各项管理事务相伴而生的就是教研员的"威信"。虽然不乏教研员认为威信来自于专业指导。但也坦言一些威信是在教学评比中树立起来的。

> 虽然教研室只是业务机构，但是他所做出的评价也具有利害性。因为教研室公布的评价结果会对各区造成压力。这些评价涉及到基础教育教学质量，各区不可能不重视。另外，通过一些教师比武类的活动，也在教师中间确立了威信（C‐L2‐111117）。

总体而言，教研员的行政权威不仅仅来源于其参与行政部门委托的教育视导。在课程与教学领域，他们本身就担负管理、组织的行政职能。一旦这种职能与督导、基教处的行政职能形成对比时，教研员就会意识到程度上的差异。换言之，教研员具有事实层面的行政职能，但这种职能并未被正式确定，或者未得到"文件"的正式许可，所以与行政人员相比，教研员认为其行政职能弱，以专业指导见长。

（三）与教师的区别："高于教师平均水平"

大部分的教研员来自于教师，或者是具有从教经历的人。其中也不乏高校毕业生直接进入教研岗位的。没有教学经验的人员在正式开展工作之前，需在中小学进行挂职锻炼。换言之，真正开展教研工作的人员无论在职前，还是职后，都需要有一段教学经历。这一段相似的经历，并不意味着教研员等同于教师。教研员对其有解释：

教研员跟教师这个职业有共同之处。他为什么一定要选择优秀的老师来承担呢？第一个，优秀的老师比普通老师的经验要丰富；第二个，他对课堂的敏感度和内容的认识，相对来说，比一线其他的老师要深刻（C－YE－04－110519）。

在教研员看来，其虽然来自教师，但在能力、见识上优于一般教师。关于教师业务发展，在以往存在一种认识，即做教师做到头，就是教研员了。所以一些年长的教研员依旧认可教研员是"教师的教师"这种隐喻。但如今 H 市出现了各种"名师工作室"或"××艺术教育研究中心"之类的组织。这些组织的发展，导致教研员在教师群体中的"业务专长"受到一定的冲击。教研员也承认有优于自己的教师存在。有一位教研员对此情况做了这样一个归纳：作为教研员，要高于教师的平均水平。

高于教师平均水平，是教研员行使指导职能的前提。有教研员将之解释为"先见之明"。这些"先见之明"一方面表现在对教学信息的优先掌握之上，对"课标"实施的建议上；一方面也表现在教研员能够敏锐地找到解决问题的方法。在集体教研活动中较为常见的是，教研员结合一定的理论对各位教师的发言进行归纳、总结。也就是说教研员要能从"道理"上指导教师的教学。不仅要告诉教师"教什么"，"如何教"，还要告诉教师为什么这么教。如：

教研员要能从道理上讲出教师上（课）好的原因。在评课中，更重要的是要分析、研究这节课上得好的原因在哪里？为什么能达成这样好的效

果？不好的原因是什么？应如何提高我们的课堂教学的质量？（D - YE - 16 - 110516）

这种指导是否"就事论事"，还是经过抽象、归纳，上升到一定的理论水平，因人而异。但是教研员会普遍强调他们对于这门学科（课程）的综合把握与理解。另外，教研员也会强调研究、培训功能。

做教研员，这个"员"是干什么的？是研究、培养教师的。从教师到教研员，发生了一个很大的变化。我由课堂教学转到整个学科的建设，然后是教师的发展（M - XB - 26 - 111028）。

教研员作为区域教育质量保障人员，关注的是教师教学中的一些共性问题，或者课程改革推进过程中的显著问题。且因教研员在教育系统中的特殊位置，使其具有更多的资源来解决这些问题。

学校教研组一般解决的是个别问题。我们要解决的是水平问题，还有面上的大部分问题。我们还可以集中我们的人力、物力来做这个事情。我们有资源，这个资源不是物质上的资源，更多的是人的资源（C - YE - 05 - 110520）。

在教研员眼里，他们的工作对象、工作性质都与教师有很大的差异。教研员是"教师的教师"，还是"教师的朋友"，不同的人有不同的诠释。但在教研员眼里，他们的水平要高于一般的教师，工作对象由学生转变成教师，促进教师专业发展是他们工作的重要部分；具有课程的视野，不再局限于"局部"教材的教学；以解决教学中的共性问题为主。

二、他人眼中的"我们"

教研员社会身份不仅仅建立在教研员通过与他人的比较，来认识自己（即"我们眼中的他人"）的基础上；也建立于他人在比较后形成的对"我们"（教研员）的认识（即"他人眼中的我们"）。在群体互动中，后者会进一步影响教研员对自己所属群体的看法。例如学术界将教研员视作"考研员"时，教研员会认为考试院的工作人员是真正意义上的"考研员"——研究考试的人，而自己则是课改背景下的教研员。故审视他人眼中的教研员，可以丰富教研员社会身份建构过程中的相似性和差异性。从行政关联而言，教研员的工作对象主要是教委的领导；从业务关联而言，教研员的工作对象主要是教师。下面主要从这两类人的眼中，分析教研员与其他群体的区别。

（一）教育领导眼中的教研员：课程与教学研究员

H 市二期课改的一个重要特征是教育"行政部门"与"业务部门"关系更加密切。表现为师范类高校、基教处、督导、教研室、教科院"团得更紧"（C - L3 - 111104）。其中，H 市教委的下属部门的合作被称作"行政联动"。在这种合作关系中，作为主管基础教育的领导，这样认为：

督导系统里面的几个内在分支，包括投入、装备、督导。其中投入，是判断教育的"三个增长"，装备则是一些硬件的匹配，建设。督导进一步分为督政与督学。督政表现为行政职能，督学则在于看"有没有体现教育思想"……还有一个是视导，即所有的市教研员，主要是对三维目标的检查，教与学的检查，是对整个区域的教学的把握（C - L1 - 111122）。

由此可见，在教育行政领导眼中，教研员主要负责监控课程目标的完成与否，保障区域的教学质量。当 H 市教育进入内涵发展阶段时，教委领导认为提高教育质量，需"从提高教师专业发展水平和教学的有效性切入。教研制度是一项具有中国特色的教学促进和教师培养制度，它直接服务于教师成长和教学工作，是提高教学效益的本质要求"。（C - L4 - 111100）在此基础上，L1 对教研员的角色具有如下期待：

首先是"学科专家"，其次是"教学专家"，也就是说不仅对于特定学段的知识有整体把握，还需要知道"如何传递知识"。而"教师教育专家"，能够判断教师成长规律，为不同的教师提供不同的方法。"课程专家"，即教研员不仅关注战术，还要有战略。对区域、市层面的教育质量具有敏感性。对学科、学段的结构性有所关注（C - L1 - 111122）。

　　故在教育行政领导眼中，教研员的工作属于专业取向。其专业的范畴包括学科、教学、培训、课程。这与教研员当前的工作范畴是一致的，但属于理想的期待。作为教研室顾问的 L3，则基于现实的判断，在职能上对教研员与行政人员做出区分。L3 经历了教研室的变迁，个人经历非常丰富。曾担任过教研员、教研室副主任、兼职督导、高校的兼职教授。他认为基教处和教研室处于平行地位，前者偏行政，后者偏业务。表现在工作中，即基教处召开会议，教研室负责具体操作。他尤其强调了 H 市教研员不同于其他地方的教研员之处，在于与新课程改革"同根同生"。

　　教研员是理想课程和现实课程之间的技术架构。如果它们（理想课程与现实课程）合拍了，这空间就没有了。对大多数老师来讲，这个空间一直存在，与他的经历、视野有关系。他着眼于课堂教学、学科教学。他可能也学一点东西，但是有很多繁重的课堂教学任务，如上课、批作业、备课，所以他对改革理念的理会，可能需要一点引领。另外他一个人做工作，力量也比较单薄。通过教研环节，形成共享的机制。所以说，教研员和教研工作，在很长的时间里面，是有作用的。这个作用的前提，就是两者之间有距离，需要去嫁接。用少的投入保障大面积教育质量的提升。

　　L3 意识到课程改革过程中，理想与现实之间总有距离。他将这种距离视作教研员存在的依据。他看到了教师工作的烦冗、课程资源的欠缺，并将教研员视作解决这些问题的良药。从投入与产出的角度而言，教育质量保障系统试图通过教研员获得最大程度的教育质量的提升。加之 H 市对教育质量的理解不仅仅等同于学生的考试成绩，还综合考虑学生的学习负担。所以 L3 对教研工作也有新的解读：

　　教研工作主要的作用就是减负增效。如果说负担很轻，质量不高，不要教研员，也能做得到。这个最好了，大家都轻轻松松，但质量不高嘛。如果成绩很高，但是学校很累，加班加点加上去的。这不要教研员也可以啊。老师都会做，但学生苦啊。所以教研活动就是要在轻负担、高质量上面做文章。这不是技术和艺术层面上的事情吗？不管你是专职的教研员，还是学校的校本教研，实际上目的都在于此。所以教研的灵魂是减负增效

（C – L3 – 111104）。

　　减负主要指减轻学生学业负担，当下教研室有相应的研究项目：学生作业研究。增效主要是指提高教育质量的效果，教研室的"有效教学"有此意涵。在这个过程中，教研员的工作旨在促成教育质量的"效能"维度，也就是 L3 所指的：用少的投入保障大面积教育质量的提升。这依旧是一套"投入—产出"的管理逻辑。只是这种管理需要专业能力的推动，即通过教研工作，形成共享机制，弥补课程理念与教学实践之间的鸿沟。

　　同为大学兼职教授的 L3，认为教研员与大学学者的区别主要在于前者掌握丰富的实践经验与信息。

　　教研员的实践经验丰富一点。或者实践信息更加多一点，手头上实践层面的案例更丰富一点（C – L3 – 111104）。

　　总的来说，教育领导眼中的教研员与教研员对自己的判断并无太大的差异。在教育质量保障系统中，教研员作为教学质量保障人员，主要负责课程与教学的管理与指导。发展至今，H 市教研员较之传统意义上的"教学研究员"，内涵已然发生改变。确切地说，其在教育领导眼中是"课程与教学研究员"，是课程改革与教学实践之间的桥梁。

　　（二）教师眼中的教研员：学科教学的专业人员

　　无论是教学管理事务，还是专业的教研活动，与教研员接触最多的就是教师。教师会或多或少地接触到督导、从事教育研究的大学人员。故教师也会在不同人员的比较中形成对教研员较为稳定的看法，虽然教研员较之于督导、大学研究者，有更多的机会接触学校的课程教学。但从教研员的配额，以及上述的结构性事项（教研员的诸种职能）出发，教研员很少能面对所有个体教师的日常教学问题。而对此做出指导的更多是学校内部的"师父"。在 H 市的大部分学校，都会有"师徒带教"的入职培训。此外，出于培养后备骨干的考虑，H 市教研室的一些学科还推行"青蓝工程"，某些区的教研员出于教师队伍的考虑，会主动替无教研组支撑的小学科，或新学校的新教师聘请师父。在教师眼里，师父与教研员的区别如下：

师父的指导是就课论课，他会关注细节。比如你这句话不应该这么说。那个小朋友的回答，你没有及时地应对。教研员很少谈到这些细节，教研员会根据你的讲课思路来给你理。基本上他会说：你看，这个地方为什么会出现这个问题呢？是因为你的前面的整个问题设计不对。他会这样讲。师父不会跟你讲这个问题设计不对。他会跟你讲：你问完了以后，小朋友回答了之后，你是怎么应对的？他们关注的点还不一样。他（师父）关注小的，他（教研员）关注大的。这样一结合的话，还蛮好的（D – YE – T1 – 111119）。

新教师入职之后，师父的引导非常重要，他能够帮助新教师熟悉课堂教学，解决实践中的各类细节问题，这种"手把手"的指导方式恰恰是教研员无法做到的。所以处于不同发展阶段，具有不同需求的教师对教研员的评判会有所不同。以胜任课堂教学为需求的教师会觉得教研员的指导"空而无物"；以完善教学设计为诉求的教师觉得教研员带来了一些新的信息与想法。可以确定的是，与带教师父的指导相比，教研员较多地关注"一般"与"整体"性的问题。当教研员与高校研究者相比时，认为自己给予教师的指导是贴近实践的，具有可操作性的。但在一些教师眼里，可能师父给予的建议与指导更具有操作性。

就督导和教研员的听评课而言，教师认为教研员的学科针对性更强，认可教研员对学科教学问题的诊断。而跨学科督导对教师教学做出的判断，教师则不那么信服。

比如说我上品社课。可能这个督学原先的背景是数学老师，也可以来评我的课。但是教研员基本上是学科对学科。但督学跟你说的呢，也是有道理的，但是他们专业性会差一点。当时我们就说：要是分到一个教研员来听课的话，那不得了，专业性很强。如果分到一个美术的或自然的督学来嘛，就没那么紧张。因为督学一张口，也是：我也不是专业出身，我就简单说两句。他先肯定你优点，然后基本上是宽泛的评价（D – YE – T1 – 111119）。

所以，在教师眼里，教研员的"专业性"体现在学科知识方面。教师认为教研员能够看到他们教学中真正存在的问题。需要补充说明的是，不同教师对教研员听课产生的不同反应（紧张或不紧张），原因较多，既包括教师的个人认知与态度（教师本人对听评课所持的价值判断），也包括结构因素（教研员直接管理教师教学等）。在教师眼里，教研员因"学科专业性"的缘故，所给予的教学指导也更具体，确实含有改进的作用。

在访谈的教师中，他们的学校都与大学研究者保持着定期的交往。在此，教师是这样解释教研员与大学研究者的区别：首先，在教师无暇思考的情况下，教研员给予"如何做"的建议契合了教师的工作需求。所以，较之于大学研究者，教师更为欢迎教研员操作层面的建议。

我最大的感受就是这节课该怎么上，教研员会给一个具体的建议。而大学研究者呢，关于这节课该怎么上，你要体现什么，他不给你。你要问他，他也不知道。他给你一个框，你就想吧。教研员是我给你这个东西，你按这个东西做吧。老师喜欢这个。首先我没时间去想。另一个，我想出来万一不对呢，你给我个东西，我照着做，我还能有点收获。区别就在这儿（D – YE – T1 – 111119）。

其次，中国长久以来的班级授课制建立在分科基础之上。虽然新课程改革提出了课程整合的概念，并推出了综合课程，但是整个课程体系依旧以传统的分科课程为主。高校学科教学法研究专家的缺席，使得教师无法从高校研究者那里获得有针对性的学科教学的知识。一些大学研究者传递的"普通教学法"的知识，教师听来，觉得有用，但是自身缺乏有效的转换机制。而教研员的学科知识与经验，未必抽象到学科教学法的程度，但是能够满足教师学科教学所需。加之教研员的教学指导与命题相结合，在教师看来是比较"实"的。

我觉得，她（H教授）的研究跟教研员的研究，应该说立足点、着眼点是不一样的，她给我们的观点和例子是教研员不会提到的。我听了，觉得蛮好的，是一个补充。但是在操作的时候，还是不够用。因为语文跟其他学科有不一样的地方。H教授讲的很多观点我认同。但是她给出的例子，都是数学的例子，或者是理科的例子。在这些例子里面，她的观点就非常凸显。但是一旦这个东西感染我了，我要用到语文的时候，就觉得不是那么匹配。这个过程就得自己探索，这个探索呢，对我们来说又有点困难。然后教研员呢，就是比较"实"，你们教这篇课文，我就告诉你们这篇课文里面可能会有些什么问题，或者就考这个东西，你们卷子里面会有这个问题。两个着眼点是不同的（K－YC－T3－111109）。

再次，当下的大—中小学合作中，"互惠、共生"的关系并没有得到很好的解决。教师意识到他们的实践可以为大学研究者提供理论的素材，但也有感到大学的理论难以为他们的实践服务。且大学研究者鲜少从教师的教学实践出发，为他们提供方法，解难、释疑。与之相比，教研员却参与到教师的实践中，与教师一起磨课，一起解决问题。

那些专家、教授给我们理论的支撑。但是他们需要的是什么？他们需要看到的是我们实践的操作。因为我们的实践，为他们提供了很多理论的素材。对我们而言，是他们给我们提供了理论的依据。很多时候呢，我们作为一线教师，可能会觉得理论太过高深。可是有的时候，自己再到某一节课的时候，去翻看那些理论呢，的确是对自己的课堂有帮助的。但作为我个人来说，比较诚实的一句话，叫我看他一本书，是不行的。但要我根据这堂课，去找里面对应的理论，这些东西我觉得很有帮助。特别是我这节课上了，我觉得有问题，我来翻看这些理论材料。看了之后，我再去第二个平行班上这节课的时候，马上就充实了。这个是我亲身体验过的。然后呢，对于教研员来说。因为师大的老师不太可能给我们看太多的实践，而是我们实践给他们看。教研员则提供了很多的丰富材料给我们看。教研员和教授不一样的地方是，教研员除了有理论，他也有实践的。他也参与一线，比如说一起磨课，他都经历了这个过程（M－TE－T8－111027）。

教师所面临的工作情境一定程度上决定了教师对理论的"实用主义"态度。能就实践问题"对症下药"的理论固然好，若没有这些理论，能解决实践的经验性知识也是受欢迎的。并且教师也不否认教研员拥有理论。如教育领导、教研员所言：教师处于一种重复、课业负担重的工作环境中，故也无暇对教研员的理论诠释做出判断。教研员在平时的教研活动中，是如此嫁接理论与实践的：

> 教研员会（理论），但是他只是作为一个开头。他会说：这体现了二期课改的什么，类似于"盖个帽子"，更多注重教学细节。如教学体现了什么，怎么尊重学生啊，等等。这些我们老师也能说出来。但是真正有质量的教研员会跟你分析得头头是道（D–YE–T1–111119）。

教师并不关注教研员是否真正实现了理论向实践的转化。教师需要的是能够提高教学成绩的"可操作性"的方法。即使同为教研员开展的教材解读，教师更偏好教学实践方面的分析、指导。或者将教材的使用与具体的教学结合起来展示，给教师直观的印象，以便于模仿。

从上述的三点区别可见，教研员的工作基本上获得教师的认可。这种认可建立在教师需求的基础之上。在严密的教学问责体系之下，教师需要一套"正确"、"高效"的教学操作方法或程序。而教研员所处的位置，行使的职能恰好能够满足教师的需求。教师很少去追问是什么导致了他们无暇思考？促使他们追求"正确"的教学？加之教研员作为优秀教师的经验、见闻，导致教师的社会化高效、迅速地发生着。教师因学科、课程之差异，表现出不同程度的"再技能化"，并非标准问责背景下单纯地"去技能化"。

综上，就教研员与高校研究者的区别而言，教研员与教师的认识是一致的。"我们眼中的他人"与"他人眼中的我们"不是两条平行线，两者都通过与对方的比较建构自己所属群体的形象。在教研员职业群体特征的判断上，教育领导、教师与教研员自身的判断，并没有太大的差异。只是对"专业"的理解，涉及的比较对象不同时，教研员对所属群体的判断也会不一致。这也从侧面反映了教研员这一群体还未形成专业标准或守则。"专业"在上述教育语境里，表现为对此类工作的胜任。教研员与督导相比，其"专业性"表现在学科方面，且这一点被教育领导、教师所认可。教研员与大学研究者相比，认为自身"研究"方面的专业性不足，即使如此，并不妨碍其行使教学研究之职。因为现时的教育改革所遭遇的难题就是课改理念与教学实践之间存在的错位。忙碌于各种教学、事务之中的教师无暇顾及、思考与己相关性不大的理论，教研员所提供的"操作性"技巧恰恰满足了教师在新课程改革背景下的教学需求。所以在教师眼里，教研员是教学方面的"行内人",这一点也被教研员所确认。可以看出课程改革中所产生的理念与现实的落差,使教研员与教师相互建构出一种现实:教研员基于课改理念的教学指导是教师所需要的。

第三节 从群体到个体:角色认知与事项排列

教研员在与其他群体的互动过程中,形成了对自己所属群体的认知。是否会产生归属,还要视个人的判断与选择。在批判实在论的理论视野中,能动者经历了三层的演变,从初级能动者到团体能动者,再到行动者。其中行动者是对团体能动者呈现出来的共性特征做出个性化的诠释,这表现为社会身份的建构。上述两节已经呈现了群体的共性。这一共性是通过不同个体归纳对群体的看法而来的。严格意义上来说,这已经是一个团体能动者向行动者过渡的分析。但正如访谈资料中所呈现的一样,教研员更多的是从"我们"或者"教研员"的视角来解释对各种事件的判断。从"我"口中叙说出来的"我们",反映了个体对"作为教研员的我"的判断。故本节立足于从"我作为教研员"的侧面来分析教研员的社会身份的建构。如果前两部分以群体内部的共性与群际之间的差异性为主,这一部分则以群体内部的差异性为主。

一、职能排序

从现象学的视角出发,当个体开始内化角色时,意味着身份认同的开始(Berger, Luckmann, 1967)。但是个体为何会对特定的角色进行内化,缺乏必要的说明。阿彻则认为关于"我是谁"的追问,首先需要回答的是"我关注的是什么"。这种关注并非个人意志的随意延伸,掺杂着个人的主观意愿和结构施之于个体的要求。关注最为明显的外在特征就是对各类事情做出排序。

(一)政策导向的角色认知:研究为重

历史发展过程中,教研员在特定时间段表现出指导、研究的职能,如今这些职能已经被制度化。同时,鉴于教研室从教育行政体系中的脱离,管理职能虽存,但在文件陈述中却以服务职能代替。在访谈中,"研究、指导、服务"基本上被所有的访谈对象所认可。但是对于"研究、指导、服务"的内涵却有不同的见解。有的将其看作一个工作的三个侧面，有的将其看作三类不同取向的工作。导致这种分歧的出现，与政策界定的模糊性有直接的关系。在重要的教育政策文献中："研究、指导、服务"职能既适用于教研机构，也适用于教师进修院校。并且没有对这三个概念做内涵上的规约。换言之，教研员团体内部没有生成"专业"标准或守则，外部也没有形成对这类人员的严格界定。

但是在课程改革背景下，几乎所有的访谈对象都认为研究是教研员最重要的职能，主要包括对课程、学科教学、教师的研究。

研究好比"地心"，管理、服务、指导则是地壳。火山运动的时候，有时候是要冒一下的。但是地震是不确定的嘛，要看"地热"在哪一块。也就是说要和区县有共鸣。总的来说，研究是最重要的。没有研究，就没有服务、指导，管理。这种研究也包括两部分，一是教研员自身的研究，一是服务对象的研究（C-AE-01-110519）。

教研员并不觉得研究是课程改革赋予的新职能，而是教研员一贯有之的职能。这也与"教学研究人员"的内涵相吻合。如今伴随着行政职能的弱化，使得教研员更加确信自己作为"业务人员"的定位，更为强调自己的研究职能。

研究是第一位的，不研究就很难服务，也很难指导。我之前对教研员的认识，可能是官僚的。但实际上，他这三个定位就很明确。他是一个业务人员，要研究。他不是官僚，他要服务。他去听课，有没有帮助学校进行课程建设，有没有帮助老师去发展（M-TE-22-111102）。

"研究"在这里只是一种行为的表述。如果仅仅从上述三类职能的关注入手，并不能发现教研员之间的差异性。还需进一步追问教研员个体研究的内容有何所指？这就需要对教研员研究内容进行分类（见表4-2）。

表 4 - 2　教研员研究内容的差异

研究内容	代表人物
市教委项目（包括"课程领导力的研究"、"课程方案"等）	C - AE - 01，C - AF - 02，C - XB - 03
市教委项目与个人兴趣相结合的研究	C - YE - 04，D - XB - 15，K - YG - 22
学科研究，教学研究（包括课型、课例研究，教材分析，命题研究）	C - YE - 05，D - YE - 16，M - XB - 26，M - YG - 29

上述分类中，代表人物选取的主要依据是受访者对其研究的指向有明确的说明。虽然其他的教研员也在从事教学研究的事项，但他们将之称为"指导"，故没有包含其中。总体而言，虽然教研员不约而同地以研究为重，但具体到个体层面，研究内容所指不同。从教研系统内部的职能分工而言，市教研员本身承担的"研究"工作的比重大于区教研员，这在教研员的感知中也有所反映。

（二）现实情境中的角色比喻

政策文献中对教研员的"研究"职能屡加强调，教研员自身也认可这一职能的重要性。并不意味着结构与能动者发生了必然的联系，更不足以说明能动者对结构表示服膺。教研员个体层面表现出来的研究内容的差异性已经呈现出不同人对结构要求所做出的不同反应。比喻作为一种认知，在社会与心理认知之间安置了一种辩证关系（Lakoff，Johnson，1980）。通过这种辩证关系，可以分析个体是如何看待环境与自我。

1. 理念与实践的桥梁

现实情境中，教研员形成了多种角色比喻。其中最常见的比喻是将自己比作理念与实践的"桥梁"或"梯子"。但这个桥梁究竟实现的是"理论向实践的过渡"，还是"实践向理论"的过渡，抑或背后隐含着从政策的制定到政策的实施。个体的诠释不尽相同。主要可以分为以下三个类型：

首先，是将理论转化为可操作的行动。虽然不同教研员对高校的教育理论研究持有不同的看法，但课标的制定过程并非凭教研员一己之力就可以完成，需借助高校的研究力量。既如此，一部分教研员将桥梁理解为把教育理念转换成教育实践。

教研员是理想与现实之间架的一个梯子。他是中位的，上要达"天庭"，你要了解最新的理念，同时你要把最新的理念尽可能地转换成教师的操作行为（C - YE - 05 - 110520）。

这种转换如何实现呢？下面是 D 区一位教研员对"桥梁"作用的详细解释。

举个例子，"课堂互动，师生人格平等"这一观念是对的。但我们在课堂上，不可能都互动的。但总有一个片段闪现出来吧，我们叫作中间地带。比如说我们上数学里面的统计，这一节课内容很简单，很浅显，都是一个个的生活案例，数学化的过程不难。这个内容我们干吗不去互动啊？如果这个内容比较难，是我们的核心概念，核心定理，核心观念，学生搞不清楚的，那我们就不互动。毕竟班级授课制有它的合理性，它效率比较高。我们天天合作也不客观（D - SG - 13 - 110516）。

可见，D - SG - 13 将理论转换成实践是有所选择的。如他上文所提到的"中间地带"，这一地带的知识通常不是"重点"，也不是"难点"，较容易讲解，恰好可用于体现"课改"的理念：如学生互动，学生合作。以此观之，教研员从"理论到实践"这一桥梁未必是对课程改革的保障。在学生成绩面前，有的教研员相信的是传统的班级授课方法，而非课改理念所倡导的合作探究。另外，D - SG - 13 坦承对于实践中的经验，抽象到理论水平，还需要借助高校研究人员的力量。

如果中学老师觉得这个效果很好，可能我们拉不到那么高的理论层面，我们借助大学老师的力量再提升提升（D - SG - 13 - 110516）。

D - SG - 13 虽然提到了两种转换方式。但是结合研究者的田野观察，第一种情况（将理论转变为实践）较为常见，反之则少见。这也与 H 市大学研究者与教研员之间的合作甚少有关。更为重要的原因是，教研员所处的位置，意味着其必须将"课改"的政策或理念转换成具体的操作行为。

　　H市二期课改有纲领性的文件。首先要学习二期课改的方案。学习了以后，还要结合具体学科具体研究，思考怎么去操作。就是我刚才讲的，把上面行政、理论导向的东西变成下面可操作的、具体的指导。这当中，桥梁作用要做好（D－YE－16－110516）。

　　虽然这一操作行为未必真实地反映了"课改"的理念，只是教研员策略性的应对。但并不能因此否认教研员对课改的推动。背后还有更深层次的结构原因，将在后面详细分析。
　　对于"桥梁"，还有第二类的理解。主要表现在新教师的入职教育上。即通过观课、听评课等一系列活动，让不具备实践经验的新教师胜任教学工作。这是一种"实践"的训练，并不强调背后的理念支撑。

　　师范大学培养出来的学生，和已经上了一段时间课的老师存在一定的距离。我们可能就是他们中间的这个桥梁（M－XB－26－111028）。

　　上述教研员对"桥梁"的两种理解，基本上是接受了中介者角色比喻。但也有教研员意识到"桥梁"的"上听下达"作用，并将此视作一个"尴尬的身份"。他的解释如下：

　　教研员有一个很重要的，也是很尴尬的身份，就是上听下达，他有时候起疏通传递的纽带作用。比如说我们"两纲"教育，生命教育，民主精神教育，在这样的背景下面学校要去贯彻教育的思想、精神。他们会培育一些课，那么我们教研员实际上具体的指导不仅是上课的问题，而是怎样来上课把这些精神体现出来（K－YG－29－110517）。

　　教研员K－YG－29意识到的"尴尬"来自于教研员的指导职能中蕴含着"思想"、"精神"的宣传。在这种情况下，对课的指导超越了上课的技术问题，演变成将课塑造为某种"精神"的体现。
　　2."做嫁衣"
　　"做嫁衣"也是教研员群体内部较为普遍的比喻。从教育问责的链条来看，教研员的工作对象主要包括两类人：教育行政领导与教师。在这个比喻中，"做嫁衣"的对象多为教师。且不同教研员对自己的这种服务行为，也有不同的认识。

一种观点是纯粹的"为他人做嫁衣"。在这一比喻里面，"嫁衣"意指教师发展的机会或荣誉。持这类观点的教研员，主要是从教研活动的最终受益者来判断。正如第一节所示，虽然"以课为载体的教研活动"形式多样，但是受问责文化、表现主义的影响，教研员群体更多地将精力放在展示课、优质课评比的准备过程中。在这两类课型中，教研员全程参与教师的"磨课"。最终的结果是教师作为展示者，作为比赛的获奖者，而教研员处于"幕后"的位置。

在问责导向的结构中，作为"幕后者"的教研员关注教师的评比结果。这本可视作问责结构对教研员个人关注的"殖民"。若这样理解，可能忽略教研员个人的选择。因为有教研员将指导教师看作"良心活"。对教师的培养出自教研员个人对这类工作的认可，与外在的利益并无关系。如：

> 我们一直说教研员就是良心活，为别人做嫁衣。做完之后，有些学科还会有指导奖，我们这边没有的，就等于付出的努力，只有上课的那个老师心里知道（D – SC – 12 – 111114）。

这里面存在一个潜在的矛盾，将指导教师视作良心活的教研员，却是受评比驱动的。这也意味着教研员的个人选择与结构影响如同两股相互缠绕的绳子，捆绑在一起。除了将做嫁衣视为"良心活"之外，也有教研员能从问责导向的评估中找到自己的"幸福"。

> 在全国展示的时候，他（教师）上课，我觉得是最幸福的。因为我指导的这节课，能够被这么大的范围认可，我做教研员的价值就体现了。我虽然没讲，但是我觉得我是很幸福的。因为我知道我的思想都能够在课里面体现出来了。所以说，我们是在为他人做嫁衣（C – ZE – 08 – 111123）。

还有一种观点认为教研员不仅"为他人做嫁衣"，还要"为自己做嫁衣"。此处对"嫁衣"的理解已经与上一种观点不同，将其视为一种"能力"。这类教研更为关注的是给教师提供能力。而培养教师能力的前提是自己首先具备能力。例如：

> 很多时候，教研员是做好自己的嫁衣，再为别人做嫁衣。如果你光给别人做嫁衣，自己不做嫁衣，你最后肯定是没有嫁衣（M－YG－29－111028）。

　　培养教师，促进教师专业发展是教研员的职责之一。教研员并非将所有指向于教师发展的活动比作"做嫁衣"，这一比喻主要针对教师在各项教学评比大赛中脱颖而出这一现象。这也综合反映了当下制度结构，及其教研员个人选择的问题。从中国大陆教师晋升制度而言，每个学段的教师都有相应的职称评定标准。其中骨干教师、特级教师属于荣誉称号。大部分教研员来自于优秀的教师，他们中的一些人有的已经获得了作为教师的最高职称或相关荣誉称号。故相比于教师，教研员的职称、荣誉发展空间已经狭窄很多。而教研员的工作对象——教师，在一个教学问责衔扣紧密的机制下，要获取荣誉称号，必须借助教研员的帮助。所以教研员在帮助教师获取荣誉称号的同时，会产生"为他人做嫁衣"的感觉。这种"为他人"的教研员将自己的工作看作是一种"消耗性"的工作，相应地，对自身的发展淡然许多。而强调"嫁衣"既要为教师而做，也要为自己而做的教研员，在结构中也会相应地关注自己的发展。

　　此外，通过"做嫁衣"这一比喻可以发现"成功"的展示课、评比课的背后主要是教研员的教学思想。教研员本身作为问责机制，通过竞争导向的评比课，对教师教学进行了社会化。但鉴于教研员自身发展空间受限，所以一些通过评比成长起来的教师，并入职教研员者也易从这种评估中获得类似于教师的一种职业归属——因其教学思想获得认可而感到"幸福"。

　　3. "联络员"

　　如图4－1所示，H市的教研室兼具了多种职能，并负责向各个机构提供咨询、辅助事务，所以市、区教研员都将自己比作"联络员"。不同级别的教研员，联络的对象也有所区别。

　　C－YE－05作为市学科教研员，在教材建设方面其联络对象主要包括两类人员：分别是教材组与教材审查委员会的工作人员，负责反馈教材在教学中存在的问题，并传达审查委员对教材组的意见。

当时课标出来以后，还同步出来了一本实验教材。所以我们还有个任务，即联络员的任务。联络谁呢？联络教材组。我们市教研室有个部门叫课改办，课改办与我们是两块牌子，一套班子。它主要是管理教材的，管理教材总归是有具体的人去做的。但它不可能管那么多学科。所以教研员就成为与教材组之间的一个联络员。基层（学校）有想法了，觉得实验过程当中有问题了，我们会和教材组沟通。审查委员下来审查一些内容，审查委员又不方便和教材组面对面的，那么我们就是中间的一个沟通渠道（C - YE - 05 - 110520）。

在学科教学方面，市教研员除了与教师发生互动外，还与学科教学委员会保持联系。并在学科教学委员会中担任要职。

另外教研员还负责与学科教学委员会的联络。之所以能够与各类学科协会发生联系，甚至促成一些合作，与教研员在各协会中的特殊位置有关。我们教研室有个规定，小学语文教研员就是这个协会的秘书长。所以很多教研员都是身挑两职的。我们也会做一些协会的事情。我不说网罗这个词好不好，至少有一个协会可以汇聚老一辈的人一起来做一些事情。这些老一辈的特级教师也是协会里面的，大家一起来说说话，也算是一种合力。协学会属于半官方的，我们算是官方的（C - YE - 05 - 110520）。

与学科教研员不同的是，综合教研员主要负责的是跨学科的"整体性"的工作（如项目研究、管理），所以与基地学校的校（园）长、高校专家联络的机会比较多。

在教材建设方面，要请"骨干"，但是牵头的工作是市里面做的。教材编制完毕后，会组织第一期培训，然后进行第二期推广。我们有 28 所课改基地，我们对此进行"牵头"，组织 28 所学校的教师培训，园长、区教研员、教师都要接受培训（C - AF - 02 - 110519）。

我们更多的是组织者、协调者的角色。例如把总项目组的时间节点公布，把各个领域学校完成项目的情况、专家的签字等组织起来，这样才可以对学校的情况有所了解。要安排好每个环节的实施、时间节点，对阶段性的任务进行组织、协调……我们主要是联络员。我们的作用是以研讨、

（学科权威）交流的方法来影响"专家"（C - AE - 01 - 110519）。

与教学研究部相比，综合教研部是一个新建的部门。这个部门的人事配备多以兼职为主。这也间接决定了综合部教研员与教材组及行政领导之间的联络较为频繁。

我们这个部门主要由6位老师组成。但是大部分老师又身兼他职。比如高中学段的综合教研员是办公室副主任，幼儿教研员是兼职的，还负责幼教教材。所以有时候还需要做一些与行政打交道的工作（C - AE - 01 - 110519）。

区教研员联络的层面有各类专家、教师进修学院的相关同事（例如科研部的工作人员）、学科中心组的老师、学校校长。下面是教研员 K - MB - 17 联络的几个层面：

我们会经常和科研室合作。比如说我们看到一些比较好的科研课题，我们会请科研室的老师来帮我们做一个参谋。请他们看一看这个课题是不是有一个发展的前景。然后呢，再帮我们做一些科研规划，或者论文的指导。所以我们就像经纪人一样牵线搭桥。

……

我们音乐老师的情况比较特殊。近70%的学校都只有一位音乐老师，那么等于他新进来了以后，没有学科交流的老师。因此我们和学校达成一个共识——请学校做聘书，我们来做计划，请其他学校老师来帮助学校带教新老师。

……

我们现在有专家经费，所以每一年，我们会有侧重点地请一些专家、编辑来给我们做一些讲座（K - MB - 17 - 111107）。

联络对象、内容的不同影响着教研员工作范畴和自我的定位。教研员与专业协会发生互动时，无形中扮演了官方的代言人。也正是在各种关系网络中，教研员的"社会资源"日益丰富，有利于其借助他人的力量行使专业影响或行政影响，间接地为教研员的身份"增魅"。在各种联系中，也可看出不同级别、不同学科的教研员要处理的事务性工作的区别。与之前强调的"研究"职能相比，与联络相伴而生是"组织"与"管理"。教研员群体内部出现这类比喻，并呈现出个体诠释的差异性，也从侧面反映了个体在结构中已经意识到与各类人员打交道，处理各种事务，是其工作不可避免的一部分。

除了上述三类常见的比喻外，教研员个体对其工作还做了其他各类比喻或赋予其他称谓，例如"稻草人"、"教务员"、"单干户"等。这些在第五章中会陆续补充分析。之所以选择上述三类比喻，首先因为这是教研员群体内部最为常用的比喻。其次不同人对这三类比喻赋予了丰富的个体解释。而其他的比喻为单独个体所持有。

比喻不仅仅是一个修饰、修辞的工具，比喻塑造了我们的感知、思维与行动（Saban，2010）。上述三类比喻反映了教研员对三类不同事件的关注与反映：将自己比作理论与实践的桥梁，意味着教研员感知到自己在二期课改背景中所占据的位置，及其职业的特点；将自己的工作比作"做嫁衣"意味着教研员感知到自己工作的付出与收获；将自己比作"联络员"意味着教研员感知到必须花费一定的精力在管理、组织相关事务上。无论是政策导向的职能排序还是三类比喻，个体层面对其均有不同的指向与诠释，这恰恰反映了个体对结构的不同关注面。

二、工作节奏与事项排列

从上述的分析中，可知教研员对其角色产生了多种不同的诠释。一种表现为政策导向的"研究"职能的凸显。这反映了课程变革对教研员职能演变的期待。对期待的回应具有个体性。教研员对其角色所做的三个最为普遍的比喻：理念（理论与政策）到实践的桥梁、做嫁衣的人、联络员，也反映了教研员已经对其在结构中所处的位置进行了反思与诠释。无论哪一种比喻，距真正的"研究人员"甚远。在分析教研员的进一步行动时，需先从"时间"的维度，对职能排序的可能性做一考察。

（一）"一张时间表内安排好的事情"

教研员的工作节奏受结构影响非常大，表现在每学期开始的工作会议中。首先市各学科教研员会对区教研员召开工作会议，进行部署。区教研员则根据计划，进一步规划各个阶段的工作。另外，一些竞赛、评比基本都是按惯例进行。例如四年一次的中青年教师教学评比，青年教师课题评选等，会以发通知的形式通知到区县教研室。这些都成为预先计划好的事项。尤其是评选、竞赛类的活动，需要教研员提前准备。

除此之外，两周一次的学科教研活动成为例行的活动。如今，以"计划"形式实施的视导也成为教研员工作表内的规定事项。例如：

一个学期视导四所初中、四所高中，这是规定好的。是由教研室牵头，和校方商量好，哪一周进哪个学校。然后我们两周听课，一周集中反馈（K－MB－14－111107）。

这种节奏随学科、学段的不同而有所差异。例如高三语文教研员在春季（又称为考试学期），主要工作围绕命题展开。

我们下半学期就是考试学期。三月份就是毕业考试，或者说高中学业水平考试；然后是模拟考试，叫作二模；一模是上个学期，昨天呢就是三模，也就是说三月份、四月份、五月份，一月一考，命题的人基本上是教研员（M－YG－J－110517）。

另外，教研员的工作节奏也会与教研员自身的经历有关。例如刚入职的教研员需要定期到学校去上课。

盯准了几个班，有课就过去上。我只上了两个班，音乐课是一周两次，周一和周四（D－ME－15－111114）。

但是也有意外之事。例如临时委托的教育督导，或者教育局领导需要视察学校时，会临时调动教研员。以下是一位教研员一周生活的常态：

每天有一些常规的活动。比如视导，下基层学校，参加研究活动、开会，这些都事先安排好。安排完，就剩下半天，你还要处理一些杂事。比如马上要作文竞赛了，要发通知；双周的事情要发通知等（M－YG－26－111028）。

　　在诸多安排中，教研员可以调节的时间通常是去学校指导的时间。上述并不是一个精确的对教研员工作节奏的描述，但已经呈现出教研员工作中的结构制约因素。在分析结构与能动者的相互作用时，时间、空间已经成为一个相对中观的分析要素。空间作为一个现实存在，是社会关系的延展，是社会性的构成，空间、领土、位置、规模、网络等都是空间社会学的分析对象（Robertson，2010）。时间虽不及"空间"在当下的结构与能动作用的分析中凸显，但却是解释能动作用不可或缺的前提。有关时间政治的研究并不少见。例如哈格里夫斯（Hargreaves）从时间的多个维度（技术理性的时间、微观政治的时间、现象学意义上的时间、心理的时间和社会政治的时间）分析了教师的工作，揭示了管理主义日趋严重的现实（Hargreaves，1990）。从上述教研员的时间分配而言，教研员的工作受到来自结构（政治）意义上的时间的影响。导致其在特定时间内必须开展特定的工作。这种年复一年的，类似的时间节点的分配，又可以视为工作节奏。节奏来自于希腊文（rhythmos），意指有规律的、循环的运动，具有对称性。但具体到个体层面，不同学科、不同工作年限的教研员所表现出的时间处理也有所不同。

　　（二）当冲突发生时：感受与行动

　　在政治时间导向的工作节奏下，教研员身处多种事务之中，并不感觉到冲突。因为这种节奏是稳定的、可预知的。相应地，也就可以有所准备。但还是会有一些临时性的事务进入。例如临时通知的视导、临时陪同教育行政领导去学校等。在这种情况下，不同个体形成不同的判断。例如教研员 D – SC – 12 对"冲突"的感受比较强烈。

　　可能会发生冲突的是临时性的工作。比如说督导，去听课，做个评价，这种事情会有。但是我们还是会在安排、调整的情况下，基本做到。对个别老师听课、评课的话，这个时间是自己控制的，可以调节。除非是别的学校来请你去听课，这个时间是固定的，他们搞个活动，请你去指导一下，这个也是相对固定的（D – SC – 12 – 110512）。

　　面对各种临时性的工作，教研员 D – SC – 12 和大多数教研员一样，必须完成，几乎没有自行选择的空间。所以工作中伴随着无可奈何之感。但是在行动中，她会有所选择。表现为"我首先去做的，未必是重要的"。这就出现了两种基于"时间"排序而产生的行为。一是遵从结构的排序，首要完成这种临时的，却不可推卸的工作。一是在内心重新形成时间排序，即个人关注的事件虽然放置在后，却通过其他的时间来弥补，并投入精力。所以在有的教研员眼里，对于临时"视导"的事项，只是应付。

> 没办法处理，只能把这些事情做掉，不是做好。现在已经被挤占得自己的时间越来越少了。我觉得，有些事情你必须得静下心来，现在有的时候，杂事很多，没办法静下来。星期一的话，你看现在开会，开完会以后，待会儿这里一大堆的人，冒出杂七杂八、很多很多的事情（D–SC–12–111114）。

与此相反的是，教研员 M–ZB–30 除了作为教研员之外，还兼职了社会事务。首先，她没有感受到各种事务性工作对教学研究的冲突，也不存在对事务的应付。其次，她认为兼职有助于她掌握更多的信息。

> 这个（政协委员）有利于我对信息的把握。所以我也不觉得存在困难和问题。我觉得有了这些信息，能够关注社会，能够指导我的工作，我觉得也是比较好的。反过来，人家在评价你的话，会觉得你方方面面的信息蛮多的（M–ZB–30–111028）。

除了上述两种情况，大部分教研员均会意识到"个人研究"被"工作安排"给挤占。但是他们不会像教研员 D–SC–12 一样，坦言自己只是"应付"这些事务性工作，他们中有的人会提醒自己不能深陷于这种事务堆中。从侧面而言，这类教研员在认识上将教学研究视为自己的本职工作。但在实践中，则要因人、因情境而定。

> 作为工作安排这是身不由己的，不是你自己选择的。这一周、这两周要到某所学校教学评价、督导，你要参与。那你自己工作必须停下来。你的学习，你自己的提高，你自己的研究必须服从于工作的安排。所以有的教研员如果自己没有一点要求的话，没有一点方向的话，就必然忙在事务

堆里。你今天叫我到哪里去，我就到哪里去。所以很多教研员个人缺乏研究，"我没时间了"，就在事务性的工作里面（D‒YE‒16‒110516）。

但也有教研员在问责主导的新职能中找到归属，认为"集体调研（视导）是一种高效的教研方式"（K‒YG‒22），并不将其视作事务性工作的一部分。

节奏代表了某种规律性，是分析结构制约性的一个视角。从节奏这一维度观察，结构赋予教研员"教学研究"的时间、空间非常狭小。但是不同的教研员面对这一制约有不同的处理。基本可以归纳为三种方式：一是顺应结构的时间分配，将结构中预先、临时的事务都视为其工作的组成部分。第二种是发展出"应付"的策略，表面上先完成结构安排的事项，但依然将精力放在自己所认可的工作中（教学指导）。第三种是一方面做好结构安排的事务，一方面提醒自己不可陷于事务堆中。

"关注"具体表现为各类工作事项的排序，是教研员个人身份参与到社会身份建构的第一步。无论是职能排序，还是角色比喻，群体内部都表现出丰富的个体差异性。这些皆源于教研员个体对结构的制约性、促进性有不同的感知，个人形成的关注也有所差异。本节呈现了教研员的两轮排序。第一轮的排序是对规定职能的排序。虽然群体内部呈现出研究为主的共性，但研究内容的不同表现出了个体差异。而对现实工作的角色比喻，也反映了个体对结构的不同关注。第二轮的排序已经涉及对"冲突"事项的权衡与排序。经过这两轮的排序，可以归纳出"关注"的四种类型（见表4‒3）。

表4‒3　身份建构过程中的四类"关注"

类　型	研究内容	对"桥梁"的理解	对冲突事件的反应
结构关注	市教委项目	从理念到实践	顺应
结构关注为主，个人关注为辅	市教委项目与个人兴趣相结合	对"桥梁"的批判	提醒
个人关注为主，结构关注为辅		从已有问题到解决方法	应付
个人关注	教学研究	从实践到实践	

角色比喻中的"做嫁衣"、"联络员"很难放置于这一表格之中。因为无论嫁衣是指能力、机会还是荣誉，做嫁衣的对象无论是教研员自己还是

教师，都反映了教研员对自我、对教师的关注，偏向于个人关注。而"联络员"则反映了教研员对结构中各类组织、管理事务的感知，实际上偏向于结构关注。

阿彻指出"通过检视角色与角色持有者的互动，有望解释在个性化的过程中，为何一些角色被惯例化的实施，有些角色经过累积，被持有者所改变"（Archer，2000）。第三章主要是从历史发展的角度，对教育质量保障系统及其人员做了简要的历史梳理，分析了教研员的职能演变，勾勒了其群体内部分层所导致的职能差异。本章开卷则通过描述教研员日常工作中的群体共性，对角色惯例化这一现象做出了回答。教研员在课程改革背景下的群体共性表现为：关注体现"课改"方向的"展示课"和"优质课"；针对"课改"中的教学问题进行视察、指导；实施自上而下的课题研究与教学研究的管理、指导。这些均反映了政府主导的教育问责系统对教研员工作的影响。换言之发现了角色惯例化背后的强大力量：政府对教育的干预。这种干预引入了竞争模式，导致了表现主义的出现。

即使如此，教研员群体并非被动地接受来自外在的规约。外在的规约之所以能够发生，既出自政府行政力量的推动，也是因为教研员持有的某些特征与教育行政机构的要求相契合。教研员通过强调所属群体与其他职业群体的区别，来界定自己在教育质量保障系统中的位置。与大学研究者相比，教研员强调自己是理论与实践之间的桥梁；与教师相比，教研员认为自己的教学研究要高于教师的平均值；与督导等行政人员相比，教研员认为自己是专业人员，负责业务引领。这些差异也陆续在教育行政人员、教师眼中得以印证。事实上，在问责链条紧密的教学质量保障机制中，教师被迫应付自上而下的诸多事务，无暇判断各种纷杂的理论或理念。故教研员对其的指导恰恰满足了教师可模仿、可操作的需求。而这些可操作的程序更多来源于教研员本身的教学经验，及其在教研活动中积累而来的经验。所以教研员与教师互相建构出一种现实：教研员的指导是为教师所需的。这种"被需要"的状态一部分来自于自上而下的教育改革所导致的理念与实践的鸿沟，一部分来自于教师个人的主观发展意愿，表现为希望在问责体系中获得发展的机会或荣誉。无论是从群内差异，还是群际差异而言，教研员的社会身份建构表现出问责导向的特点。

在群际之间的比较中，教研员的群体能动性增强。如谈及"课标"的管理权时，市级具有研究背景的教研员从组织、管理、协调、对实践的熟悉等维度凸显其在"课标"制定过程中，较之于大学研究者，更为胜任的理由。而区级教研员本身不具备"课标"的决策权，只是负责"课标"的解读与培训。所以他们在与大学研究者相比时，更侧重于强调自身对实践的熟悉。若从质量保障系统本身而言，教研员所处的位置恰恰赋予了其这种优势。这也反映了能动性的发挥不仅与主观意愿相关，也与能动者在结构中所处的位置有关。

教研员叙述其在课程改革中的作用时，多次提到了"专业"，但是比较对象不同，涉及的"专业"内涵也不一样。与教育行政人员相比，专业表现为"学科"；与大学研究者相比，专业表现为"研究"能力，且大部分教研员承认自身研究能力不及大学研究者。事实上教研室虽然制定了教研员工作条例，教研员在日常工作中有各种的评课的指标，但是市、区的工作条例、评课标准都有所差异，教研员工作的依据主要是课标和自身的经验。教研员群体内部并没有形成"专业"的标准与守则。所以严格意义上，教研员还不是专业人员，教研员不具备专业群体所形成的"排外性"、"利他性"。但这并不影响教研员的群体能动性。当教研员与他人做出对比时，表现出来的群体共性，已然表明他们在课程改革中形成了对该职业的定位，拥有共同的目标。所以本章的前两部分呈现的是教研员作为团体能动者，如何与既有的角色发生互动。

群体共性中也包含着群内的差异性。第一节中对三类活动的分层已经隐含着教研工作的差异，并能从中判断出问责力度的大小、质量保障的范畴。第二节也隐约透露出处于不同位置、不同学科的教研员所形成的对比的差异。第三节则从关注入手，通过职能排序、角色比喻、对冲突事项的处理来详细分析教研员群体的内部差异性。虽然教研员的社会身份建构受到教育问责逻辑的影响。但通过关注的不同，可以看出不同的个体在结构中的选择也有所不同。建立在群体共性基础上的个性化行为，意味着"我作为教研员"的浮现，是社会身份的形成。

根据形态衍生理论，"社会自我"发生在结构与能动性的交界面，需经历两个过程，一是作为能动者自然而然地卷入社会资源的分配，二是作为行动者主动介入到社会角色排列（Archer, 2000）。前者表现为作为优秀教师被纳入到教育视导系统，几经发展，视导系统内部已经形成了对这类人员的初步定位。且优秀教师浮现出来的若干特征能够满足教学质量保障的所需，所以形成了团体能动者，相应地，在质量保障系统中表现为特定的角色。角色是对意义的抽离，是客体化了的行为。角色与个体的关注发生互动时，意味着行动者开始对社会赋予的角色进行了重新地排列。教研员在此基础上形成了四类不同的关注，包括结构关注；结构关注为主，个人关注为辅；个人关注为主，结构关注为辅；个人关注。其中结构关注是指在工作中，无论是时间排序还是精力耗费上都以政府相关事项为重，在质量保障中"控制"的成分更多，角色比喻上更多表现为"联络者"；个人关注是指教研员将教学指导为主的教研活动视作其本职工作，质量保障中的"促进"成分更多，角色比喻上更多表现为"做嫁衣"。

从初级能动者到团体能动者，再从团体能动者到行动者，能动性是一个动力机制，实现了能动者与结构之间的互动，其中不可避免地包含着个体自我意识的延续。教研员原先的学术、从业背景，所处位置等因素都会影响教研员在群体内部的自我定位，故其在结构中所感受到的制约、促进也有所不同。本章节只是勾勒出问责导向下的四种社会身份的类型，并通过"关注"引入了个人身份，但没有强调个人身份在社会身份建构中所起的作用。无疑，个人身份作为社会身份的集合，作为一个整体的人，在构建"我作为教研员"这一社会身份中起着奠基性的作用。对此的分析将于第五章展开。

第五章

实践：社会身份与个人身份的对话

　　社会身份的建构必须有个人身份的参与。个人身份影响着个人进入社会的位置与立场，是社会身份建构的基础。第四章已经通过角色排序、角色比喻、冲突选择，区分了教研员四种类型的身份建构。也已经可以看到个人所拥有的特征在身份建构中所发挥的作用。但回答主体为什么呈现出如此的排列与选择，还要深入到个人的实践层面。

　　在叙述个人的实践时，研究者让叙述者主导"实践"的脉络。同时在资料的呈现中，也隐含着"内心对话"的暗线。通过对比教研员认识上的工作重心与实践中的工作重心，分析教研员的个人身份如何影响社会身份的建构。

第一节　结构关注："做研究的人"

　　教研员 K－YG－22 是高考恢复之后的第一届学生，来 H 市之前，已经拥有丰富的从教经历。1981 年开始做语文教师，然后是教研组长、教导主任。因为在教学工作中取得了一些成绩，发表了一些作品，于 1991 年被调到家乡教育局任教研员。做了几年教研员之后，又调到教育行政岗位，负责教育行政与管理的工作。2004 年，从家乡来到 H 市，在 K 区做一名语文教研员，先后负责初中、高中学段的教研工作。K－YG－22 用"回归教研"四个字来概括此次的转变。下面所述的实践，从其"回归教研"开始。

一、重要任务：提高区域教育质量

在"回归教研"之前，K－YG－22 的职位几经变迁，主要原因是来自上级的调动。他从老家来到 H 市做教研员，则是自己的选择。当时 H 市的二期课改从启动到实施，已历时六年。K－YG－22 认识到作为教研员，重要的任务是指导区域的教育改革和课堂教学改革。这一看法与二期课改对区教研员的期待是一致的。且他意识到提高课堂教学质量，需建立在研究的基础上。

由于我们教研员工作的重要任务是指导区域的教育改革、课堂教学改革，所以调研是非常重要的一块。说老实话，课程改革的推进，课堂教学质量的提高，最关键的要素是课堂，所以我必须研究课堂（K－YG－22－110512）。

对"重要任务"的理解，反映了 K－YG－22 更为关注结构所期待的事项。虽然其后，他提到了对教师的带动，但是"带动"的目的是推动区域的课程改革。

作为教研员，最主要的任务是带动我们的老师，推动区域的课程改革，推进区域的学科教育质量的提高。这是核心任务（K－YG－22－110512）。

围绕教研员的工作，K－YG－22 谈到了七种"任务"，包括：调研分析、指导教学；组织活动、课例研究；项目开发、科研引领；质量监控，命题评估；研训一体，建设课程；推荐经验，竞赛提升；培养骨干，建设团队。他曾在一些讲座中强调了这七大任务。而他认为最重要的三项工作是：调研、命题和教师的专业发展。

K－YG－22 把调研分为两种形式，一种是集中调研，一种是个别调研。他认为前者是一种效率较高的方式，后者则根据他自己的研究需求来确定。在众多教研员中，K－YG－22 的个人调研数目较多，并形成一定的研究成果。

在集中调研基础上，我们给学校集中性的反馈，这是一种形式。还有一种形式叫分散调研，实际是个别调研。根据教研员的需要，比如说，我们前一段时间专门进行了试卷讲评课的分析，研究怎样上好试卷讲评课，这是我定下来的调研主题，我自己就要有目的地去学校听课（K－YG－22－110512）。

命题之所以重要，是因为它像"公开课"一样，具有方向引领的作用。

我们教研员的试卷命制比较强调原创性。所以，我们命题的压力也很大。你要保证有一个正确的、科学的导向。你通过这个试卷，其实是给下面一个暗示，一个导向，告诉教师在今后教育当中怎样更好地实现我们语文学科的整体目标（K－YG－22－110512）。

命题较之于"公开课"，更为直接地与学生、家长的利益，社会的舆论挂钩，在K－YG－22眼里，命题成为反映教育质量最显著的指标。

我们这边还有个重要任务，即教研员要负责把整个区域的教育质量提高上来。这个提高最终要通过中考、高考加以体现。所以试题的命制必须体现、保证它的导向性（K－YG－22－110512）。

至于教师专业发展，K－YG－22认为教学评比可以提高教师的教学能力。

像我们区每年有一次教学优秀课比赛，教研员有时候既充当评委的工作，又充当裁判的工作。我们通过这样的竞赛，达到的目的是什么？来锻炼这支队伍，提高教师的教学能力（K－YG－22－110512）。

最为K－YG－22津津乐道的是他的研究。他引导教师开展的研究实际上是他自己申请的项目。他认为由教师参与的这种研究是"成果共享"的，可将研究成果用于指导教师的日常教学。

我们光是研究课例，今天听一堂课，明天听一堂课，还不够。老实说，不在此基础上往前走一步，可能做的就是"1＋1＝1"的工作。为什么呢？因为重复的课例研究，不归类、不提升是不行的。所以我就跟老师一起展开了语文的课型研究。也就是说语文课有哪些"型"（模型），有哪些组织形式。这样，我们的老师知道根据不同的教学内容选择不同的教学方法、教学模型（K－YG－22－110512）。

K－YG－22提到的"语文衔接教育研究"、"课型研究"对于指导教师教学有其实践意义。尤其在区分"课的研究"与"课型的研究"时，K－YG－22已经关注到教学经验背后的"规律"。但须看到K－YG－22如何引导教师研究，研究成果做何使用，才能判断K－YG－22的工作重心在何处。在上述描述中，教研员K－YG－22将工作重心放在结构所期待的"任务"——调研与命题，而促进教师专业发展只是提高区域教育质量的附带"任务"。

二、"最高境界"与"最重要任务"的冲突

根据任务重要性排序，K－YG－22认为最重要的是调研。但无论是集体调研、还是个别调研，教研员很少会关注到个体教师的需求。如第四章所述，调研倾向于发现普遍性问题，区域实施的集体调研与"视导"并无差异；由教研员个人实施的调研也常常受到控制导向的质量保障结构的影响。如上，K－YG－22所提的个别调研，一是出于命题监控的需要，一是出于个人研究的需要。在这种情况下，最重要的任务并不指向于教师的自主发展。但是K－YG－22又认为做教研员最高境界，是手上有一支热爱教学的教师队伍。

我觉得教研员的最高境界应该是区域里面有一批老师有专业发展的兴趣，能够成为教学改革的中坚力量。也就是说他（教师）对教学的热爱，不是靠外部的机制去逼他、压他的，而是通过教研员前一阶段的引领、帮助，他自己对这块有热情，他自己想发展（K－YG－22－110512）。

K－YG－22强调教师的自主发展，但是在"引领、帮助"教师自主发

展时，使用的却是强制性的措施，他像所有教研员一样组织着两周一次的教研活动，将外部控制导向的教学评比视作教师专业发展的手段。研究者曾参加了 K－YG－22 组织的一次教研活动，当时的田野日记记载了：

> 教研员 K－YG－22 比较重视教师的签到，未能参加的教师会请其他教师带来请假条。在整个教研活动的进展过程中，他起着一个组织者、主持人、总结点评人的作用。评价的语言基本以肯定为主（K－YG－22－110512）。

"签到"使得教师不得不参加两周一次的教研活动。这与教师就某一个专题或内容主动研讨与学习有所区别，也与 K－YG－22 之前提到的"不是靠外部机制"有所冲突。由此可见，教研员通过制度规约保证教师参加集体教研，但在个人用语上则保持委婉。对于评价中肯定用语的使用，K－YG－22 的解释如下：

> 做教研员要有一个开放的心态。允许有不同的声音，把握好度。如果是牵涉到对文本核心内容的理解，基础知识的诠释，那需要指出他的问题。如果是课堂教学组织方面运用不同的方法、艺术，或者在教学过程当中，仁者见仁、智者见智，他说一些不一样的理解，应该尊重（K－YG－22－110512）。

故在 K－YG－22 眼里，知识及知识的理解是其教研活动中关注的重点。将此与 K－YG－22 所提到的命题联系起来，则发现关注背后的动力所在。当命题成为一种导向，那么所考的内容必须体现在教学之中。在这种情况下，将特定知识传授给学生往往比知识传递的方式方法重要得多。

除两周一次的教研活动之外，K－YG－22 还组织集体备课，并汇编成册。集体备课是教研活动的传统项目。以往多在学校内部，以教研组或备课组为单位而开展。K－YG－22 以区域为单位，调动校际资源的共享，初看之下，不失为工作方式的创新。

> 我这两三年搞了一个集体备课。每个学校承担一个重点单元的备课任务，然后汇编成册，印发到我们每个学校，给老师们做一个参考（K－YG－22－110512）。

若对当时 K 区的教研背景做一考察，则发现"集体备课"是当时 K 区的一个项目。2009 年，初中校际集体备课"范式教案"项目在 K 区启动，近年来，高中也逐渐开展。虽然没有更多的资料反映这一项目与 K – YG – 22 行为之间的关系，但是从中也可以看出这种由学校承担的"备课任务"并非是促进教师自主发展的新方法。

K – YG – 22 提到了教研员的最高境界，也表示了自己对不同教师的关注——"让中学教师感到每个人前面都有可走的路"。但是在具体实践中，K – YG – 22 依旧会使用一些"外部强制"的措施，使教师定期参加日常教研活动。对教师的指导，多与自己的项目研究有关。在这种情况下，调研实为其最重要的任务，即使意识到教师专业发展的重要，但工作中始终秉承的是调研的逻辑。

三、基于学科属性、课程标准的听评课

研究者曾记录了 K – YG – 22 在一次双周教研活动中的评课。K – YG – 22 选择两门课作为区级教研活动的公开课。在准备环节，他并没有做过多的指导。因为这两位老师是重点中学的成熟教师，一位是高中语文教研组组长，一位是有十几年教龄的高中语文教师。此次的教研活动完全由教研组长来接待。课上完之后，K – YG – 22 首先做点评：

这次教研活动我们选了一篇现代文，一篇古文的教学给大家看。总的来说，两位老师都上得不错。我先来说一说 L 老师的教学。"知生莫若师"，也就是说我们老师要按照学校学生的程度来安排教学内容。L 老师这点就做得非常好。他的课是基于 FX 中学学生的实际基础的。另外呢，L 老师对孟子思想的认识也很到位。这节课的容量是非常大的，但是 L 老师不仅教完了，还做到了师生互动充分。整个课的结构简单，线索明晰（K – YG – 22 – 110512）。

在 K – YG – 22 的即时点评中，主要有三点：一是这堂课有没有从学生实际出发；二是教师对知识的解读是否到位，有没有完成教学任务；三是师生之间有无互动。在后来的访谈中，K – YG – 22 谈到了对一堂好课的判

断。主要包括两点：学科属性和"学生为本"的课改理念的体现。

    判断什么样的课是一节好课，应该说既简单又复杂。简单一点说，这个课有没有体现这门学科学习，或者教学的本质属性。比如说，语文学科的本质属性是什么？作为一门学科教学，语文学科应该体现工具性和人文性。如果仅仅强调人文性，把这堂课上成了思想政治课，忽略了这堂课的工具性，肯定不是好课。同样的，如果这堂课仅仅重视它的工具特点，忽略它的思想内涵，像我们今天提到的《告别权力的瞬间》，如果就文本读文本，这篇课文肯定上不好的。我们抓的就是学科的本质属性——中学为什么要开这门学科，这门学科有什么样的功能，存在什么样的使命。第二个，我觉得是，课改所倡导的理念，"以学生发展为本"有没有在老师的课堂教学中得到很好的演绎、实践（K – YG – 22 – 110512）。

    在 K – YG – 22 看来，语文学科的属性在于"工具性"和"人文性"，但是对"工具性"和"人文性"的理解，K 不同于其他的语文教研员。他把人文性看作了"思想政治"、"思想内涵"的体现，把工具性看作对文本的解读。在其他语文教研员眼里，"人文性"更多作为文学作品本身蕴含的审美价值；"工具性"则反映了作品所蕴含的"道"，也包括"政治思想"。暂且不论这两种理解的对错，在实际点评中，K – YG – 22 关注的是课文知识本身的传递是否到位，是否达到了预定的目标。如：

    他预先设置了哪些目标，有没有达成，达成了就是堂好课（K – YG – 22 – 110512）。

    所以"学科属性"在实际评课中不及"预定目标达成"来得重要。当然，也不可否认在预先确定目标时，已综合考虑了学科属性。"以学生发展为本"是二期课改的重要理念。K – YG – 22 在听评课中比较关注这一点。他是这样理解"学生发展为本"的：

    以学生发展为本，也不是说课堂上全是学生占据整个发言的时间和空间。关键是什么呢？第一点，你在备课的时候有没有贴近学生的最近发展区，以此进行教学的设计和组织。第二点，有没有让学生"动"起来。当然不同的课，学生有时候"动"得会多一点，有的课会"动"得少一点，"动"的量可多可少（K‑YG‑22‑110512）。

K‑YG‑22 很难判断出学生的最近发展区在哪里。如他在后面会提到：教师对课堂的研究比教研员深。换言之，教师更为熟悉课堂、学生。正如在上述的听评课活动中，L 教师没有对文言文进行逐句的解释，而是让学生在阅读中体会，先进行翻译。K‑YG‑22 认为这种做法是从重点中学的学生基础出发的。这也只是一个初步，或者"经验式"的判断。

K‑YG‑22 的听评课反映了二期课改对教师教学的要求，对于"好课"的判断并没有太多的个性化的理解。但这并非否认个性化的发生。例如对"工具性"、"人文性"的理解。但是这种理解并不影响其个人的行动，因为最终判断的还是教学目标的达成与课程理念的体现。

四、不被理解的痛苦与研究的快乐

在多年的教研工作中，K‑YG‑22 有感于"有时候教研员工作不被人理解"。这里主要指的是不被教师所理解。其中一项是命题工作。

比如同样的一份试卷，因为是区县统考，你面对的是不同层次的学生。A 学校的老师可能面对的是很好的学生，他觉得这份试卷出得很好。B 学校的老师可能会说这个离他们的实际比较远啊，他会对你横加批评。

另外一项则源于教师对"专业发展的加减法理解不透"。在 K‑YG‑22 看来，教师的发展是建立在"加法"之上，即不断地做事情中。

我是一个比较热爱教学工作，也比较勤奋、敬业的人，也是一个做学问的人，我希望我们老师都能有这样一份专业发展的热情，主动地去提高、发展我们的教学水平和教学实力。但有时候，教师的水平是参差不齐的，人有各种各样的追求。你不能要求所有的老师都像你一样。有时候，你要求他们做得多了，老师不理解，他认为你烦人，你给他增加工作量。这源于老师对专业发展的加减法理解不透。他认为眼前的加法做多了，他想不到的是，以后我专业发展找到捷径，或者我站到专业发展新的起点上，我会感觉到教学驾轻就熟了。我会省掉很多时间。但现在花的时间多，他会认为你烦，有的时候他甚至认为：这是你教研员个人为了搞研究，结果害得我们跟着你受累，增加工作量（K – YG – 22 – 110512）。

在一连串的活动中，K – YG – 22 给予教师的指导是不多的。虽然之前在教师专业发展中，他提到了集体备课，但最终这也是区项目的一个反映。另外，K – YG – 22 没有对教师的工作产生"共情"。一些教研员在访谈中表现了对教师事务性繁多的理解。与此相反，K – YG – 22 认为教师的自我要求不高。关于命题方面的"误解"，看似指向命题的难易程度，实质则是命题背后的竞争压力。按教研员的解释，区教研员命题可以保障"所教"与"所考"的统一。若命题本身的作用仅限于此，教师也不会因为考试结果而焦虑。事实上，命题所产生的问责效应，是教师不得不面对的压力。

当 K – YG – 22 在这两方面遇到"误解"的时候，自己的解释是："这是不足挂齿的，见得多呢就习以为常了。"实际上，这些并非 K – YG – 22 所关注的事情。他工作的充实感和成就感完全来自于个人的研究。他认为："真正地沉浸到教学研究领域的话，才可能感受到教学生活五彩斑斓，教学研究乐趣无穷。"K – YG – 22 回顾了自己的"研究"历程。下面是他"研究"生活的三个阶段：

我做教师的时候，就比较喜欢做研究。我是（20 世纪）80 年代做老师的。我是（恢复）高考之后的第一届高考学生，毕业之后就做老师。那时候我基本上每周都有一两篇文章在全国各地的语文教学报刊上发表。钻进去以后就觉得很有意思。30 岁以前，我就在全国各地的语文教学报刊上写了很多文章。到了第二个教学十年的时候，也就是 90 年代末本世纪初，我实现了自己另外一个心愿。第一个心愿，就是前面说的，要在全国各地语文教育报刊上发表自己的文章。到了本世纪初，我就有一个想法，要让自己有教学专著出来。那么自己向着这个目标去努力。人家说一览众山小，如果当时一开始就想到我要写多少多少书是很难的，这些书不说写，就是抄一遍下来都很难的。几年之后，经过自己努力，一本出来了。第一本出来之后，就有第二本，第三本。本世纪初的时候，我基本上实现了第二个跨越，有自己的教学专著出来。然后从第二个十年往第三个十年发展的时候，我又给自己提出了一个新的目标，能够让自己跳出语文看语文，跳出语文学科看我们所有学科的教师专业发展，然后再从揭示所有教师共同规律的基础上，来反思语文教学，对语文教师成长所需的能力进行解构。在这个过程中，我定期地写写文章，这是第一个；第二个也相应地有教学专著出来，有的还在全国产生了比较好的影响（K－YG－22－110512）。

教研员 K－YG－22 把研究的过程看作是一个发表文章、出版学术著作的过程。在研究的过程中，他与教师的差异慢慢地拉开。在他看来，研究成为 K－YG－22 引领教师的基础，也成为其"发声"的工具。

教研员这个工作有他的优势，有时候也是蛮苦恼的。他不是行政官员。我们中国是一个官本位的社会，因为你不是行政官员，你说的话，只能是一种建议。所以有时候出现这样一种情况，小学的老师对教研员是仰视的，初中的老师对教研员更多的时候是平视，在高中，甚至在一些名气大的学校，如果你教研员的威望不是很高的，如果你的专业不是比他明显的占优势，他甚至可能是俯视的。他认为你作为教研员，至少有你的"短项"，你的"短项"是什么，你对课堂研究得没有我那么深……所以这个时候，教研员第一是通过你的学术研究影响老师，第二是要通过你的人格、魅力去凝聚老师（K－YG－22－110512）。

K－YG－22 意识到课程改革所带来的契机。看到"教研员成为整个教育系统关注的焦点"，意识到"教研员有时间、有机会接触到更先进的一些理念，包括聆听一些专家的报告"，同时"又可以进入课堂，进行有针对性的研究"，当课程改革日益强调教研员的"研究"职能时，K－YG－22 用项目研究、论文发表呼应着教育问责结构的需求。而结构对于 K－YG－22 的付出也给予了及时的回馈。所以 K－YG－22 确信自己会以研究的方式，在教研员这条路上继续走下去。

像我们教研员，在这方面倒是得天独厚，占有优势的。如果你处理得比较好的话，你既可以利用这个岗位，多吸取信息；又可以进入课堂，进行有针对性的研究。比如我刚才说的，自己可以搞一些项目和科研课题的研究。像 H 市的市级课题我就搞了两个。一个就是基于关键教育事件，提升中学语文教师教学智慧的行动研究。还有一个，"现场教研、效能提高"的行动研究。像这些都是需要在具体的实践当中来做。做的过程当中呢，如果你的性格取向是一个热爱研究的人的话，你会感觉到这里面做做教研员还是蛮有意思的。这注定了我要在教研员这条道路上走下去的(K‑YG‑22‑110512)。

由此看来，教研员 K‑YG‑22 眼中的自己是一个"做研究的人"，所以他能够应对命题、教师专业发展中所产生的"误解"。他的研究主要建立在教育教学实践基础之上，而这个恰恰是他所处的职位能够赋予他的。所以他会觉得调研是各类教研工作中最重要的一项事物。在别的教研员将集中调研（视导）视作一种行政工作时，他却觉得这是教研工作的"效率"体现。在一些教研员很少实施个体调研时，K‑YG‑22 将此与项目研究相结合。这样的处理方式，引来教师的不满。但是 K‑YG‑22 将此解读为教师专业发展自我要求不高。他没有将教研工作看作是"做嫁衣"的工作，而是视为一种研究的工作。这种"研究"有其个人的兴趣，如上溯至 20 世纪 80 年代，作为教师的他就开始注重文章的发表。但后期作为教研员的他，更多的是使用位置赋予其的便利，进行研究，获取结构对他的认可。故教研员的身份建构表现出结构关注。

第二节　结构关注为主，个人关注为辅："尴尬的稻草人"

M‑YG‑29 自 1993 年师范大学中文系毕业后，直接进入中学做教师。做教研员则是 2001 年的事情。M‑YG‑29 用"典型"来解释自己进入教研员岗位：一是因其"对教学的一些看法、一些认识"比较成熟，二是出于老教研员退休时的推荐。在当高中语文教研员的十年里，M‑YG‑29 修读了硕士课程，直接参与了二期课改教材的编写，获得了若干荣誉头衔，并成为师范大学教育硕士的兼职导师。

一、进入市教材编写队伍

M‑YG‑29 做教研员时，有两件重要的事情发生，一是 H 市二期课改进入"试行"阶段，迫切需要试验版的教材；一是 M－YG－29 开始进修课程论的在职研究生。这两件事情，都为其今后的发展奠定了基础。在 M－YG－29 看来，当时的课改背景，使得个人的机遇比较多。另外，个人的因素（读研、年轻）也是其入选教材编写队伍的主要原因。

> 大部分教研员是教材成熟了以后，在推广、介绍、使用教材上面花力气。2001 年的时候我因为研究生的背景，加上刚刚进入这个平台，个人机遇比较多，2002 年就直接到 H 市教材编写队伍里面去了，也是 H 市的中心组成员。那时候比较年轻，当时工作节奏非常紧张，如果拖家带口的恐怕没有那么快的效率或者精力去顾及。因为我们不像人教版的人那样是专职的，所以当时的工作量很大，这是要全扑上去。所以那一年的刺激，对个人的成长促动是很大的（M－YG－29－110517）。

除此之外，M－YG－29 还提到了"师学渊源"，这是他入选教材编写组的另一个重要原因。

> 当时之所以进入这个平台，实际上还有一个师学的渊源，我的导师是全国课程标准制定组组长，所以导师把自己的学员吸纳到这个地方，大家比较熟悉，沟通起来也比较方便，也可以少一些繁文缛节（M－YG－29－110517）。

M－YG－29 将参与教材编写的工作看作是教研十年来，最难忘的一件事情。在对这个工作进行评价的时候，他认为这是一项"发展性"或"研究性"的工作。当时他负责的内容是：

> 主要是教材后期的教学指导意见和学习建议，用过去的话来讲就是教材，给老师看的。也包括课本里面的练习设计，单元活动设计。当然也适当地介入到语文学科篇目的遴选（M－YG－29－110517）。

M－YG－29 在教材编写中负责的工作与其以往的教学经验有关。但那时他作为教研员，在编写"教学指导意见"和"学习建议"时，不再局限于原先个人的教学。与市教研员、课标专家等保持着直接的交流。虽然工作量大，但是 M－YG－29 认为由此导致"成长比较快，眼界也比较宽"。

二、教师培养："守正出新"

在 M－YG－29 眼里，编写教材是发展性工作，命题是常规工作，而听评课则是主要的工作。他通过听评课将教师培养与教学指导结合起来，归纳为"人、事"，具体解释如下：

> 他是怎么上课的，他是怎么备课的，这里面有很多环节，他是怎么设计作业的，这个领域已经很宽泛了。整个教研组怎么加强课程建设、学科建设的，这是"事"，那背后的"人"呢？我们开展常务工作肯定是和老师的培养相关的，涉及各个年龄梯队教师的专业发展，专业促进。青年教师怎么培养？5 年内的、10 年内的中青年教师怎么培养？怎么给骨干教师、优秀青年教师创造平台，这个是各个学科，也是各个区县教研员非常重要的一项工作（M－YG－29－110517）。

M－YG－29 做教研员之后，也会亲自上一些课。起初，他把亲自上课视作"下水课"或"示范课"，目的在于上行下效，便于教师模仿。后来在由教育局牵头的合作研究中，他提出转变示范课的原有导向，作为关注"学情"（学生情况）、了解"学情"的工具。

> 我们尝试以分工合作的方式，引导教师更多地呈现自我：先是将观课的聚焦点由教研员的教学行为转向学生的课堂行为；进而有所分工，在教研员上课时，教师分项记录、观测，评价学生的表现，并予以课后整理反馈（d－P－29－20110200）。

除了有意识地改变示范课的目的，M－YG－29 对教研活动中的诸多词语，都保持着高度的敏感。提到优质课的准备时，他纠正了"优质课"这一用语，而是用"研讨课"来替代。理由如下：

为什么不谈优质课呢，因为优质这个概念很难定义。站有站相，说有说法，调控有度，反馈及时，口头表达清晰，板书工整美观，对青年老师来讲，能做到这些是非常优质的。对大部分老师来讲，优质有一个不同的评价标准，评价角度。所以我们就不提这个问题，而提观摩课、研讨课（M－YG－29－110517）。

M－YG－29对特定用语的敏感也是有选择性的。M区为了凸显"研训一体"（教研与培训相结合），将教学研究部改为研训部，教研员统称为"研训员"，但是M－YG－29在叙述自己的工作时，并没有强调两者的差异，而是习惯地将自己视作教研员。但是涉及"示范课"、"优质课"这些二期课改中的敏感用语时，M－YG－29会强调其内涵的转变。这与大学研究者对"表演"（俗语称作"作秀"）导向的公开课的批判有关。

M－YG－29意识到不同阶段教师的"优质"定义不同，所以听评课中不存在"唯一的标准"。另一方面，标准的不确定性还和引导主题的变化有关。例如"生命教育"主题下的课堂教学与"民主精神教育"主题下的课堂教学，在评价标准上也会有所差异。

鉴于制度上存在各种导向的观摩课、教学评比，M－YG－29还是会组织类似活动，但会调试评价的要求，并根据教师所处的不同阶段给予区别性的指导。这种指导通常是"缺什么、补什么"。换言之，如果是青年教师，则补教学技巧；如果是成熟型教师，则补教学思路。

我会根据各个年龄段的特征培养教师，评价的要求和指导的重点都不同。我们评青年教师，会把重心放在教学技巧上。作为教研员，得给他传递一些，或者手把手教他，或者向他介绍一些你讲这个内容要用的方法。那再比如成熟型的老师不见得是优秀的老师，他的成熟往往是对课堂节奏的把握，我们可以感受得到他张弛有度，能够及时地调节学生的注意力，这是非常成熟老练的一个老师，那他欠缺的是什么呢？他恰恰缺的是教的内容和过程。教的内容恐怕有时候相对来说是陈旧的，他自身的知识结构，包括他对这个问题的看法，恐怕有时候是封闭的。因为经验性越强的老师，教学常识、教学技能越强的老师往往思路有可能不是那么的灵活。我的教研指导思想，就四个字"守正出新"（M－YG－29－110517）。

"守正出新"反映了 M－YG－29 在教研活动中奉行一定的规范，但是也会根据实际，因人、因时制宜地指导教师。虽然他在认识上区分了对不同发展阶段教师的指导，但是在实践中，他认为不可能改变全区所有的老师。另外，教研员也不能存有改变所有教师的意识，因为这种意识的达成意味着强制措施的使用，教师在此情况下也不会主动发展。

咱是想把这个职业当作自己的事业来做。对教研员来讲不应该有这样的一种想法：就是我要去改变全区所有老师的行为。因为从客观上来说，你不可能做到，如果你一定要做到的话，可能要应用强势，凌驾于其上。

所以 M－YG－29 采取了"妥协"的方式，尽可能地培育一批好的教师，让好教师发挥"种子"的作用，影响周边的教师。

我们尽可能地去培育一些好的教师。优秀的老师我去顺应他，当他渴望改进自身专业时，自身的要求比较高，我们去创造平台，帮他去总结经验，给他去搭一些成长的基石，把他培育出来。那么以他作为一种"格"，让其他的老师来参照，受他的感化、鼓舞。所以促进成熟的老师变成优秀的，优秀的能够变成优异的，这是我们的很重要的一件事情，但是并不是把这个事情只是当作事情来做，你要在这些事情背后看看培育哪些人，这批人能不能发挥种子的作用。他若能够发挥种子的作用，绝对可以影响他身边的部分人，如果要让所有的人都纳入这样的一个体制呢，那仅仅是形式上的、制度上的。一个有着清晰认识的教研员，他是不会仰仗于强硬管理的条例，某一种评审的机制，他可能是长远地因人成事（M－YG－29－110517）。

M－YG－29 指导的对象通常从成熟教师开始，这部分教师已经具备了一定的教学技能、教学经验、教学常识。其实，现有的制度上也无须 M－YG－29 花费较多的精力培养年青教师的教学技能。师训部门负责对新教师进行入职培训，学校普遍存在的师徒制、教研组、备课组，都有助于锻炼教师的教学技巧。且教学评比制度的产生，使得教研员接触到的教师已经经过学校层面的内部筛选了。所以 M－YG－29 在教师培养上的思路与整个教研制度的工作逻辑是一致的，即教研员培养有限的"种子教师"，再通过"种子教师"影响普通教师。但是 M－YG－29 并未将评审机制作为教师成长的平台，即使是对优秀教师的培养，也是建立在平常的研讨课、示范课之中。

相较于课程建设、学科建设，他更加重视教师的专业发展。因为他相信：因"人"成"事"。所以 M－YG－29"守正出新"的教研思想也表现在：守住优秀教师，培养新的骨干。

三、职业生命何在？

从 M－YG－29 的履历来看，他是体制内的"佼佼者"。除了担任市高中语文学科教材特约撰稿人，还是高中语文学科试验中心组成员；另外，在各类教研员竞赛（教学论文评比、录像课评比、课堂教学评比等）中屡次获奖。2009 年，他被评为市特级教师。但是在访谈中，这些都不是他难忘的经历，也不是他视之重要的事项。

他具有课程论研究生的背景，对调研的理解与运用更多限于"集体层面"。如他认为教研员对新教材的调研很有必要，这种大规模的调研是为课程改革服务的。相比较之下，他认为教研员的个体调研（研究）不是最主要的。他并不把基于课改的判断、分析视作教研员可利用的研究空间，而是将培养的教师看作个人的成果。

教研员个人的空间、个人的声音，我觉得不是最主要的。如果你做到最重的话必然是喧宾夺主了。你最重要的应该是让老师们成熟起来，而不是你自身去发声。你要把国家的课改精神，整个课改当中的一些得失成败进行判断分析。然后用来干嘛呢？不是说你个人去出成果。你要出成果主要是看你能够培养多少老师。这恐怕跟高校里的研究生不一样，高校的研究生研究要公开，要"立研"。他要形成自己的思想。高校相对来说是一种学术的平台，它更加强调自由——这是学术基本的生命力所在。而我们处于具体操作、实施、假设、论证、推行的角色当中，你说合适吧？你要去想出一个新的法子，那么你也得在大的背景下面去想一个新的法子。所以我就说了，要守正出新，不能是剑走偏锋，旁门左道（M－YG－29－110517）。

M－YG－29 对研究的认识不同于其他教研员。在他眼里，研究强调学术背景，自由是其生命力。而教研员处于"操作、实施、假设、论证、推行"的位置中。所以教研员通过个人研究不重要，教研员"发声"是不合适的，新的想法与操作需要在课改这个背景下进行。故他再一次提到了"守正出新"。此时的"守正"更多指向对课改理念的坚守与执行，"出新"则是在课改推行中有理有据地发出自己的声音，且声音的效果更多指向教师的成长。

M－YG－29 也参加教研室、教师进修学院的项目研究，与学校教师开展合作研究。例如 M 区的一些学校与大学研究者展了多年的合作研究。这些学校在二期课改中表现出较大的发展空间。为了使这些学校教研组发挥辐射作用，M 区教育局在 2005 年启动了"教研组建设伙伴合作行动计划"，涉及校际学科教研组的合作，需要教研员的参加。这一合作也被视为教研制度的创新，改变教研员与单个教师的互动，以教研组为活动单位，提高教研的效能。在"伙伴合作"行动计划实施之初，研训部 40 位学科教研员及其区内 12 位兼职教研员与全区中、小、幼 46 所学校的 68 个学科教研组结为伙伴合作关系。M－YG－29 作为高中语文教研员，也参加了这一区级项目。他在回忆自己这五年的合作研究经历时，认为自己受益于这种合作研究。但是围绕这些项目研究，以他个人名字发表的作品并不多见。结合他对"受益"的理解，不难发现 M－YG－29 的工作重心并不在研究上。

有时候很多教研员的职业生命消耗在鸡零狗碎的事情里。比如说：常规的督导，常规的检查工作，常规的命题工作，常规的评审工作，包括论文的评审，优秀老师的评选，等等，这会耗费大量的时间和精力，但这也是我们的工作。在这些工作中，我们教研员起的是一种培育者、辅助者、服务者的角色。在这过程当中他会有他的体会，但这是他的副产品，他自身的产品会淹没在这些繁杂的事务当中。我们一个学期很忙，但是他最终体现就是三套卷子，或者某一个老师在外面获得一个奖。在这个频率非常快、强度非常高的工作节奏当中，教研员自己未必能够在学科建设上形成一些比较有见地的、建设性的看法（M－YG－29－110517）。

M-YG-29 将参与各项集体活动（督导、检查、评审等）所增长的见识或体会视为"副产品"；将学科上的有建设性的见解视作"自身的产品"。在这里，结构与个人关注之间的张力再次出现。他将围绕教师获奖所展开的评比工作视作"鸡零狗碎"的事情。并认为类似于评比的常规督导、检查、命题、评审工作不利于个人开展学科建设工作。换言之，M-YG-29 一方面追求问责链条中的"结果"判断，即个人工作的成就通过教师获奖、学生成绩得以表现；另一方面又对问责实施过程存在质疑，有感于事务性的工作对学科建设工作的干预。

四、最有压力的是考试

M-YG-29 所言的"三套卷子"并非普通意义上命题。作为一名高中语文教研员，他的命题承担着反映高考方向的重要责任。虽然当前教育质量保障系统谋求"教学"与"评价"的一致性，并希望教研员的"评价"能够改进教学。但为了避免利益冲突，教研员作为区域教育质量保障人员，不能参加高风险考试的命题。然而在这之前的几轮模考的命题编制，是区教研员不可回避的责任。这些模考出于对"高风险"考试选拔性、竞争性的回应，导向性已由"以评促教"转向"以考促考"，成为高考之前的"练兵"。

M-YG-29 在比较各项工作后，认为很难说最重要的是什么工作，但压力最大，耗时最多的无疑是命题工作。

考试要耗费很多时间、精力，承受很多的心理压力。考得难，分数差；考得简单，又不适应高考了。另外，模考考得简单了，给学生一种舒缓的感受，如果高考考得比较难，那么我又有压力，因为我方向不对。所以客观来讲考试的作用，围绕着考试开展的一些工作，是很重要的。老师也很看重，学校也很看重，我们自身也很看重，整个社会也很看重。你学校活动搞得再好，社会对你的评价还是看你的考试成绩，所以这个压力最重，我不能说最重要，但压力最大，自己行为上面的付出肯定是侧重于此，不可能逃避的（M-YG-29-110517）。

当 M-YG-29 把命题作为不可逃避、压力最重的工作之后，其领导的中心组的工作基本上也围绕命题而展开。

中心组的工作恐怕很多，我们有个命题的背景，而且比较严峻的考试的背景，升学压力非常大，所以中心组很多的事情都是和准备考试有关，如复习资料的遴选，复习经验的总结啊。中心组有时候工作量非常之大，难以想象，包括一些评分细则的拟定，学生试卷典型错误、典型解题的统计、分析、整理等（M‒YG‒29‒110517）。

除了命题工作，M‒YG‒29 还将教师获奖看作教研员的工作成果。但是教师获奖是一项长时的工作，尤其在当下的评选系统中，需经历重重筛选，长期准备。就"什么对老师帮助最大"这一问题做探讨时，M‒YG‒29 认为是教材分析。

拿我们语文学科来讲，我觉得最基本的，最基础的工作是对教材的分析。目前阶段来说，也是最亟须、最迫切的问题，因为它还确定了一个逻辑起点：讲什么。这并不是唯一，后面还有一个怎么讲的问题（M‒YG‒29‒110517）。

M‒YG‒29 认为教材分析是最基础、也是最需要解决的工作。在教材分析中，教研员会系统地思考学科教学，可能形成有建设性的学科建议。这些恰恰是 M‒YG‒29 在最初做教研员时，通过教材分析获得的成长。但是，课改进行已经十余年。大规模的新教材的调研、分析已经过去。加之社会、教育系统内部对高考的期待，使得 M‒YG‒29 无暇致力于教材分析。只有在日常的教研活动中，涉及对某一篇章的分析时，或教学比赛中，涉及对某一篇教材的使用时，才会将其当作常规的工作完成。

从 M‒YG‒29 的认识、实践中的工作重心来看，都与教学有着密切的联系；从其获奖经历来看，他具备一名优秀教师、教研员的品质。他虽然具有研究生的学位背景，却没有将教研员的工作视作"研究"。作为"青语会"①（全称为"H 市教学研究会青年教师语文教学专业委员会"）的成员，

---

① 定位为专业委员会，是 H 市教学研究会的分支机构，不具备独立的法人资格。活动经费由 H 市教研室提供，该专业委员会的会长由市教研室语文学科教研员兼任。除了探讨语文教学、促进青年教师成长之外，该专业委员会还要贯彻课程改革精神，配合市教研室工作。

M－YG－29 在一次活动中，以一位教师的口吻表明自己的发展方向：

　　我希望，此生能够致力于学，致力于体察与思量，致力于学生人格的感召，致力于见贤思齐的育化与养成；不自欺、不自卑，不沽名钓誉、不好为人师。"学以聚之，问以辩之，宽以居之，仁以行之"（《易经》）。但开风气不为师！这就是我，一个青年语文老师的感受与认识，也是我进德修业的努力方向（d－N－29－20080501）。

　　但是现实情境中，他感受到诸多的张力。M－YG－29 在认识上区分了不同教师的指导方法，但实践中只能培养"种子教师"；M－YG－29 希望能在学科建设上形成系统的想法，却有感于现在的工作节奏与强度加剧了实现该想法的难度；虽然命题占据了 M－YG－29 的大量时间，但他私底下却也认为教材分析才是最基础、最迫切的工作。从这些张力里，不难看出 M－YG－29 对教研员"本职"工作的关注和作为一名教师的定位。但是他最终还是服膺于结构的安排。做着结构认为重要的事情，"守正出新"。然而内心深处，却有着专业权威旁落之感。如在谈及教研员角色时说道："我们开玩笑说教研员角色也很可悲，也很尴尬，我打个比方，教研员也就是一个稻草人的角色，他只可以吓跑一些小麻雀。"进一步讲，M－YG－29 会坚持在教师上课的时候，给予全程指导，否则会变成"真正的稻草人"。

第三节　个人关注为主，结构关注为辅："一个风风火火的闯将"

　　教研员 C－YE－04 自 1986 年大学毕业，直接进入教研岗位，迄今已有25 年的工作经验，经历了 H 市的一期、二期课程改革。先后从事中学综合文科、中学社会、小学语文的教研工作。目前在教研室内部兼任三职，小学语文教研员、初中社会教材的编写者，教研室内部杂志的编辑。

一、从实践教学开始

　　C－YE－04 在师范类高校所学专业为中文。当时选择进教研室，有来自教研室内部的需求，也有个人的价值判断。H 市的第一期课程改革开始于

1988 年，在这之前，已经开始反思课程结构、课程内容问题。并计划在中学开设"综合文科"、"综合理科"。按照教研室的工作逻辑，有了新的学科，就需要配置相应的教研员。所以教研系统出现了职位上的空缺。同时，C - YE - 04 自己也认为：

　　当时这个想法（综合学科设置），我认为很有预见。因为当时要解决一个什么问题呢？就是学生分科学了这些知识，不能融会贯通。这（综合学科设置）对于学生的成长，今后走上社会的工作能力，或者说他作为公民一些能力的提升，说不定有好处（C - YE - 04 - 110519）。

　　故个人的判断、学科背景与职位的需求得以重合。所以 C - YE - 04 成为市教研室的一员。从当时教研室录取教研人员的"约定俗成"的标准而言，C - YE -04 与其他拥有教学经历的教研员不一样，但他的学历水平在同僚中算高的。故 C - YE -04 提到当时教研室录取他的另一个理由："（教研室）要充实一些年轻的力量，要提高整个教研员的学历层次。"后来这种做法一直存在于市、区教研室。90 年代主要以本科学历为参照。进入 21 世纪后，随着教师学历的普遍提高，教研室招聘没有教学经历的人做教研员时，对其学历水平的要求逐渐提高，开始以硕士、博士学位为参照。
　　C - YE -04 进入教研岗位后，并没有直接从事综合文科的研究工作。主要原因是这类课程还未被正式启动、实施。又鉴于其没有亲历教学的经验，所以作为教研员，他是从实践教学开始的。

　　我进来以后，没有直接从事综合文科的研究。当时要加强第一线的实践，就到下面学校里待了两年。从 1986 年到现在，我陆续在学校里面上课，总共加起来有三年半的时间，也就是说有七个学期。在这个过程中间，我主要上两门课程。一门是中学语文，因为我是中文系毕业的。另外一门是选修课，是自己报的。我开的是西方现代哲学简介，这跟我平时的兴趣有关（C - YE - 04 - 110519）。

　　选修课是 H 市一期课改的特色之一，是课程三大版块中的一块，由学校自行开设。C - YE -04 结合自己的兴趣开设了"西方现代哲学简介"。如社会身份建构中所述一样，教研员与教师毕竟不同，工作对象、工作范畴均有差异。C－YE－04 完成教学实践后，回到教研室。据其回忆，当时主要负责三个方面的工作：优秀教师教学经验和案例的汇编、中考质量分析和教研室内部杂志编辑、组稿。除了杂志编辑工作之外，其他两类工作都是教研员的常规工作。尤其是命题分析，关系到整个学科的教学质量。C－YE－04 讲述了他在这两类工作中的创新：

　　原先我们对中考采取质性的分析，到了我手上以后，我就争取把它将质性与量化的分析结合起来。从教学经验总结这一块来说，我们也搞过 H 市各学科的特级教师的经验汇编。第三块，是做一个教案汇编，这是我们的传统。到了 1992 年的时候，我提出来一个想法，从教师的发展这个角度讲，教案集的编选意义不大。我建议改成教学设计，做教学设计的研究（C－YE－04－110519）。

　　C－YE－04 命题的量化分析，主要是借助电脑对命题各部分所占的比重、错误率、正确率等进行统计。而质性分析则是分析命题的结构、重点、难点、教学中可能存在的问题。相较于命题分析，教学设计更为 C－YE－04 所津津乐道。他提出教学设计的初衷是：

　　我们给老师教案，老师最多是知其然，不知其所以然。对于一般人而言，别人的东西很难转化成自己的东西，对于年轻的教师尤其如此（C－YE－04－110519）。

　　认识到教案的不足，C－YE－04 提出了基于目标的教学过程设计。具体思路如下：

　　变成教学设计以后，关注几个方面，第一，你这堂课要干什么。其实就是一个教学目标的问题。教学目标关乎教学内容的确定，这在文科里面尤其突出。第二，这个目标怎么样通过你的教学设计一步一步来达成，我们在每个环节中间都有一个说明。说明这几个方面跟目标是什么关系，这个环节要干什么，在这个过程中间，可能出现什么样的问题，教师可能怎么去处理？在当时，这只是一个很直觉的判断。但现在回过头来看看，这里面还是有很先进性的东西的（C - YE - 04 - 110519）。

C - YE - 04 萌生教学设计的想法是在 1992 年，当时一些杂志已经开始介绍各地的学科教学设计。研究人员对加涅的教学设计思想开始做零星的介绍。但是 C - YE - 04 在当时并没有接收到这方面的信息，并认为教学设计由 H 市最先做起来。后来接触到加涅的理论之后，C - YE - 04 将当时"直觉的判断"转化为文字，书名也附上了"教学目标"、"课程设计"的关键词。然而对于此书的判断，C - YE - 04 并不认为是一个理论化的过程。他反而认为就教研员工作本身而言，"理论化、往形而上走"是一个很大的问题。在接下来的工作中，他始终偏向于实践。并把"笃行"看作教研员工作的重要组成部分。

我觉得我们做教研员，《中庸》里面的五句话是一定要牢记在心的：博学之、审问之、慎思之、明辨之、笃行之。笃行，一方面是你自己去上上课，有一个想法，你去上上看；你为了解决目前的某一个问题，你上上课，去研究研究看。另一个层面，你在课堂里面，必须跟着老师的思维去走，否则，你非常可能站到老师的对立面去，这样的话，你跟老师是没有共同语言的，他不会把他的真实想法告诉你。他不会把他们学校里面、班级里面、学生中间发生的真实的情况告诉你。所以我觉得笃行是非常重要的（C - YE - 04 - 110519）。

二、对课程、教学的反思

C - YE - 04 真正作为综合学科的教研员，是 2000 年的事情。当时 H 市的二期课改已经正式启动两年，课程框架、课程内容均有所调整。社会课程打破了原先分科课程的布局。在 1—5 年级为综合课程——品德与社会；在 6—8 年级分科为历史、地理；9 年级综合为社会，10、11 年级再度分为历史、地理。12 年级综合为社会。其中自 6 年级开始，思想品德作为"社会"课程领域的一部分，一直以分科形式存在至 12 年级。而地理课程又和"科学"课程领域有重叠。这种课程整合的思想，除了关注知识的综合应用，还试图通过整合减少课时，减轻学生负担。

20 世纪 80 年代就对综合课程持肯定态度的 C–YE–04，在二期课改的背景下，则对课改背景下的文科课程做了反思。

它的确是减了课时，学生的学业负担可能是减少了。但这条路，我认为我们还是有很多问题要去反思的。第一个，在中国的语境下面，对人文社会科学不关注。历来说的是"学好数理化，走遍天下都不怕"，历来大部门优秀的学生都是去考理科的。对于文科的兴趣，是逐渐被我们的教学过程消磨殆尽的。你再喜欢看书，这个书被选进来作为语文课文，你就立马没兴趣了。这个书变成历史教材，你就立马没兴趣了。我们都是这样过来的。那么在这个背景下面，我们要再去削弱、削减这样的一些课程，这背后有没有问题呢？第二个，要削减课程，必定和它的内容相关。你不可能说削减课时，跟内容没关系，不可能的。那么内容缺了以后，它还能不能体现原来历史、地理、社会学的价值呢？第三个，它以什么样的方式整合到这个教材里面去（C–YE–04–110519）。

第二、第三个问题也是课改推进之初所遇到的问题。编制符合课改理念的新教材是当时 H 市教研室的重要任务。如第三章所言，在二期课改中，教研室在课标制定、教材编审中都发挥着重要的作用。大学研究者与教研员在课程决策权上，较一期课改发生了重要的改变。就社会课程而言，当时大学研究者拿出来的课程方案与教研室对课程的理解有出入。加之，教研室原先负责这一学段教材的老先生退休，C–YE–04 开始负责社会科的教材。

根据职能分工，教材编写应该是教材组的工作，但在二期课改实施之初，教学研究室的工作人员对教学、教材的熟悉，加之位置赋予其的联络功能，使得教研员在学科教材编写中发挥了重要的作用。C–YE–04 历时四年之久，完成社会教材的编写。在这次编写过程中，他感觉到的教材最大的变化在于：

最好的整合的方案一定是将学生置身于真实的情境。我们把真实情境通过文字处理变成一个案例。所以通过解决案例的方式，让他能够统整所有学科的知识或者相关学科的知识。没有一个案例能用上所有学科知识。但是，当我们置身于一个真实的情境的时候，他一定会涉及各方面学科的知识。在这个过程中，我们又是强调分析问题和解决问题的（C - YE - 04 - 110519）。

按照 C - YE - 04 的理解，他所编写的教材强调了真实情境、案例导向、问题解决。这些与二期课改的理念都是相符的。

C - YE - 04 担任社会科教研员，主要是因为"从教研室这个角度讲，既然有了这门学科，还需要有个教研员"。负责社会课程教材编写，一部分缘于教研室开始在二期课改中扮演主导者的角色，一部分因为原先负责此工作的人员退休。从这两方面而言，结构的需求大于个人的需求。这也反映在很多教研员身上，在受访对象中，有一部分人在回答为何做教研员时，理由为"这是工作的需求"、"他们叫我来应聘"、"前面老教研员退休了"。但是结构对各类人员的选择也是"理性"的，在制度层面，有一些硬性的筛选指标。除此之外，个人的特征也会成为结构特定情境下的选择因素。C - YE - 04 在 2003 年时兼任小学语文教研员，则是一个例子。

到了 2002 年底 2003 年初的时候，H 市的小学语文有了一个新的理念。那个时候社会普遍反对。从家长角度来讲，学生负担太重。要他认识这么多字，每天要默那么多字，而且学生记不住，学了也烦。从老师这方面来讲，这么多课，怎么教呢？我们觉得语文教学这一块的力量也有必要加强。需要人去解决这些纷繁复杂的问题。这个时候呢，我们领导希望我能够介入到这一块。因为我本来就是中文系毕业的。这一块原来有一个教研员，他刚从小学里面抽调上来，是非常优秀的老师，但他没法一下子适应这样的角色转换（C - YE - 04 - 110519）。

在"临危受命"的情况下，C - YE - 04 决定去课堂里看一看。

公开课是看不到东西的，这是我的直觉告诉我的。那么我们要看什么？要去看是什么原因造成老师说这些内容完不成的。当我们将这一堆矛盾集中起来的时候，我们首先要有一个判断：这个理念对不对？它能不能在逻辑层面站住脚，它经得起论证吗？第二个，我这里把论证的过程具体化、狭义化为"实践"的过程。也就是说能够论得出来的东西，是不是一定能够证得出来呢？我们不能只有论，没有证啊。那么我们就要到课堂里面去证，课堂里面我们去看老师是怎么组织教学的（C－YE－04－110519）。

这也就成为 C－YE－04 十年"蹲点"研究的开始。这一研究成为2003年市教研室的课题研究。课题组的成员主要是 C－YE－04 和 C－YE－05（年轻的小学语文教研员）。C－YE－04 对"论"与"证"一致性的强调也反映在他对其他教学言论的判断上。例如：

2000年，全国小语会就提出来要关注语言文字的训练，现在又重提关注语言文字的训练。我就说：别的我不说，请你告诉我这两者之间的区别。没有一篇文章有啊。那么我就问，"谁来为这十年学生的学习买单"。所以关注语言文字训练只是一个空洞的口号，你可以论，也论得通，但是怎么证出来呢？这里面就有一个概念的内涵和外延的廓清，必须要具有的一种思维方式。就是我们任何事情都应该从概念去思考，然后从实践中去辨析这样做对不对？（C－YE－04－110519）

相对于"论"，C－YE－04 更为注重的是对"论"的"证"，也就是他经常提到的"实践"与"笃行"。

中国这个"行"终究变成一个口头禅，使很多人只会论不会证。所以我就说，教育教学质量不是论出来的，是证出来的。所以对于论坛什么的，我是不感冒的。当然需要论坛，但是很可惜我们的论不是"论"，不是越论越明，而是在各自表述（C－YE－04－110519）。

对"笃行"的强调，使得 C－YE－04 对不同的大学研究者有不同的看法。一方面，他认可基于实践开展研究的大学研究者，但对于做纯理论研究的大学研究者，多少有些抵触。

从上述课程、教学的反思中，不难发现 C－YE－04 在关键的事件中总会形成自己的判断。并权衡其在结构中所处的位置。虽然兼职小学语文教研员只是"领导的安排"，但是 C－YE－04 迅速意识到自己本身的学科背景就是中文。面对语文新教材出现的问题，C – YE – 04 并没有从展示课的层面去告诉教师怎么教学，而是开展了多年的实践研究。选择的学校也不是生源好的学校。对于各种流行的教育口号也有着"敢言"的精神。重要的是，他坚持用实践去检验这些问题。

三、教师队伍建设

如第四章而言，教研工作包罗了各种各样的事项。在 C – YE – 04 眼里，这是一项整体性的工作。而教师队伍的建设，则是这一整体中的核心工作。

当你把整体把握住了，那么任何一个工作，他都能为你这个整体来服务。在这个过程中，最核心的，是抓教师队伍的建设，第二个是抓课堂教学的过程，这两个又是一个问题。教师的专业发展就是通过课堂教学来发展。离开了课堂教学，就变成空谈家了（C – YE – 04 – 110519）。

所以基于课堂教学的教师指导，成为 C – YE – 04 的重点工作。这也是他不同于其他市级教研员的地方。根据第四章的分析，区教研员与教师接触更为密切，市级教研员的研究职能更为突出，最为突出的是各个学科课标的研究、制定、修订。C – YE – 04 自 2003 年始，开始了长期的蹲点研究。从上述他注重在实践中检验问题的趋向而言，这种基于实践的、指向问题解决的做法，实为其一贯的作风。

蹲点研究开始时，C – YE – 04 与同事对语文教学进行了问卷调查，确定了问题之后，需进一步通过改进教师的课堂教学，来解决教材与教法之间的落差问题。在这个时候，C – YE – 04 偶尔上课，最重要的还是指导教师上课。在选择哪些老师开课的时候，C – YE – 04 有自己的一套方法。

如果你问 C 老师（C – YE – 04），C 老师第一句话：她结婚了吗？孩子生过了吗？她是跟婆婆住在一起，还是跟自己爹妈住在一起？孩子谁来照顾？为什么呢？这些都是要分心的。……所以有些人听到我们问这个问题，都笑出来，说你们到底选什么？但事实上，这是一个现实问题。你不得不考虑的。你眼光不能只有眼前这一点，还要放远。五年以后会怎样，这要想到的（C‐YE‐05‐110520）。

　　这种不拘一格选教师的方法，首先考虑的是教师个人空间的问题。教师是否具备"上好课"的知识、能力，不是首要考虑的因素。C‐YE‐04意识到教师工作负担重，所以他选择教师的时候，一方面考虑教师参与课题研究的客观因素，一方面看教师的主观意愿。

　　在指导教师的过程中，听评课是一个重要的环节。H市的二期课改受国外思潮影响甚重，表现在课标的制定、评估标准的开发等方面。如前所述，课标虽然已经成为教研员工作的主要依据，但是课标本身具有弹性。每一学科的目标，还要结合学段、学时进行细化。加之不同的课有不同的评价标准。如区级公开课与市级评比课，教研员有不同的要求，导致不同活动中的听评课所依据的标准也不尽相同。例如作为督导中的一部分，教研员主要依据督导制定的总体要求来听评课。而在日常教研活动中，教研员则依据自己对课标、教学的理解。H市教研室意识到当下评价中的"科学"问题，正在探究学科内部的"评价表"。C‐YE‐04则直言听评课用的是"自己的话语系统"。

　　我们现在评价指标都从美国拿过来，不需要这么去考虑。我看课就用自己的话语系统，同样能够解决问题。我始终在判断，你这个课要干什么？你是怎么做的？做下来的效果怎么样？（C‐YE‐04‐110519）

　　在这个"话语系统"里，C‐YE‐04认为美国的标准评价有利于分析课的各个环节，但是也损害了课的整体性。所以他认为有必要将教研员的经验判断与指标评价相结合。

　　我们按指标打分，通常都有这样一种经验，就是打完分以后，看看跟我内心设定是否有差距，然后再回过去加减分。为什么会有这种情况呢？我们固然应该看到分析的价值，但如果分析出来的东西都像庖丁解牛那样，然后还原不了一头牛的话，这种分析不又变成另一种支离破碎了。更何况很大程度上教学是一种经验。既然是经验的东西，有时候很难借助工具去分析的（C‐YE‐04‐110519）。

在 C－YE－04 看来，仅仅依靠评价标准去分析教师的课，是"工具理性"的体现。在语文学科中，他提到了自己看课的四个标准。

毕竟教育是人文学科，它连社会科学都谈不上。所以人文学科的东西，用马克斯·韦伯的话说，要避免工具理性。怎么去纠这个偏，这很难处理的，你必须要想清楚。我看课的标准是：你讲什么，设计到一个教学内容的确定；第二个是你教学目标的确定、表述；第三个是你教学目标的适切性，你这个讲的东西是不是教材让你讲的，这个年龄段学生要学的内容，怎么让他结合起来，是不是这篇课文最适合讲的，第四个是怎么教，怎么教就是看你的教学设计，教学设计里面关注过程与方法(C－YE－04－110519)。

这四个标准有内在的逻辑联系，前三个标准均涉及教学目标的定位，第四个标准则是从教学设计中看教学目标的达成。这一逻辑可简化为：目标—过程—产出。从这方面而言，C－YE－04 在强调教学目标的达成时，隐含着对教学效率的判断。这一教学效率最直观的表现为学生的考试成绩。

我们教研员工作的重心是立足于课堂，最有效率地提高学生的能力。说提高学生的学习成绩有点忌讳，提高学生的能力没有问题啊。但是能力是通过什么来反映？它当然不只是通过成绩，但当前最好的，最客观的方法就是通过成绩。你说这个成绩不能反映学生的所有能力，这个说和没说一样。什么东西能够反映一个人的全部呢？没有东西，那么你就等于虚设一个目标（C－YE－04－110519）。

C－YE－04 尽量规避结构问责所产生的"表现主义"。如分析教学实践中产生的问题时，他不去听公开课，而是每周一次，长达五年地在两个学校跟踪开课、研究；评价课堂教学时，不唯信"标准"，而是融合了自己的经验。虽然 C－YE－04 力图避免听评课中蕴含的"工具理性"，但 C－YE－04 开展的听评课，将教育质量简化为教学效率，教学效率又进一步表现为考试成绩时，还是附带了工具理性。

在实施管理职能的时候，C－YE－04 虽然强调了建立在"目标一致"基础上的"无为而治"，但也肯定了问责工具在其中的作用。例如：

管理是无为而治。什么前提下无为而治，是在我们的目标与老师的目标趋同的时候，否则就是拧巴。怎么样使得教师目标与你一致，有很多途径。第一，你要让他们有一个判断，他看了公开课的导向，能够判断出，学生如果通过这样的学习，在某方面的发展会成怎样的一种趋势。第二，我们跟教师中间还隔了很多东西，隔了学校的管理层，我们没法直接作用到学校的管理层。我们必须要把我们的想法灌输下去，怎么办？这是一对矛盾，怎么去解决呢？公开课是一种导向，教学评比是一种导向，利益驱动也是一种导向（C－YE－04－110519）。

换言之，教研员若能根据教师的日常教学实践诊断问题，制定合适的目标，故这一基于目标的管理有可能帮助教师成长。但是通过教学评比、利益驱动使得教师趋向于教研员所制定的目标，是否是教师真正所需要的目标呢？对管理职能的认识，反映了 C－YE－04 的"无为"是建立在"有为"基础之上的，同时也反映了教学一旦成为一个区域、一个市的教育效率的指标，那么自上而下的问责不可避免。

C－YE－04 在教师队伍建设中，有许多不同于他人的做法。他甚至认识到基于科学指标的评价会导致"工具理性"，但涉及教学管理职能时，其并不能避免问责结构所赋予他的工作逻辑——通过竞争性的评比、利益驱动，使教师达到结构性的需求。

四、研究真问题

C－YE－04 强调"笃行"，他的研究也是以实践中的课堂、教学为主。并希望研究成果能够为实践所用。在研究开展之前，他强调对基本问题的把握。

教研员如果对其所研究的这门课程没有一个基本问题，在基本问题层面没有一个清醒的判断和认识的话，你所有的工作都会变成自己。课程的基本问题是会随着时代的发展而变化的。这个过程你看、你听都论不出来的；如果到课堂里面，如果你足够敏锐，你就能够发现（C - YE - 04 - 110519）。

这种基于实践的研究为很多教研员所强调，但坚持做下来的人并不多。C - YE - 04 对自己的"长期蹲点"颇感自豪。他的这种经历，一方面让他感到自己在"专业"上不逊于大学研究者，一方面也意识到他对教师的指导是建立在教师与他的水平差距之上。

我们也算是一个专家吧，我们去学校交流了以后，他们照例要感谢我们的，我说你们其实是不用感谢我们的，其实是我们要感谢你们的，你们是我们的衣食父母。如果你们都不需要我了，原因只会在两个方面，一个是你们水平都很高了，不需要我们了；一个是我水平太差，不如你们，当然也就不需要我了（C - YE - 04 - 110519）。

较之于来自于大学的"专家"（课程论专家、学科专家），C - YE - 04 认为自己的学科价值意识要强于他们。

现在很多的人都讲感悟，感悟是从哪里来的呢？两个根源。理论根源是在杜威那里。但是杜威讲了一个抽象的感悟，他不会讲到你语文课要感悟什么。这是第一个问题。所以各学科有各学科要感悟的独特的内容。这是学科的价值。在这个层面上，专家们是混淆不清的。第二个，我们很多的语文专家，他是学中文的，他们天然的或者很自然地爱好文学。这会影响他们对语文的认识，语文不是文学课，也不是政治课（C - YE - 04 - 110519）。

C - YE - 04 并不否认理论中的若干假设或"口号"，而是看重如何将这种理念落实到实践中。故他研究的重点是"教学法"。作为市教研员，他在课程理念、课标制定上有所积累，但是指导教师的时候，他则尽少跟教师讲理论。

教研员要研究通过什么渠道达到这种语文教学能力的。我们要抓住学科的基本问题，牵一发而动全身的问题，从教师最能够接受的方式入手，也就是教学法落手，逐步向我们的课程目标逼近。这是我的经验，不要跟教师讲空，理念听一遍就够了（C－YE－04－110519）。

但他并非没有意识到自己研究中存在的"不足"。从认识上而言，C－YE－04非常重视经验的"类化"。他坦言，同时兼任语文、社会科的教研员，之所以精力足够分配，有一部分原因在于两者之间有相通的地方。他的"类化"只是散落在实践过程中，没有形成系统的理论。这在他看来是教研员工作的局限。

教研员的职责应该是解决各个具体的问题，如这堂课怎么上啊，碰到这个问题应该怎么去解决啊？在这个过程中，如果我们接触了很多个具体，没有一个类化的过程，我们是达不到认识的飞跃的。所以学习心理学上面有一个"类化"，这个是非常好的，它非常准确地表达出我们要变成一种策略的时候，必须要有一个类化。而从具体到类化的过程，就是一个具体到抽象的过程，也就是一个理论化的过程（C－YE－04－110519）。

C－YE－04认识到"类化"的重要，教研室的领导也希望他能够将蹲点研究的过程整理出来。最终他只是和同事写了一篇五千余字的课题汇报，发表在教研室的内部杂志上。他的理由是："做研究不就图个开心嘛！"

他（教研室副主任）以及我们教研室的很多领导一直督促我，觉得我们十年做下来很不容易。作为一种实证的研究方式，希望我们能够整理出来。但是怎么去整理呢？我们做过之后，再回头看看，发现东西都没有保留下来。我觉得只要我开心就可以了嘛。做人、做研究不就图个开心嘛！（C－YE－04－110519）

从课题、项目的运作来看，市教研员获得课题、项目资源的机会要多一些。其中夹带着经济利益的收获。在这种情况下，C－YE－04一方面坚持将研究当成学问来做，一方面也觉得研究是可以兼顾个人兴趣与项目要求的。

我们做研究，要有一点学术价值，要当作学问来研究的，不是当成项目来研究的。当然，离开了项目，很多人收入也少了一块，这也是现实问题。但是现实问题，能不能跟我们职业操守或者自律性结合得更好一点呢，我觉得还是可以的（C - YE - 04 - 110519）。

存在这样的看法，与 C - YE - 04 本身的工作经历有关系。从入职教研员，到二期课改下兼职语文、社会科的教研员的经历来看，C - YE - 04 始终在工作中坚持自己的实践观。他并非不了解教研工作的传统，但是他能够突破传统、注重从实践中解决问题。例如 20 世纪 90 年代，汇编教案是教研员的一项常规工作，但是 C - YE - 04 意识到"教学设计"在操作性上能给教师更多"如何做"的建议，故有所"创新"。当小学语文教材推进时出现问题，他对教师教学进行调研，长期在学校中听课、观察。这一研究最终成为市级课题。可见 C - YE - 04 的个人兴趣与结构需求得以很好地结合。虽然在不同阶段，他有所"创新"，但是都没有以文字的形式积累下来。他自己也不高兴去做这些事情。他说：

我对自己的评价是：我是一个风风火火的闯将，就跟蒋子龙一样，任何题材都是冲在前面的，喜欢一个个地攻山头，但是在守城上就没有什么兴趣了（C - YE - 04 - 110519）。

C - YE - 04 在工作中表现出较强的个人关注，但他的个人关注并没有与结构产生太强的冲突，虽然结构在一定时期内需要汇编优秀教案、贯彻教育理念的教研员，但是也不排斥运用教学设计提高教师教学、通过蹲点研究诊断教学问题的教研员。所以 C - YE - 04 能够做自己所关注的事情。即使这些事情，在自上而下的问责结构下，成果还不够凸显，但是他已经从中获得了内心的满足。所以他对于教研员这一职业的认可度也相对较高。

第四节 个人关注：职场"菜鸟"

K－YC－21 在做教研员之前，是一名初中语文教师，做过学校教研组组长。在区语文中心组一待就是五六年，在教学评比中多次获奖，于2006年进入区教师进修学院，担任教研员。虽然已有五年的工作经验，但 K－YC－21 觉得自己还是教研队伍中的"新人"，是"一只菜鸟"。

一、从专业角度来选择

由于在区中心组待了多年，所以 K－YC－21 和区语文学科的教研员比较熟悉，但是没有结成正式的师徒关系。2006年是她事业的转折期。那年，摆在她面前的是两类岗位的选择：一是当时教师进修学院教研部门需要在初中语文学段再设一名教研员，一是区教育局某职能部门提供的行政岗位。K－YC－21 选择了前者，她的理由是：

> 首先我比较喜欢这个专业。其次我觉得作为一个女性，从专业角度来讲，比较亲近。可能也惧怕管理的实践观，这是个人性格（K－YC－21－111107）。

K－YC－21 认为，个人主动选择只是做教研员的一部分原因，她能够担任教研员也有一些"被动的因素"。她所指的被动因素就是教师进修学院对她的观察，从而确定她是否具有成为教研员的资格。观察包括：教学获奖情况、日常教学能力、组织能力、学生获奖能力、参与教研活动的积极性。具备了上述条件后，K－YC－21 并没有立刻进入区教研室。用她的话说："遇到了一点点阻碍"。由于人事权在教育局手里，学校也不想放人。为此协商了半年多，才得以进入教研室。

虽然 K－YC－21 具有多年的教学实践和在中心组工作的经验，但这些工作还是和教研员的工作有差异。在教研室里没有指派师父的情况下，她自己认了一个师父，开始熟悉工作。

> 我应该向他学习很多东西，因为身份不一样了，还有工作的性质、层

面、内容都不一样了（K - YC - 21 - 111107）。

K - YC - 21 入职后的博客也记录了她那段时间的学习。在和其他语文教研员一起活动的时候，K - YC - 21 详细地记录了他人对课的点评；在参与市教研室的会议时，K - YC - 21 记录了每位领导人的发言。除此之外，K - YC - 21 也认识到教研员所需承担的职责：上传下达。

需要做的改变很多很多。同时这个身份有职业的要求，就是上传下达。我们要接受市教研室的领导。市教研室每个学期对我们基层的教研工作有一个计划、一个要求、一个指导。这些我要很认真地贯彻到我们区的日常教研活动当中。同时我们还要贯彻我们区里，自己学院教研室的政策、要求和计划。这是教研员这个职务所决定的。我个人认为，还要向其他区的兄弟院校的同行学习。因我毕竟来得比较晚。他们肯定有很多想法或做法非常成熟了，甚至有的已经很优秀了，我要加强向他们学习，这是一个横向比较。

个人学习的动力，很大一部分在于她希望自己的教研活动水平能高于教师的日常备课。所以 K - YC - 21 在职初将自己的工作重心放在教研活动这一块。

对我们基层的老师来说，我的教研活动必须要高于日常的备课。我不高于日常的备课，我就没有指导的意义。那我发声音，就没有意义了。所以我的教研要高于基层教师的教研。这是一个目标，也是一个必需的要求。所以我的大部分精力集中在教研这块儿。

K - YC - 21 所指的教研活动主要围绕日常教学而展开，包括备课、教材解读、试讲、命题等。她研究命题并非单纯地提高学生的成绩。在对我国台湾地区的国文考试的研究中，她的一个前提假设是：台湾的国文教学扎实而深厚。所以 K - YC - 21 的命题研究中，也蕴含着改进教学的假设。

我们要了解，我们国家和世界上最前沿的语文的教研活动之间的差别，语文的教研到了一个什么样的阶段。我经常地和台湾进行一些比较，觉得台湾的国文教学抓得非常扎实，非常深厚，所以我每年认真地去做他们的国文高考试卷（K - YC - 21 - 111107）。

K - YC - 21 虽然具有中学从教、管理的经验，但是入职教研员之后，还是感受到职业转变所带来的压力。这种压力不是二期课改给予的，而是作为一名教研员，她对自己的定位所导致的。在这个时期，她把"高于教师"作为自己"发声"的基础。

二、"不听课不能指导"

K - YE - 21 认为只有对教师产生"指导"作用的"发声"才是有意义的。那么如何指导呢？她认为要建立在听课的基础之上。据 K - YC - 21 统计，当下 K 区的初中语文教师大概有 260 个。工作五年，她和另一位教研员基本听遍了每一位教师的课，少至 3 到 4 节，初三毕业班则更多。

我们初中是两个语文教研员。X 老师比我早来一年。我们两个能做到，至少听过每个老师三到四节课，这是往少说。像毕业班的老师，相对来说，我们听得更多一些，因为要时刻了解他的教学内容和我们学科要求的关联度。他教学效果达成怎么样？其实我们俩的工作，最重要的两块：一块是教研，一块是听课。因为听课才能指导，不听课不能指导（K - YC - 21 - 111107）。

之所以初三听课频率更多，是因为初三面临着考试的压力。在这方面，教研员更需督促教师对学科教学内容的把握。从问责系统而言，学生的成绩不仅代表了班级教师的教学水平，从整个区域层面而言，也代表了教研员对教学的引领水平。所以 K - YC - 21 作为初中语文教研员，承受着考试学科所特有的压力。

听课之后，必然涉及评课。K - YC - 21 的评课话语相对简单，主要有两点：

第一，看目标。即教学目标是否明确、集中；第二，这个教学目标是否适合学生（K–YC–21–111107）。

在判断目标是否"明确、集中"时，K–YC–21强调了两个参照维度：课程标准和教学内容。而"目标是否适合学生"的判断依据主要是"学生的思维活动"。

我们新时期的"课标"有三维目标。有的老师备课的时候顾忌很多。把教学目标拆拆拆，他觉得应该写情感与价值，应该写方法，应该写知识。他想得非常多，却没有想它（"课标"）是一个综合体的三个维度，而不是三个层面。所以我们单独作过讲座。讲课的标准之一是教学目标的集中，既对"课标"，又对内容。然后看教师是否能够统领这篇文章。这方面看目标实行和效果。效果主要是看学生的思维活动。语文课不像数学课，马上就可以演算、演练，看看掌握了、运用了没有。那我们肯定要在这个阶段里面看学生的思维活动。主要还是看回答问题。就是他了解了多少，他理解了多少，他能运用到什么程度（K–YC–21–111107）。

K–YC–21在听评课的时候，并不特地关注教师的"教态、语言规范、教案完整、板书设计"。她认为这个已经在师训部的新教师的入职培训中完成了。她认为，教师的教学方法、教学技巧会通过教学的效果（学生的思维）间接体现出来。

我们通过检测目标和学生的思维，就知道他的备课到不到位，有没有对教材解读得很好，有没有对学生研究得很准。他方法好不好，看效果就知道了。如果学生这个思维活动很多，那就说明他的教学方法、教学技巧还是掌握了（K–YC–21–111107）。

如果按照前文所述的教研员的工作节奏，K–YC–21很难达成平均一年听课156节计[①]。对此，K–YC–21的解释是：

---

① 如果按260位教师计算，每位教师至少听过三节课，那么五年之内共听课780节。换言之，每年听课至少达156节。但是，当下教研员的工作节奏是每两周1次教研活动，除去寒暑假，按36周算，活动次数为18次，每次活动开课2节，那么一学年也就是36堂课。

　　我们单双周每周四都有教研活动，这是 H 市规定的。我们的教研活动有两种方式，一种是通过公开课介绍、解说、点评、分析开展活动，另一种是我们俩自己对教材的解析，帮他确定单元目标，帮他确定每堂课的教学目标，甚至提供一些教学方法的建议，供他们选择（K‑YC‑21‑111107）。

　　也就是说，K‑YC‑21 每周都安排了教研活动。一类用于完成例行的工作，例如公开课的准备与开展；另一类则是"额外的教研活动"，即 K‑YC‑21 和另一位教研员进行的教材解析和教学指导。

　　除了在听评课中对教材进行解读，K‑YC‑21 还通过讲座的形式进行教材解读、命题质量分析。讲座内容的变更与学校教学节奏相呼应。2011年 11 月访谈 K‑YC‑21 的时候，恰巧期中考试刚过，她正计划做一个命题质量分析的报告。

　　在做这个 PPT 的时候，我要告诉老师我出这道题的目的：考测目标，然后是解答方法。出现的错误，我都要告诉他。我要引起老师重视的是，出现错误了一定是我们教学忽略了什么，没有重视到，或者没有认识到。所以这是我做试卷分析最想达到的一个目的（K‑YC‑21‑111107）。

　　质量分析通常在考试结束之后进行。K‑YC‑21 希望通过命题的质量分析帮助教师诊断教学中的问题。在这个过程之中，她也存有认识上的局限，即将考试中出现的错误视为教师教学的原因。除了透过试卷分析重温教材的重点、难点，纠正教学中的失误，K‑YC‑21 注重在平时的工作中训练教师对教材的把握。

　　平时的话，我们就做教材解读的 PPT。我确定好教学目标，如何分解，教学目标为什么这样确定，我都要做一个解说（K‑YC‑21‑111107）。

　　除了听评课、讲座，K‑YC‑21 还上一些示范课。她的目标很明确，就是通过她的教学给教师传递一些"怎么做"的方式。

我上示范课比较多。尤其像毕业班我们上的更多，怎么进行总复习啊，怎么进行某种文体的复习啊，怎么进行某种问题的解析。这属于指向比较单一的指导（K - YC - 21 - 111107）。

除了大范围的听课之外，K - YC - 21 自己也带了一些徒弟。区内学校想培养中青年教师时，校长、教导主任出于多方面的考虑，会聘请教研员带教这些教师。K - YC - 21 收到学校邀请，也带了几个青年教师。她会给这些教师制定发展目标，提供开公开课的机会，每学期听一至两节课，提供一些建议。

当 K - YC - 21 将自己的工作重心放在以听评课为主的日常教研时，她又是如何应对其他各种事项的呢？

三、不找校长，不听推门课，不申请课题研究

教研员的工作对象是学校教师。学校教研组与教研员有业务上的对接，所以教研员的工作有时候会以学校教研组为依托而开展。教研员与学校校长不存在任何行政隶属关系，也不存在职能交叉。但是现实中，不同的教研员形成与校长不同的互动模式。例如一些学科教研员会与校长沟通，让校长多关注该学科在学校中的发展；一些校长也会主动邀请教研员，帮助学校培养优秀教师或骨干教师。换言之，在问责背景下，教研员与校长的关系可能更为密切。

但是 K - YC - 21 坦言自己"有一个习惯"：到学校直接进教研组，直接找老师。她并不希望通过领导来对教师施加压力。

可能是我个人的习惯，我下基层，喜欢直接到教研组，不太喜欢去找领导。因为我觉得是我和老师之间的问题，不是我和领导的问题。有的直接找领导，是希望领导过来重视这件事。但是我考虑老师是成人了，他重视不重视，他对这个职业的认同度，其实在他内心世界有个衡量的标准放在那儿了。他不重视，领导来了，他可能做个表面文章给你看（K - YC - 21 - 111107）。

另外，在 K 区实施的各项视导中，具体到初中语文学科的视导时，K－YC－21 从未参与"飞行调研"。对此，她的解释是：

> 我不做这种事情。我是这样处理的：像年轻老师，我要告知你，我要听你一节课，你认为你最擅长什么课，那么你自己选好、备好，我来听课。我来听课，并不是说我一定要来抓你什么短处。你已经是认真备过课的，那我来，可能发现你的短板，发现你的问题更容易、更直接、更集中、更有针对性。所以我不做这种推门就听课的事情。我们对年轻老师的要求是：我再来听你课的时候，可能检测，对于前一个同类型的课，你再开一节。也可能让你再开另外一种问题的课。这时候就不可以选择，你一直擅长上小说，那我来听课，你就上小说，这样不可以。对于中年老师，更是这样。我觉得，彼此可能也有一个尊重。并非说飞行调研不好，我觉得你已经做了充分准备了，那反映出来的问题应该很明显（K－YC－21－111107）。

K－YC－21 并不认为经过教师准备的课有何不妥，反而认为在精心准备的课中浮现出来的问题可能更直接、更集中。除了出于尊重老师的需求，K－YE－21 认为飞行调研如果要做的话，也应该由学校来实施。因为，猝不及防地对教师进行听评课，可能看到真实的一面，也可能看到教师非常态下的一面。所以 C－YE－21 认为如果听评课要达到改进教师教学的目的，应由熟悉教师的校长、教导来做，并可能反复验证、督促教师改进。

> 从咱们的内心世界来讲，飞行调研应该由学校来完成。我认为校长、教导处啊，他们应该每个学期听飞行调研课，就是听推门课。这是他们的职责，也是他们的权利。以前在基层的时候，我给过校长这样的建议，就是你今天来推门听我的课，我准备得不好，我可以解释。校长也要允许老师解释，比如说昨天我家里有事了，我这节课备得不好。那么我第二次再来听，我还允许你解释，比如说我昨天身体不好，所以我今天这课上得不好。那么第三次，不准许你有任何理由，那我就检测你备课到底怎么样了。所以我觉得这个事情应该由校长和教导处来做。不应该由我们来做。这是我个人的理解（K－YC－21－111107）。

作为教研员，K－YC－21 必须参与或配合教育局、教师进修学院的一些课题研究。她也坦言，有时候会召集一些教师来一起完成这个"任务"。

除此之外，K－YC－21 并没有以个人名义申请课题。她认为自己作为职场"菜鸟"，最为重要的是获得教师的认可。所以她一以贯之地坚持着她入职以来的工作重心。但是她也不否认，课题研究可能会是其后期的工作。

> 我个人没有什么课题，因为我还是属于年轻的教研员。所以我的工作重心是要令我自己的教研活动在老师里面有声誉，老师能接受我的教研能力。所以我不做课题的研究，这可能就是我后期的工作（K－YC－21－111107）。

K－YC－21 的工作日程中，略去了与学校领导打交道的时间，不主张、也不实施学科内部的飞行调研，不做课题。将双周一次的教研活动改为单周、双周并进。一周用来完成自上而下的任务，一周用于学科教材的解读。如此分配时间与精力，与她最初的专业选择，入职后的自我定位是一致的。

四、"合格就是老师对你的认可"

K－YC－21 并非没有意识到教研员在教育质量保障中所应承担的问责职责。例如在入职之初，她就意识到作为教研员与教师的区别不仅仅在于工作对象的差异，还在于"身份"的改变，这一"身份"意味着行使上传下达的职能。但工作之初，她并没有觉得这是构成她作为教研员身份的重要一部分。她觉得自己工作的意义在于能够对教师产生指导。如何检验指导的成效，她提到了学生的成绩。当教师将这些信息反馈给她时，她将其视为教师对她的肯定，认为教师接受了她的教研建议。

> 教研活动，他们接受得比较好。因为去年和今年，我带的毕业班，中考成绩特别好。所以能够感觉到。包括有时候他们会反馈给我，他们能接受我教研里面对他们的建议（K－YC－21－111107）。

命题本身也是一种问责工具。K‐YC‐21也曾提到一些老教师对教材的理解难以改变时，会通过考试促使教师去改。但是判断K‐YC‐21到底是将命题作为一种信息控制工具，以此督促教师更改教学，还是将命题视作教研活动中的检测一环？还要看她如何与教师交流。在K‐YC‐21的回忆中，这些年与教师交流得比较多的还是教材、教法、作业设计等。因为这些交流，她觉得能为教师带来帮助，获得教师的认可。这也是她自己所认可的"合格的教研员"。

我想能把教研员做得合格吧，不是优秀。这个合格就是老师对你建议的认可。他觉得是有道理，或者有用的。我的精力多半投入在这儿。所以老师跟我探讨交流呢，也是交流对于教材的理解，对于教法的使用，对于作业的设计（K‐YC‐21‐111107）。

如上所述，K‐YC‐21可以不找领导、不听推门课，不申请个人课题，但是当其处于这个职位的时候，遇到一些集体活动，例如教育局委托的集体视导，教研室的研究项目时，她也不得不参加。对此，她的态度非常鲜明：

现在这种课题啊、项目啊，局里的各种任务，我个人认为跟我的教研相关度不够。也可能是我的方法不当，把它兼顾得不够好，所以我认为分散了我教学研究的精力、备课的精力，甚至有的时候我正常开展教研活动的时间被剥夺了。我调试的策略是，我还是会偏向于我的教研活动，然后那个工作呢，我就做得不是很好，有应付的成分在里面，因为有的工作你是不可以说不的（K‐YC‐21‐111107）。

从表面上看，这是一种妥协。但是从其对两类工作（与教研相关度不高的课题、项目，以听评课为中心的教研工作）的处理方式可见她一直坚持着做一名对教师有指导价值的教研员。在时间的优先排列上，她表面上妥协于问责结构的安排，但是在精力投入上，她却只承诺于教研工作。

我是这样想的：我今天要参加教研活动，我说出来的这些建议，我个

人的分析，我个人的评价，如果不能让老师非常满意地接受，我认为我这
个教研员的身份是不合适的。老师会认为我敷衍了事，浅尝辄止，会认为
我不合格。但是另外那些事情，我可能应付应付。你对我的评价，我认为
不重要。反正二者是在一起，我还侧重于我的教研活动（K－YC－21－
111107）。

　　K－YC－21 从教师转变为教研员，个人的主观意愿起到了很强的作用。
她没有任何的兼职，从做教研员开始，将自己的教研定位为高于日常教师
的教学水平。所以这些年，她工作的重心都围绕备课、教材解读、命题、
听评课这些活动而展开。其他"不可以说不的工作"，只是去"做完"，而
非"做好"。从教师的反馈、学生的成绩中，她感受到自己作为一名合格教
研员的意义。这也说明了即使存在问责逻辑导向下的社会身份的建构，但
是个人依然存有承诺于自己所关注事项的空间。但这种空间的获得，必须
付出相应的代价。

　　根据形态衍生理论，结构与能动者之间的互相作用，必须以能动者感
受到结构的促进或制约为前提。能动者如何感受，必须经由一定的媒介。
这个媒介就是能动者有目的的实践（Archer，2002）。上述四名教研员正是
通过自身的实践，不断调试教育问责结构的需求和个人对职业的追求。在
调试过程中，四种社会身份建构的过程也愈加清晰：

　　结构关注的社会身份的建构以教研员 K－YG－22 为个案。K－YG－22
将自己视作"做研究的人"，这与教研员群体的角色认知，政策对教研员的
期待都是一致的。课改背景之下，"课题研究"、"项目研究"日益增多，这
类由行政推动的研究很少论证研究对教师的帮助。K－YG－22 在 20 世纪 80
年代，就将研究成果等同于文章、书籍的出版。所以 H 市当下的结构实际
上为 K－YG－22 提供了实现自己"研究"理想的条件。换言之，当下政策
导向的"研究"对于 K－YG－22 而言，是结构中的促进性条件。K－YG－
22 运用其所处的位置，进行"理论与实践"之间的研究，并将成果的发表
视为对自己教研工作的一种肯定，及其持续的动力。相较而言，他也能够
坦然对待来自教师层面的"误会"。

　　结构关注为主，个人关注为辅的社会身份建构以教研员 M－YG－29 为
个案。M－YG－29 的"尴尬"除了反映结构与个人关注之间的冲突外，也

反映了结构内部所存在的张力。教研室的辅助、协调职能很大程度上源于教研员的工作特点。由于教研员对教学业务的熟悉，使得其在教材编写、命题、教学视导等方面发挥辅助、协调的作用。但也正是这些工作，冲淡了教研员原先最为熟悉的那块工作：教学指导，学科建设。当一些教研员还将这个视作"本职"工作时，就会感受到来自结构的制约。面对这一制约，很多教研员有着无从选择之感。只有随着结构的"车轮"亦步亦趋，将其纳入到日常工作，在实践中一一履行。教育问责结构中的"重点工作"也就成了个人的工作重点。例如 M－YG－29 花费时间最多的是压力最大的工作——命题。但他并不认为是最重要的。在认识层面，重要的工作是围绕教学而展开的教材分析，这是他做教研员时最先接触的工作，也是最难忘、获得成长最快的一项工作。但是如今的工作节奏，令其很少有时间做这一事情。他意识到当下的问责结构中，教研员无法对教师做到全员、深刻的指导，所以在与教师关系的解读中，也出现了"稻草人"的比喻。

　　个人关注为主，结构关注为辅的社会身份的建构，以教研员 C－YE－04 为个案。C－YE－04 在教研室内部身兼三职。分别负责两个学科。他认为可以兼顾的原因有两个：一是学科之间有相通的地方；二是在语文学科，他其实只是"半个人"，不用处理事务性的工作。可以说，C－YE－04 自从进入市教研员岗位以来，就比较关注"业务"方面的创新。他知道教育问责结构中的工作逻辑，看到了评比中所携带的"利益驱动"，认识到基于标准的听评课所产生的"工具理性"。但是他还是能够在此结构中，坚持自己的业务观。通过实践去诊断、解决问题，运用自己的话语系统进行听评课。他对教师的选择看似完全个人主义作风，但却是综合考虑了各种可持续性因素。当其他市教研员离学校越来越远的时候，他能坚持在学校蹲点 10 年。教研室希望他能发表成果，他却疏于总结。他觉得做研究开心就可以。所以，他将自己比作一名"闯将"，冲在教育改革的前头。但是他并不是"盲目"的冲，而是在现有的结构之下，寻求两者的契合点。例如问责导向的评比之中，他意识到其中的利益驱动，但他也意识到也可以通过实践，在了解教师的基础上，使教师的目标与他的目标一致，达到"无为而治"。

　　个人关注的社会身份的建构以教研员 K－YC－21 为个案。K－YC－21 是在具有多种可选条件之下，主动选择教研员职业。她虽然入职五年多，但是她在叙述自己为什么不申请课题研究时，认为自己是教研员中的"菜鸟"。她并非没有认识到教研员职能中的"上传下达"，她也去履行这些职能。但是她注重的是自己的教研指导工作，教师对自己的认可。所以她要比别的教研员花更多的时间在听评课、组织教研活动之上。故在她那里，双周一次的例行教研活动变成了每周一次的活动。与此相对应的是，在自己有限的视导权的使用中，她不组织学科内部的飞行调研；很少与校长接触，不申请课题研究。所以与上述三位教研员相比，她所获得的荣誉也非常少。但是她能从教师的反馈，学生成绩的提高，获得对这份职业的满足。

在这四种类型的身份建构过程中，不难发现个人特征、结构因素均在其中发挥着重要作用。但是个人特征很难将其理想化的分解成若干部分：例如学历背景、从业经历、性别等，进而判断其在不同身份建构中发挥的作用。以 M－YG－29 为例，他具有研究生学位，与高校研究人员、市教研室人员均有联系，但是他并没有利用这个背景在"研究"职能上有所发展。换言之，个人所持的特征并不会天然地与结构相互作用。或者说，个人在未确定其所关注的事项之前，其所具有的个人特征只是处于休眠状态。当通过关注、有目的的实践，个人的特征才得以激活。以此观之，K－YG－22关注的是政策导向下的"研究"，所以其早期做教师时，对发表文章的热爱对其后期教研员的身份建构起了重要的推动作用。M－YG－29 所持的教研指导思想是"守正出新"，所以在问责趋势愈加明显的高中学段，他的首要工作是命题。但是其职初阶段通过教材编写获得的巨大成长也令其认识到教材解读才是当下最基础的工作。C－YE－04 入职之初，没有从教的经历。但是其对课程、教学的反思，对教研员工作的认识，都反映了他实践取向的解决问题的方式。所以在后来的"蹲点"研究中，他这些特质也被激活、实现。K－YC－21 关注的是教研工作的"专业性"，这种"专业性"又表现为高于教师教学的指导。她之前的教师工作不足以支撑她现在的工作，所以她需要通过不断的学习，来实现自我的关注。

正是因为这种"个人特征"是极具个性化的，且这种个人特征所遭遇的社会情境的不同，会直接影响个人对下一步行动的阐释。所以不能概化。例如 M－YG－29 与 K－YC－21 都是从中学语文教师转变为区语文教研员，但是 M－YG－29 进入教研员岗位时，恰好是二期课程改革的启动时期，面临着建设新教材的任务。因各种机遇，M－YG－29 在担任教研员之初，一边进修课程研究生，一边参与教材编写工作。这也成为 M－YG－29 认为做教研员成长最快的关键事件。但是 K–YC–21 进入教研员岗位时，二期课改已经全面铺开。大规模的区教研员培训也完成。K–YC–21 自己拜师，自己探索，并将自己的工作重心确定为日常教研。故每位教研员在进入教研岗位时，都有可能面临不同的情境，及其情境所产生的契机。这是第一个层面。第二个层面在于即使面对类似的"契机"，教研员个体还是会做出不同的选择。如同样作为区高中语文教研员的 K–YG–22 和 M–YG–29，同处于"课题研究"、"项目研究"日趋增多的今天，对于"研究"的态度却不尽相同。前者以"研究"为本职，并享受了由研究带来的声誉和利益（这一声誉由结构所赋予）。后者意识到教研员的"研究"与基于学术自由的"研究"有所差异，所以即使具有研究生的背景，他还是把精力投入在命题中。所以社会身份的建构必然涉及个人特质。本章只是选取四种身份的典型，通过具体的实践来分析个人身份如何影响社会身份的建构。但是个人身份仿佛一个源源不断的"蓄水池"，每一个新的社会身份的形成都会成为个人身份的一个组成，反之再作用于新的社会身份的建构。

故身份建构表现为个人在特定情境下，对不同事项做出选择，并持之以恒地对其选择进行实践，主体在实践的过程中对这一"选择"进行理智地权衡，并通过情感的调试获得平衡，形成较为稳定的行动或认知方式。其实"内心对话"的过程存在于身份建构的每一个环节中。从关注、权衡、选择、判断到实践，"现在的我"与"未来的我"都在不断地协商。本章呈现了四类身份的建构，那么这四类身份与结构的关系如何？能动作用如何？能在多大程度上促进教师发展？这将在第六章得以揭示。

第六章

承诺是否可能

　　从身份建构的结果来看，第五章中的四位教研员都能满足于自己所关注的事情。但是从过程而言，其中或多或少地都存在着各种张力。有的张力通过个人情感的补偿、理智的调试而得以掩盖，有的通过时间的补偿，利益的获得而得以抵消。诚然，若将身份建构视作个体层面对社会行为赋予意义的过程，能动性则"自然而然"地蕴含其中。但是，仅仅至此，还不足以回答教研员在教育质量保障系统中的能动作用及其差异。

　　因市、区教研员的工作主要围绕学科和课程进行分工，所以本章会着重分析学科与教研员个人因素之间的相互作用。在二期课改背景下，传统的学科结构受到了冲击，理论上"音体美"或者新兴的"拓展"、"探究"都被赋予重要的位置。这一由学科所赋予的结构"层级性"是否随之变化，还需要借助"考试"进一步观察。学科本身并不存在"高利益性"，但一旦与考试相结合，学科在教育系统中的位置就发生了变化。鉴于此，本章以考试、学科、个人经验为主线，探讨教研员对结构制约性和促进性条件的感知及其策略，进而对其能动作用与"承诺"进行分析。

第一节　考试影响下的学科教研工作

　　阶段考核、学期检测、学业考试都可以看作考试的一种。如此，考试作为一种诊断或评价的手段，存在于各个学科。但是，考试的筛选、分层功能主要集中于基础型课程的部分学科，例如语文、数学等。所以这类学科的考试具备了"高利益性"。而地理、科学这类学科存在的是结业考试或学业考试，主要由区县教研员进行命题。与前述的选拔性功能不同，这类学科考试的目的在于"达标"，是一种不强调区分性的水平考试。同为基础型课程，"音体美"（除初中体育）与上述学科不一样，不需要通过考试来检验教育的质量。同样，二期课改中的新课程"拓展"、"探究"也不需要参加任何形式的考试。

考试就像一条"分界线"，将学科划分出三六九等，"高利益"考试学科在学校中的地位重要，优先享有一些资源。这类学科通常被称为"大学科"或"一类学科"，而参与学业考试的学科被称为"二类学科"。"音体美"甚至被称为"小三门"。由考试划分出来的结构，如何影响身处其中的学科教研员呢？

一、考试之于语文、数学教研员

K－YG－22，M－YG－29 作为高中语文教研员，均提到了考试所带来的压力，导致教研中的一部分或主要工作都围绕命题展开。其实命题只是"考试"的一个环节，在高考中，教研员只在咨询和质量分析环节发挥作用。所以作为教研员常规工作的命题指的是日常的区域命题。虽然 H 市逐渐减少考试的次数，但是由教研员主导的"民间"考试并未间断。对于由教研员组织的命题、质量分析，"高利益"考试学科的教研员的观感、策略并不一致。

（一）"考试就是指挥棒"

一些学者曾将教研员视作"考研员"，批评教研员运用命题强化自身的指导权威，加剧应试教育的倾向（吕忠堂，2000）。教研员对这类判断有不同的看法。其中教研室的领导将考试院的人员看作"考研员"，即专事考试研究的人员。将教研员看作研究教学的人员。但是并不否认教研员在命题中所起的作用。也有教研员提到教材解读、教学指导、命题研究是一个"系统"的工作，并非以命题为"指挥棒"，而是通过命题来检验教学质量，进而指导教学工作。

考试，如果都是考中心思想，考对于文章受到的教育，我考这种类型题目,老师就朝这个方向去。现在我考作者语言表达特点,老师必然要研究这个,把课堂引向正确方向。你考的东西和教学内容都是贯通的。所以说讲座、教研活动、考试整个是一个体系(D – YE – 16 – 110516)。

　　这就要求教研员在工作中将课程标准落实到具体的学段、学科,形成明确的目标,进而围绕这一目标对教师的教学做出指导。指导中包含教材解读、教法指导。命题、考试只是检验教师教学"有效性"的途径之一。如若遵循了上述"目标—过程—结果"的流程,教研员则在教学质量保障的各个环节发挥了作用。这一流程类似于工商管理的质量保障模式。但在实际工作中,考试学科的教研员很难忠实地执行上述流程。因为:

　　命题考试本身就是指挥棒,是无法回避的(D – YE – 16 – 110516)。

　　在"结果"环节,教研员并没有太大的发言权。评判教育质量"结果"如何,主要由考试院来进行。故由教研室设定的课标与考试院制定的命题,很可能不一致。教研室领导也意识到了这一问题。

　　教研室想发展质量监控,很大程度上是由于考试院进行的质量监控与教研室做的课程标准并不匹配(C – L3 – 110516)。

　　至此,教研员工作的张力开始出现,即由市学科教研员组织、参与制定的课标,到最后并没有成为质量监控的判断依据。但是一些教研员并没有意识到这种张力。

　　这几个方面都是要考虑的。每一个课标的要求,下位一点,考试手册;再下位一点,每一个年段应该掌握什么;再下位一点,它考的是哪几个单元。将课标、考试手册、单元要求结合起来(M – YC – 27 – 111028)。

　　M – YC – 27 通过个人的解读,将课标与考试手册结合起来,作为指导教学的依据。但是课标本身存在着较大的弹性,且教研员在二期课改中所接受到的培训是快速的,个人对课标的理解未必与学者建构出来的课标理念所一致。这种情况下，考试手册所规定的知识点更容易成为可资参考的依据。加之考试所具备的"高利益性"，以学生考试成绩作为教育质量衡量指标的传统，教研员对区域教学质量的责任，促使高利益考试学科的教研员以考试命题所蕴含的内容为"导向"。

我们教研员要负责把整个区域的教育质量提高上来。这个提高最终要通过中考、高考加以体现。所以这个试题的命制，必须体现、保证它的一种导向性（K－YG－22－110512）。

故教研员长期面临着选拔性考试所带来的压力。尤其是学段越高，面临的压力越大。教研员K－TB－19原先是高中物理教研员，因为"压力大"的缘故，转行做了拓展、探究教研员，并兼任研究、科学教研员。他的感受如下：

即便是这四门，还不如我原来的一门物理。承受的精神压力和琢磨的时间都是不同的。物理这个学科，老师在底下教，我自己也要去研究啊。我要研究高考往什么方向去发展，考试新的增长点会在哪里？类似的这些问题你要一直去研究，你要看大量的习题，再从这些题里面去找，有没有符合自己原先的一些初步的想法。然后去把它改编。如果没有的话，你自己要去编这种题，来体现自己的一些思想。编一道题不亚于写一篇文章。所以这种负担是其他学科不能达到的（K－TB－L－111104）。

这种导向不仅体现在高中、初中这些学段，也渗透至小学学段。因为在竞争性的考试文化的影响下，学校、教师都期待从教研员那里获取信息。相应地，高利益考试学科教研员在各学段命题时都承担了责任与压力。

命题也是有压力的，学校自主命题的时候，我们往往提供试卷，说是提供试卷，学校基本都希望得到这样的试卷，因为他觉得这是一个导向，而且比较客观一点。所以我们很担心，试卷出去了是不是上面有印错，哪怕是标点，因为（试卷）最终是从我们手里出去的，所以有一定责任，需承担风险的（M－YE－28－110517）。

高利益考试所导致的"压力"使教研员难以遵循基于课程标准的"目标—过程—结果"的质量保障流程，而是通过研究考试的方向，进而指导教学过程。这并不意味着这类教研员对课程理念的保障空间被挤压得一无是处。由市教研室主持的"教学竞赛"等则是对课程理念的保障。这时候教研员所承载的责任就是帮助教师将课上出"课改的导向"。

作为高利益考试学科的教研员，需要同时肩负起"考试的导向"与"课改的导向"。在教育质量保障系统中，这两种导向本身就存在着张力，在目标与结果之间存有偏差。但是一些教研员未能意识到这种张力。因为通过"研究命题"指导教学是教研员在长期教研工作中已经比较稳定的行为模式。在教育变革中，教研员从"高利益"考试命题中的退出，并没有带来教研员工作的彻底改变。并且课程改革理念作为一个新事物，落实到实践中既需要一定的支持结构，也需要一定的时间。当教研员快速地作为这一新理念的保障人员时，在缺乏支持条件的情况下，有可能继续沿用传统的工作方式。

命题研究跟教学是不冲突的。因为教学和命题是互相包含的。比如我们这个质量表中间，这个单元应该掌握什么，这个半学期应该掌握什么？它分支下来都很清楚的。然后命题考什么，就非常清楚了（M‐YC‐27‐111028）。

"考试就是指挥棒"策略的应用，一方面反映了课程改革并未带来教育结构的实质改变。至少没有给予考试类学科教研员提供支持性的环境去实践课改的理念。相反地，这类学科考试所具备的"高利益性"，使得教研员不得不研究"命题"。而命题编制、质量分析的目的并非单纯地提高教师的教学，而是使得教师的教学有利于学生在考试中获得好的成绩。

将学生的考试成绩作为判断教师教学有效性的依据，隐含着两个前提：教师的"教"必然会影响学生的"学"，而学生的"学"又进一步表现为考试成绩。反之，教学目标是否达成的主要责任在于教师的教学。就此而言，教研员围绕高利益考试所开展的命题制定与分析表现为"绩效主义"的逻辑运作，并将教育质量简单地等同于学生的考试成绩，将影响这一质量达成的主要责任转移至教师的教学。

（二）"无奈"的"用考来促"

在高利益考试学科，研究命题成为教研员不可回避的工作。断定"考试就是指挥棒"的教研员并没有意识到考试与课标的冲突，也没有意识到自己指导教学"依据"的偏差。但是也有教研员，一方面意识到命题的研究是与教师切身利益相关。

教研有平时教学的指导和教学建议，还涉及考试的命题。可能命题对老师切身来讲，是比较有利的（D－SC－12－111114）。

另一方面，D－SC－12 也意识到利用考试对教师进行指导的无奈。这里涉及教研工作的一对张力：基于教师需求的教学改进和基于问责的外在教学改进。从权力分配而言，任何学科的教研员都不具备名义上的"行政权"；但从职能分工而言，教研员被期待贯彻"课改"的理念，指导新教材的教学。但是课程改革的质量保障体系没有成熟。其不足主要有两点表现：一是教育质量保障体系的不完善。仅仅从"目标—过程—结果"三个环节而言，对课程理念的保障才行至"过程"这一环节，且作为"过程"实施依据的"目标"本身存在模糊之处。二是质量保障人员的运用。虽然"课标"的咨询、制定环节有高校教育研究人员、实践工作者的参与，但是整个"课标"的落实与推进人员主要是教研员，这类人员曾一度受制于命题指导逻辑的影响，工作中必不可免地带有惯习。所以在未成熟的教学质量保障体系中，教研员可能通过基于问责的指导来提高工作的效率，试图借此帮助教师适应新课程、新教材。例如 K－YX－23 作为小学语文教研员，在二期课改推进的时候，其对命题的研究，并非如同高中教研员对"高考知识点"的研究，而是对命题的方式进行研究，试图通过改变命题来改变教师脑海中的评价方式和教学观念。

我给老师、给学校示范应该怎么出卷子，出哪些题目。我觉得一旦改变了评价的方式，改变了教导对老师的评价的方式，改变了教导对学生评价的思想，老师就会明白，"这样的题目是这样的，我就没有必要花那么多的时间做那么多的事情"（K－YX－23－110516）。

　　在"高利益"考试学科，教研员需要兼顾考试与"课改"的双重压力。当考试与"课标"的理念相互一致的时候，教研员的"应付考试"与"基于'课改'理念的教材解读"的两条工作逻辑可能得以重合。若考试与"课标"本身就存有张力时，教研员的工作中可能会同时采取两条工作思路。但是由于"考试"附带的问责性、高利益性，使得处于问责最底端的教师几乎毫无条件地接受教研员的指导。所以一些教研员在工作中可能会利用"应付考试"的工作思路去处理"基于'课改'理念的教材解读"。

　　很多教研员采用的方法是比较一致的，用考来促。比如说，我在教材中出现了某一点，在教学过程中老师是不注意的，那我们在统一命题的时候，就作为重点，把它作为一个题拿出来。带动老师对教材本身的一个关注度。这是一个无奈的办法，但是这个办法蛮灵的（D–SC–12–111114）。

　　"考试"这一质量控制的策略不仅可以运用在新教材的推进中，还能用于处理有关教师教学的各种问题。根据第四章教研员的工作节奏的分析，可以发现教研员鲜少有时间对个别教师的教学做出诊断、跟踪改进。更无暇从学校、教师的愿景出发，建立合作的文化。所以中国大陆的日常教研活动很难体现出西方学校改进文献中的若干要素。例如建立共享的愿景，开发共同的目标，形成明确的分工，提供合适的资源等。

　　从教研员的工作范畴、学校组织结构与权力关系而言，教研员在课程改革背景下，没有充分的时间对个别学校、教师实施上述的改进措施，也没有直接的权力令教师改变。在这种情况下，考试为教研员改变教师提供了便利。

　　有一些态度不认真的，你限期要改变他，也不是很容易。只能通过考试检测。不然的话，比较艰难。因为他们签的都是长期合同，学校里对他们也不太好办（K–YC–21–111107）。

　　显然，这里运用了考试所具有的"规范"职能，将考试作为令教师接受指导的工具。教研员 D–SC–12 对这一工具的看法是矛盾的——"无奈"

却不失"有效"。但凡意识到这两个特点的教研员，在身份建构中表现出不同程度的"结构关注"和"个人关注"。例如教研员 K – YC – 21 的社会身份中存在结构导向的因素，但是在个人实践中，也会浮现出"个人关注"。D – SC – 12 的"无奈"进一步表现为矛盾：她喜欢日常的教研活动，却苦于被事务性的工作占据了太多的时间。相应地，她会利用额外的时间对教师进行主题式的教学指导。

换言之，这类教研员并没有完全地被问责导向的"结构"所同化，虽然命题成为其常规工作，也利用"命题"之便促使教师有所改变。同时，他们也认同"课改"的一些理念，在教研活动中关注学生的获得、教师的发展。

从考试实施的环节而言，在高利益考试中，教研员已经从"命题"环节中脱离出来。但是，考试类学科教研员依然承担着区域教育质量的保障工作，而教育质量则直接表现为学生的成绩。在这种情况下，即使教研员肩负着推进"课改"的责任，且一部分教研员直接参与了课程标准的制定与教材的开发，但是在实际的教学指导中，则以考试院的命题为导向。这种导向是高利益考试学科教研员不可避免的工作。只是有的教研员将其视作"理所当然"的工作，有的教研员会意识到这种导向的"无奈"。通常前者在身份建构的过程中，不自觉地继承了行政导向的历史角色；而后者在身份建构中，多少会关注教师的专业发展。

二、考试之于科学教研员

语文、数学等学科的考试主要有两种。一种是由考试院负责命题的，具有高利益的考试；一种是由区教研员组织、制定的考试与命题分析。然而当学生在高利益考试中的成绩被视为教育质量的重要表征，且承受了来自社会、家长的压力时，由教研员组织的后一种考试通常是为学校参加考试院组织的前一种考试而准备的。但是同为基础型学科，像科学等，无须参加中考、高考，监测这类课程的学生学习，主要由教研员自己命题、考试，且无须受到考试院的质量控制的牵制。在这种情况下，教研员是否可能实现"课标—教材—评估"的一致性？

"课标"的模糊性和弹性，促使教研员个人有较大的诠释空间。这几乎是各个学科共同的特点。但在三类课程之中，科学有着区别于其他学科的特点。相较于考试类学科，它不受高利益考试的牵制；相较于地理、生物等原先的分科学科，它是一门新兴的基础性综合课程，没有专门的职前教育用于培养这类师资；同为新课程，科学课有固定的教材，明确了课时，确定了学业考试与结业考试，比拓展型、探究型课程在学校的位置更为稳定。

到七年级的时候，有一个全市的学生学业考试。每一个学期区里都会统考。这样，下面学校觉得这是比较正规的一门课，不像研究型、拓展型，课表上写是写啦，但是会排其他的内容（D－XB－15－111114）。

因此，科学教研员所感受到的结构的制约与促进也不同于其他学科。一方面，科学教研员将师资不健全、学校不重视等原因归之于高利益考试的缺失。

我们这个课程较特殊。为什么？因为你出来了以后，没有哪个学校愿意专门地去找一个科学的专职老师。应试教育到七年级就完了。中考科目评价里不涉及它啊（M－XB－26－111028）。

另一方面，也有教研员意识到与高利益考试相随的是压力。当科学不参加中考、高考，教研员在问责链条中的压力有所减小，且避免了诸如"磨卷"、"命题分析"之类的工作。这同时意味着教研员会有更多的时间，从"质量提升"的角度对教师做出指导。事实上，科学教研员在实践中发展出如下策略，用于质量保障。

（一）通过命题进行指导

与高利益考试学科不同的是，科学教研员在设计每节课的教学目标时，只需考虑到"课标"与教学内容之间的协调。不用像语文教研员要综合"课标"、考纲和教学内容的要求。

从理论上讲，课标应该是最高的标准。但是课标相对来讲，比较抽象一点。你落实到课的时候，是一个具体的内容，所以首先要参照课标，然后再结合具体的内容来设计这节课的目标（D－XB－15－111114）。

这并不意味着科学教研员不会利用"考试导向"的思路去指导教师。借助命题形成的指导权威，不仅影响了语文、数学教研员的工作思路，也影响了其他基础型学科的教研员。例如在一次教研工作会议上，D区的一位名师对各学科教研员开设讲座时，谈到自己作为地理教研员最难忘的两件事情均与考试相关。他认为：

> 我们不是官，没有行政管理权……影响的有效途径、指挥棒就是考试，通过考试改变教师的教学观念（O－D－110506）。

科学教研员在传递一些新的理念或信息时，也会采用这一方式。例如D－XB－15通过命题的方式介绍PISA中的理念。

> 我会有意识地在教研活动当中介绍这些方面，然后我们也通过命题这一块，给学科里面的老师一些建议（D－XB－15－111114）。

尽管如此，科学教研员基于命题的指导还是不同于高利益考试学科的教研员。科学教研员直接掌握了命题的信息，不需要"研究"或"揣摩"考试院的命题方向。所以从课程目标到教材解读，再到考试评估，不存在两个"目标"。加之课程目标本身所蕴含的弹性，就使得科学教研员在开展工作时，有较大的个性化的阐释空间。这可视为发挥教研员能动作用的促进性条件。

但是具体到学校组织中，这一促进性条件可能会因为考试所区分的学科权重而得以抵消。换言之，学校在资源、人员安排上，首先会侧重于高利益考试类学科。并且在考试的影响下，学校也意识到这类学科的优秀与否并不能直接代表学校的"质量"。所以学校、教师对教研员命题信息的需求有所降低，科学教研员命题的权威性也减小。故运用命题指导教师教学并不是科学教研员的主要策略。

（二）关注骨干力量，落实课堂教学

关注骨干力量是教研员社会身份建构中的共性特征。这一特征由教研员固有的工作方式、工作节奏所决定。但是与语文、数学这类学科不同的是，科学学科中的骨干教师更需要教研员的"培养"。作为一门新学科，在没有成熟的职前教育，学校没有形成教师梯队，任课教师多为兼职的情况下，科学教研员并不能通过简单评比遴选出骨干。

就我们学科来说，现在最需要解决的问题是我们教师队伍建设，我们自己手里有一批不同层次的教师队伍。所以我们这个培训也是分层的（M－XB－26－111028）。

虽然不能通过评比直接遴选出优秀的教师，却可以借助评选将优秀的教师"推出来"，而教研员期待这些优秀的骨干教师可以影响学校的普通教师。所以：

我们在培养教师过程当中，我们更多关注的是我手头上的一些骨干力量（M－XB－26－111028）。

正如 M－XB－26 所言，建立教师梯队是一个长期的工作。在没有专职教师的情况下，科学教研员对教师课堂教学的期待也会调整。M－XB－26 用"保底"来形容这门学科的教研活动。

在课堂教学落实方面，我们要求的层次不同。一般的兼课老师，我可能是关注学科的"保底"。要保证这个科学课里还能够有一点科学的样子，真的很困难（M－XB－26－111028）。

在"保底"的方式下，教学是否达致课程标准、体现课改理念，则很难判断。因为教研员首先要确保的是这堂课有教师上。至于兼任教师能上成什么样，还要视这节课的意图和双方对此的意愿、投入。从科学教研员的产生来看，他们只是比一般教师先接触到教育政策、课改理念，对于科学知识的整合，科学的教学，他们也没有经验的积累。而学校中科学教师的队伍更是如此：

我们以往老师都是分科教学的，那么本学科的知识体系，他会掌握得比较完备，逻辑也比较严谨。现在你要把理化生整合起来，老师也没有这样的能力（M - XB - 15 - 111114）。

虽然科学教研员有望实现"目标—过程—结果"一致的教育质量保障。但是学校内部的组织结构并未为此提供支持性条件。之所以如此，也不能将责任完全归咎于学校领导、教师的认识，而需要将学校、教师置于问责链条中综合视之。当学校被要求以考试成绩来汇报自己的教学质量时，学校领导必然将资源优先投入到高利益考试学科。

（三）依靠中心组或学科基地

因为缺乏成熟的教师梯队，科学教研员与教研组的接触也比较少。科学教研员的工作无法借助层次分明的"科层"结构去完成，所以更多借助"中心组"得以完成。

像他们大学科的话，每个学期的第一次活动就是教研组长会议。组长相对来讲，是业务能力比较突出的人，在学校里面做本学科工作。那么科学就没有，基本上是全体教师大会。每个学校派一个老师出来。所以做事情更多的是依靠中心组和平时感觉比较积极的老师。最近几年，青年教师多起来了，就想把青年教师这支队伍给用起来（M - XB - 15 - 111114）。

在组建中心组时，科学教研员只能从学校派遣出来的兼任教师中间挑选，并尽量稳定这批教师。学科基地的建设同样如此。由于是新学科，学校在学科建设方面没有形成传统的积淀。所以学校的声望并不能成为教研员建立基地的首要参考因素；相反，学校学科教师的队伍、组织建设是教研员看重的因素。

我们当时选学科基地的时候，首先考虑的不是学校的名气，而是学校是否重视这门学科，这门学科是否有一支比较优秀的队伍，队伍的年龄结构是怎样的。像我们选的就是年龄比较小、上进的（C - XB - 03 - 110520）。

故传统学科虽然经历了二期课改的冲击，但是教师面临的并不是全新的环境。语文、数学中的一些教学方法、教学设计依然可以适用于现行的教学。且一些学校已经积淀了一些优秀教师。但是科学教研员在实施教学质量保障时，首先得从教师队伍的培养开始做起。其工作的开展需要借助中心组和学科基地。只有这样，才能在各个学校慢慢形成备课组或教研组。

（四）建立私人关系

科学教研员的工作开展受制于学校的重视程度与师资状况。鉴于此，科学教研员也生成了一些应对策略——与教师建立朋友关系。

说实话，教研员没有行政的职务。我们跟老师是一种朋友关系。很多事情我们做到后来，都是靠一种朋友关系在维系，而不是说你是他领导。所以一般不会冒冒失失地去听课，如果你想要去听他的课，也会事先跟他打招呼（M – XB – 15 – 111114）。

"朋友关系"的建立也存在于其他学科。受二期课改理念的影响，几乎所有学科的教研员都强调教学中教师与学生的互动，教师与学生的平等地位。相应地，教研员对自我的角色感知也有所改变，尤其一些年轻的教研员，会强调自己与教师的朋友关系。结合各科的教研实践来看，新学科中这种"朋友"关系表现得更为明显。教研员在指导教师的教学时，有较大的空间去阐释课标，不拘囿于一个统一、确定的标准。换言之，不存在一个很强的外力，促使教师一定要听从教研员的意见。例如：

今天上课的教师说：这个学生太活跃了，失去控制了。我说：你先自己来把握，你明天要上课的那个班级学生是什么样子的，他们是属于比较容易调动起来的，还是属于不太容易调动的。她说：我也不是太搞得转的。我说：你还是要根据自己的认识判断，因为我对你的学生不熟悉。如果你的学生是很活跃，那你可以把比赛这种形式取消，而采用一个要求，一个任务，让他们来做（M – XB – 15 – 111114）。

类似于"朋友"的私人关系的建立，有助于教研员稳定教师队伍。虽然M区以"证书"的形式确定了中心组的职能，但是相较于教研组，中心组还是一种非正规的组织，在一定程度上需要通过私人关系进行维系。仅仅与教师建立联系，并不能确保教师队伍的稳定。教师的流动有时候并非受主观意志所决定，而是受学校课时量、编制等因素的影响。所以从策略上而言，科学教研员还会与校长建立联系。但是在访谈的四位科学教研员中，并没有提及这一策略。M – XB – 15 将其归纳为结构和自身的因素：

　　科学还不像语数外，可能跟我个人的习惯也有关系，没有什么事的话，我不是太愿意主动去找校长（M – XB – 15 – 111114）。

　　由此可见，科学教研员能够免于高利益考试所产生的强制问责，在教研活动中，有更多的空间去实现基于"课标"的教育质量保障。但是"课标"的模糊性，科学师资队伍的薄弱，学校的"反应平淡"，导致科学教研员即使有充分的自主空间，在支持教师专业发展上，也作用有限。或者说，科学教研员目前所做的只能是"保底"的工作，培养一批学科骨干。与此相辅相成的是，教研员还会以发展中心组、学科基地、建立朋友关系的策略来培养教师队伍。从这方面而言，科学教研员并没有受制于问责结构的限制，而是有意识地在改变科学教学的现状。这是能动性的一种表现。

三、考试之于音乐、体育教研员

　　基于命题的指导策略不适用于音乐、体育学科的教研员。在上述学科结构差异性的分析中，音乐学科既不需要参加高利益考试，也没有统一的结业考试。2008 年，H 市教委为了"督促学生养成勤于锻炼的好习惯"，将初中体育纳入升学考试科目。小学、高中体育则不需要参加考试。由此也透露出政府改革教育的教育思路：通过外力（如考试）推动教育实践。

　　音乐、体育、美术在教育系统中常被视作"小三门"，但是这类学科存在的历史要久于科学。作为这类边缘学科的教研员有其自己的感知与策略。考试的缺席带来的不仅仅是问责力度的减弱，压力的减小，也导致教师有可能不按照课程的要求进行上课。例如体育教研员 C – ZB – 06 意识到因缺乏"考试"，体育教师的教学中存在"不规范"的现象。

　　体育不考试是有一点危险的。有一点我（教师）教不来的，我就绕圈了。但现在我们尽可能在做这些事情。尽可能教，让学生有更多的体验（C – ZB – 06 – 111103）。

并且在学校组织范围内，音乐、体育教师享受的资源或机会少于传统的考试学科。同时，问责强度越高，边缘学科受考试学科挤压的可能性越大。学校领导在问责结构中的做法也影响音乐、体育教研工作的开展。

行政的喜好和支持，应该说对我们工作的影响是蛮大的，特别是在高中阶段。初中阶段我们的课时受到挤压，这样的情况会少很多（K‐MB‐17‐111107）。

所以，音乐、体育教研员意识到学科地位不高，学科建设受学校行政的影响，并将这些现象归结为考试的缺席。在这种情况下，音乐、体育教研员也发展出一套工作策略。

（一）通过听评课规范教学

由于缺乏考试这一强有效的外部问责机制，音乐、体育教研员主要通过听评课规范教师的教学。在二期课改背景下，音乐、体育学科均出台了新的课程标准。较之于以往，这类学科教学的"方向性"日趋明确。但在落实课程理念，实施课程标准方面，还得依靠教研员的个人阐释。这种阐释不受到外在问责机制的监督。尽管如此，教研员给予教师主动发展的空间并不大。

例如体育教研员 C‐ZB‐06 意识到由于缺少外部的考试刺激，教师在体育教学上存在"含糊其辞"的现象。对此，她采取了"自上而下"的推行方式。也就是她所说的："不商量的"，"大家照做的方式"。且"照做"建立在"教研员的水平高于教师"的假设基础之上。换言之，教研员给予教师的东西是"对"的；是不是教师所需要的，并没有那么强调。

我们非常强调的是一些共性的达成。比如说教案怎么写，单元怎么写？不跟你们商量的，前期一旦定下来，大家照做。通过一项项活动把他们的教学慢慢地规范（C‐ZB‐06‐111103）。

"规范"体现在体育学科教学的各个环节。在备课方面，H市体育学科推出了"模板"。

我们市里面有专门统一的备课模板，在课堂当中应该体现的，在这个文本里面也要体现出来。我觉得从规范的角度说有这个需要。没有规范的话，以后就不知道怎样了（M－ZB－30－111028）。

但是填写"模板"并不能落实规范。教研员必须通过具体的课堂教学去呈现这些"规范"。所以在贯彻课改思路时，体育与其他的学科并没有太大的差异。通常采取的是"树立典型，示范推广"的策略。且伴随着网络教研系统的建立，推广的渠道也日益多元。

我们在教研的时候要"推"，这种课没有人上的，我们要拿出来示范，把整个教学过程告诉他们。这个单元四节课，一下子把四节课告诉他们。既给文本又给他们看课。看完课不行，我们网上教研。教研还不够，把我们课拍下来的录像挂到网上。这就是我们一步步推进教研的做法。根据小学的、初中的教材主题，我们一样样推（C－ZB－06－111103）。

音乐学科虽然没有实施"规范"教学，但是在日常的教研活动中，音乐教研员也在有意识地推行"课改"的要求。如D－MB－10强调与教师平等地交流，而平等是建立在"原则"基础之上的。

我与教师交流的话，先听大家的。这不是说我没有原则。还是有主导的东西的，比如说市教委教研室有一个主题，我们也会贯彻下去。在这个大方向的基础上进行交流，不是无原则的交流，不是泛泛而谈（D－MB－10－110509）。

在确保教学质量方面，音乐、体育教研员的工作较之以往并没有太大的差别。虽然二期课改，各个学科的课程标准陆续颁布，音乐、体育学科在学生发展中的重要性被强调，但是高利益考试所导致的学科地位悬殊未得到改变。音乐、体育教研员所感受的结构变化并不大。教研工作以"课标"为方向，但是"课标"尚未成为质量监控的依据。故这类学科的教研员主要依靠听评课来"贯彻"课程的理念。

（二）借助外力改变教师的观念或操作

音乐、体育虽然属于边缘学科，但是具有专职的教师。所以不似科学教研员，面临着培养优秀教师的迫切任务。并且传统的教学评选、日常的教研活动，足以让音乐、体育教研员手下有一支稳定的教师队伍。但是在一轮一轮的教育变革中，音乐、体育教研员需要改变教师的观念，需要呈现新理念的课堂教学。

音乐、体育学科教师的数量明显地少于"大学科"（如语文、数学）的教师，但并不意味着音乐、体育教研员在教学评选之余，有更多的时间与多个教师发生互动。他们还是遵循了原有的"以点带面"的工作思路。通过培养骨干教师，发挥榜样作用，推进"课改"。

我们下面还有很多专业很好、教学很棒的老师，这些老师我们应该把他"树"起来，让他出来引领，做个榜样（D-MB-10-110509）。

所以音乐、体育教研员对教师的指导也是有选择的，并不因为教师数量的减少，增加与教师互动的范畴。日常的实践示范更多依靠骨干教师进行。

分片教研活动是每个片里面去组织老师的整体的教研活动。这个时候，要让我引领的一批骨干老师辐射出去。所以呢，让他们分成几个片，让这些骨干到各个片里面，对各个片里面的所有老师进行示范，从规范的角度去要求学生（M-ZB-30-111028）。

由于音乐学科还涉及一些特殊的技能，所以教研员还会聘请相关领域的专家对教师做针对性的辅导。例如：

我们搞了一个歌唱教学声音训练的研究。我们可以请这方面的专家来进行上课；还邀请我们自己区的，这方面有特长的，声乐比较好的教师；对孩子训练方面比较有特色的老师，请他们做辅导。有时我们也请市教研室的教研员，来给我们做一些专题的报告（K-ME-18-111104）。

由此可见，音乐、体育学科教研员并没有因其学科的"边缘"位置，而失去对教师教学的控制权。虽然从理想情境上而言，这类学科不存在考试这一外部问责机制，且教师队伍稳定，教研员"理应"有更大的空间（较之于语文、数学），更好的条件（较之于科学）发挥其能动作用，但大部分教研员还是沿袭了传统的教研工作方式培养教师。在课程理念、课程标准方面，并没有太大的作为，更多的是依赖专家进行示范、解读。在教学操作上，依靠骨干教师或者聘请专家。

（三）根据自己的理解和特长指导教师

语文、数学学科的课程标准具有弹性，但是考试的知识点相对明确、稳定，导致教研员在日常的教研活动中，会强调教学目标的完成。这也成为判断语文、数学教学是否是一节好课的重要标准。相较之下，音乐、体育教研员对"何为一节好课"的判断，个人阐释的空间更大。

例如 D – MB – 10 重视"音乐知识"的传授。他认为专业上的概念是"原则性"的问题，而教学方法层面，则是"不明确的，没有一个方法是放之四海而皆准的"。所以 D – MB – 10 认为：

我们老师，专业知识肯定是放在第一位。你没有专业知识，你去教都教不下来（D – MB – 10 – 110509）。

同为音乐教研员的 K – MB – 17 首先关注的是教学的"逻辑性"，同时，她也强调了作为音乐教师的"学科技能"的重要性，并将技能作为判断好课的不可或缺的条件。

第一，逻辑性要强。第二，教学目标要明确，中心突出。第三，要有教师专业技能的展示。这个方面，我们是一票否决制，如果在这节课里面，老师没有弹过一首曲子，没有唱过一首歌的话，我觉得这不算是一节好课。因为你必须要体现出它的学科的一些特性（K – MB – 17 – 111107）。

音乐、体育学科的技能可以分为多种类型。例如音乐学科有乐器演奏、演唱等，乐器又包含钢琴、小提琴等。作为音乐教研员，其对音乐教师技能的指导不是重点，除非某种技能会与音乐课堂教学直接相关。音乐、体育在开课时，会运用到一些技能。自身技能比较"齐全"的教研员会强调对教师技能的培养。甚至，有教研员会根据自己的兴趣或特长，给教师一些额外的指导。如教研员 M－ME－24 根据自己的兴趣，专门组织 M 区青年教师合唱教学活动。教师个人也感受从中收获颇多。

他这种活动形式（合唱教学活动）对我们帮助挺大的。他要求年轻的老师，0—5 年的老师，尤其新入职的老师，都得参加这样的合唱学习。他自己是合唱指挥老师啊，让你去了解合唱训练过程。从他的角度来说，对他以后音乐教学活动会有很大的影响（M－ME－T6－111101）。

虽然 M－ME－24 比其他音乐教研员多花了时间在教师活动中，但是这种合唱教学活动并非问责结构所主导。结构重视的是各个学科教师的教学能力，会通过各类评比对教师的这类能力给予肯定与奖励。且学校的领导出于管理的需要，也未必会支持 M－ME－24 的活动。例如：

中小学的这种坐班制度要求你原则上没有课的时候最好不要出去。那么你每次这样频繁地出入的话，对整个学校的管理造成一定的影响。从个人的角度说，每周都得要出去，也挺累的（M－ME－T6－111101）。

所以音乐、体育教研员出于个人特长或兴趣，对教师所产生的指导，即使受到教师的欢迎，却未必是问责导向的教育质量保障系统所需要的。若如此，教研员在此工作中获得的反馈较少，动机也会逐渐降低。相较之下，更多的音乐、体育教研员选择在结构认可的范畴内，尝试个性化的举动。如根据个人的理解细化听课的标准。

（四）关心教师的工作状态

当学校的教学质量演变为特定学科的考试成绩时，音乐、体育这些边缘学科在学校发展过程中并不占有重要的位置。长久以来，音乐、体育教师的职业满足感或成就感偏低。这会进一步地影响教研工作的开展。所以，音乐、体育教研员还要关心该学科教师的生存状态。同时也要调节自己对诸多现象的看法。例如，当学校领导将教学评选的机会优先给予考试学科的教师时，作为组织评选的教研员，也受到了影响。音乐、体育教师评选机会的减少，直接导致音乐、体育教研员在这类活动中的参与程度降低。

对此，D－MB－10 给出的解释是：不看重骨干教师、学科带头人的评选。相反，他认为音乐教师要具备一种专业精神，真正的好课要上到学生的心里去。

一共给学校五个评选名额，校长一看，先要保证语数外，副科就不出去了。其实，评上来的不一定好，没评上的不一定差，这是这个体制下的产物，所以我不是很看重这个。我们要真正地把课堂激活，把课堂教学深入到每个学生的心坎上去，这才是我们教学的目的，才是所谓好课的目标（D－MB－10－110519）。

当现有的问责结构不以边缘学科的教学质量作为主要问责内容时，教研员也能看到评选作为"体制下的产物"，其导向的课堂并非全然有利于学生的发展。但是，仅仅改变自己的看法并不能改变教师的生存环境。教师的工作积极性很大程度上受学校环境和领导的影响。

校长眼里有你，你体育学科在这个学校是不可或缺的，而且这个团队好，那么没问题。但是很多时候，可能会忽略他们。所以我们教研工作一定要做，你不要把一个老师说得一钱不值（C－ZB－06－111103）。

在这种情况下，音乐、体育教研员要及时地与校长沟通，尽可能地解决学校组织层面对教师的影响。

要了解这个老师所在学校给他们的影响。要了解学校的地位，学校的情况是怎么样的？了解了以后，一旦有什么问题，什么情况的话，要及时跟学校领导沟通，要关注老师平时的日常工作、生活（M－ZB－30－111028）。

除此之外，教研员力所能及的就是给予教师更多的指导。但是，这一般以个别行为居多。例如：

教研室规定，一个学期听 30 多节课就可以。我一般都听到 100 多节课，面对面地给老师一点指导。因为如果我不去关心他的话，可能几个学期都没有人指导他。他来听课的话，可能是一个环节。你去听他的课，给他一些实实在在的指导，这样的话对老师提高还是很多的（K－ME－18－111104）。

有一点特殊的是，当课程改革越来越强调学校的特色时，为艺术学校的发展营造了空间。一些学校会主动与音体美教研员联系。在这些学校中，无须教研员的提示与交流，学校会主动地重视这些学科。例如：

更多是校长来找我。比如说，他学校以什么来做特色，那么它会接触某类学科的教研员。小学更多的是抓音乐或美术作为特色，他会主动地来跟我们接触（D－ME－11－111114）。

"特色"成为学校质量构成的一部分，间接促进了校长对艺术类学科的重视。校长也因此增加了与音体美教研员接触的频率，但是这一特色很多时候并非学校自然生长，经过时间积累而形成的，而是在"课改"政策推动之下迅速成长起来的。且初衷也不是提高艺术学科的教师教学。

与科学不一样的是，音体美学科建设比较成熟，有专职的教师，所以对教研员而言，建立教师队伍的任务并不是那么迫切。教研员不止于将教研活动的目标定为"保底"，也不是简单地确保课堂有人，而是趋于将课打磨得更好。虽然相较于大学科，音体美这类学科的教师人数远远少于语文、数学，但是教研员指导教师的方式与大学科的日常教研无大的差异。除了不能运用以考促教的策略，还是围绕"示范课"、"评比课"展开教研活动，"以点带面"地影响教师，虽然关注教师的生存状态，但是对教师的主动发展贡献甚少。需要注意的是，课程标准对于音乐、体育教研虽然有方向上的规定，但给予该学科教研员个性化阐释的空间也相对较大。一些教研员可根据自己的特长给予教师额外的指导。

四、考试之于拓展、探究教研员

音体美学科的教研员虽然具有可为的空间，但是教研员个人很少运用这一空间促进教师自主发展，而是保持原先的工作方式。这与其外部环境有关，相对于科学、拓展、探究等"新"课程而言，音体美学科教研员处于较为稳定的环境中。而科学、拓展、探究课程教研员的工作弹性大。尤其是后两者，课程的"地方性"、"校本特征"更为明显。市提供了学习包或资源包，供学校选择使用。而一些区、一些学校出于对"特色"的追求，会利用自己学校教师开发的教材。在此情况下，拓展、探究教研员面对的则是丰富多变的校本教材。此外，拓展、探究课程的课标、指导意见的制定与颁布要晚于其他学科，这也影响了教研员日常工作中的判断与依据。换言之，拓展、探究教研员面临的是更为开放、不确定的情境。故该课程教研员也发展出不同于其他学科教研员的应对策略。

（一）基于管理的介绍与经验推广

同为新课程，拓展、探究与科学不一样的是，前两者是地方、学校课程，不需要进行学业考试或任何性质的考察。故科学教研员使用的"基于命题"的指导思路并不适用于拓展、探究教研员。拓展、探究与音乐、美术一样，在"目标—过程"两个阶段形成了保障机制。目标主要是课程标准或指导意见，过程是教研员日常的教研和视导活动。

弹性的课程标准给教研员提供了可阐释的空间，但是并不能为所有教研员所意识到。适应了原先既定的以清晰目标为导向工作的教研员，认为如今拓展、探究课程失去了深入研究的依据。

非考试学科，你宏观地去想（研究），其实挖不到那么深的一个层面上去（K - TB - 19 - 111104）。

K - TB - 19 从高中物理教研员转变至拓展、探究教研员之后，对因考试造成的学科差异感受很深。他坦言由于校本教材的多元化，拓展教研员在知识储备上无法应付该课程的教学指导。所以在教研活动中，他无法顾及教师"知识点"的讲授是否正确。加之没有外在考试的约束，所以 K - TB - 19 以管理的方式来开展教研活动。

因为拓展课五花八门，我也不可能什么都懂，所以不可能从业务上面进行指导，更多的是从管理这头去看一看。学校现在做的情况如何？他有什么可以总结的经验，然后向我们整个区进行推广、介绍。别的学校从中可以借鉴一些，然后再结合他们自身的特点去做一些（K – TB – 19 – 111104）。

由此可见，拓展、探究作为一门新课程，不仅对教师的知识储备提出了挑战，也对教研员的"业务指导"造成了冲击。尽管科学也是一门新出现的综合课程，但是综合了原先生物、物理等学科的知识，教研员多从这些学科而来，多少具有与科学相关的知识。拓展、探究所涉及的知识体系、内容框架更为庞大，且不同于原先的学科课程的定位。所以 K – TB – 19 教研员发展出的策略是：运用管理思维进行工作，介绍理念，推广经验。

（二）重视设计思路与方法

语文、音乐教研员需要通过变更具体的授课思维与方式来体现"学生为本"的课程理念，而拓展、探究本身就是对新教学方法的直接尝试与运用。新课程中之所以出现这两类课程，就是希望借此改变学生的学习方式与教师的教学方式，并能够影响基础型课程的"教与学"。所以在教学方法方面，拓展、探究学科也没有传统的积淀。但是，这对于一些教研员来说，并未能成为制约性的条件。他们反而认为，所能给予的指导就是设计思路与方法。

如 K – TE – 20 认为小学校本课程中涌现出来的知识虽然多样，但她可以"听得懂"。而且她不以这类知识点的传授为重点，而是希望通过设计方案促进教师对课程目标、方法的整体掌握。

设计科目的时候，应该有科目设计方案。科目设计是一个完整的课程说明，那么教师来制作这个课程说明的时候，就会对整个课程的目标、内容、评价，包括课程实施所需要的资源，有一个完整的思考（K – TE – 20 – 111107）。

M – TE – 25 也采取了类似的措施。她给拓展、探究教研员开设培训课程时，专门围绕研究方法进行了主题训练。包括如何制作调查问卷，如何访谈。她用"有所为，有所不为"说明了指导中的侧重点。

如果你思路上也把握，细节上也把握，那你这个教研员做得太累了。其实你就像导师一样，要有所为，有所不为。细节上交给他，像"飞向火星"那种学科知识，我也很难去补，我都不知道该补什么，所以我的思路就是我做一些我能做的事情：框架上的、目标上的，整个课的性质的把握，大方向的把握，然后有些背景知识的东西、细节性的东西，交给他们来做（M－TE－25－111102）。

所以，无论是在小学，还是初中、高中，拓展、探究类课程教研员均无法应对来自该课程所蕴含的丰富知识。如果能够借助他人的力量形成指导固然好，但若是教研员个人主持教研活动时，想在这类课程上发挥引领的作用，多半会从教学设计和方法入手。

（三）与校长建立联系

学校教研组的建设对教研员的工作开展有很大的影响。拓展、探究教研员与科学一样，还没有成熟的教师梯队。且比之于科学，拓展、探究的教师更不稳定，因学校内部师资、课时都是由学校领导决定的。所以拓展、探究教研员认为与校长沟通是一条重要的策略。

校长的决策关系到我们这个课程的发展，因为我们这个课程里面很多老师都是兼任的，他可能是语数外老师兼到我们这个学科的。谁兼任，怎么兼，其实是很重要的一件事情。所以，我一直在和校长及负责我们这个课程的教导沟通，他们是非常关键的力量。对老师这块，我比较关注中心组和一批比较稳定的师资，其他的我基本上不管（K－TE－20－111107）。

除了借助校长的力量，稳定拓展、探究课程的师资队伍之外，拓展、探究教研员还希望校长可以重视这门课程，为拓展、探究教师的发展提供支持性的条件。如：

领导在会议上要强调探究课程的重要性。然后领导要主动找教研员来，给老师们讲一讲，培训培训。领导的认识要正确，因为老师不管怎么说，都是有惰性的，你别指望他主动思考探究课要上成什么程度，上得多么好。在没有外界刺激和压力，没有外界指导的情况下，他自己就能把这个课上

好，这是不可能的。所以领导要重视，要施加压力，有刺激，有鼓励（M –
TE – 25 – 111102）。

　　所以，M – TE – 25 与一些学校的校长建立了私人性质的朋友关系。她
会主动送一些教育书籍给校长。由此可见，拓展、探究作为校本课程，其
实施质量如何，很大程度上取决于学校的领导。所以与科学、音乐相比，
拓展、探究教研员与校长建立正式或非正式的沟通渠道更为迫切。

（四）理解与保护教师的教学

　　拓展、探究教研员不仅意识到学校领导决策对拓展、探究教学的影响，
也理解兼任这门课程教师的处境。这类课程不仅没有专职的教师，也没有
与此相对应的教师教育。较之于基础型课程，教师不仅是教学的执行者，
还是课程的开发者。所以教师在缺乏专业支持的条件下，还需要围绕教学
从事大量的工作。

　　一位语文老师备一节语文课，不需要多少时间。因为这一节课怎么上，
都是约定俗成的，你只要做点创新就行了。我备一节探究课，为了等你们
督导来检查，我一个礼拜都要备这节课。因为探究课搭了一个很粗的框架，
都要你往里面去填，就要耗费很多时间（M – TE – 25 – 111102）。

　　所以在教学视导中，拓展、探究教研员对教师的检查力度也相对较轻。
M – TE – 25 在教学视导中几乎不给教师差评，即使教师的教学没有达到课
程需求，在四个等级的评比中，她会给出"一般"的等级。她认为：

　　你要鼓励他，让他不排斥这个学科。你要呵护他，让他觉得这个教研
员很有亲和力，他一直在鼓励我，没有打击我。因为成年人都是有自尊的，
而且成年人也要鼓励，这样他才愿意做下去（M – TE – 25 – 111102）。

　　教研员在教学视导中放宽对拓展、探究教师的评价，一则出于保护教
师的教学积极性，稳定教师队伍；二则也会考虑到学校领导的感受。所以
教学视导也非"铁板一块"，在操作环节中存在着人为的因素。尤其在拓
展、探究学科，教研员出于其他因素的考虑，消解了教学视导中蕴含的

"控制"取向。

除此之外，教研员提到的支持性服务就是区域或市研讨课。研讨课的具体运作与其他学科并无差异。但 C–TA–09 意识到：正是这种活动形式，为从事这类课程教学的教师提供了情感支持。

外部的环境是蛮冷的。某一个学校，只有一位、两位老师负责探究课，在这个学校蛮孤独的，也没什么教研组活动，怎么上课，完全靠自己摸索……那么市研讨的时候 10 个老师聚在一起，本身就是一种相互学习，一个业务的成长。但是我也感觉到，他们其实也是寻求情感上的相互支持（C–TA–09–111123）。

所以 C–TA–09 虽然作为市教研员，并兼职教材编写的工作，还是会定期地参加各种研讨课。在她眼里，这些活动给教师提供了发展的平台和精神的支持。但是探究教研员并不能解决绩效工资背景下，教师因学科、课程差异导致的工作投入与收获不匹配这类问题。

我们没有办法改变绩效工资……我们会考虑到，怎么样让老师们放大精神的收获，情感的支持。可能这块考虑得比较多一点。然后尽量地为老师的专业发展创造一点条件和空间（C–TA–09–111123）。

诚然，上文只是撷取了考试影响之下，学科教研员的主要策略。事实上，语文、数学等高利益考试学科的教研员也会通过听评课渗透"课改"的理念、规范教师的教学；或者利用额外的时间与精力为教师专业发展服务。这些在第五章的四个个案中均有所体现，所以本章节未再展开。

从问责的强度与程序来看，"大学科"的教研员在"高利益"考试的影响下，在教育质量保障链条中逐渐偏向"质量控制"的一端，即通过"揣摩"考试院的命题训练教师的教学方向，提高学生成绩。仅仅执行学业考试的教研员，可能将"课程标准—教学指导—教学评价"联系起来，是二期课改理念的忠实保障者。不实施考试的学科教研员，相对有较大的空间、时间促进教师主动发展。但这只是结构蕴含的可能性逻辑，并不会自然而然地发生在各科教研员的教研工作中。

首先，一些学科虽然没有高利益考试的制约，但却因考试划分出来的学科地位悬殊，在师资、课时、发展机会等方面受到制约。这些制约被科学、音乐、拓展等学科教研员所感知到，发展出不同的应对策略。有的借助于管理的思维，有的则以教师的发展为重。而考试学科的教研员，工作中不可避免地要研究命题，并通过研究命题指导教学，实现教育问责。当考试成为指导的一种凭借时，考试所营造的学科重要性与学科教研工作的压力是成正比的。换言之，身处考试问责链条中的教研员的工作压力也远远大于非考试学科的教研员。所以不能简单地将"高利益"考试视为特定学科的促进性条件或制约性条件。需要结合教研员的关注点来分析。教研员的身份建构中表现出"结构关注"为主的特征，会将"高利益考试"视为促进性条件。因为教研员可以通过考试强化自己指导的权威性。教研员的身份建构中表现出"个人关注"为主的特征，则会通过其他的途径培养、稳定教师队伍。例如开发校长资源，关心教师处境等。

其次，学科存在历史之长短，在国家、校本课程中所处的位置，导致了不同学科教研员的应对策略。同为基础型课程，音体美教研员存在时期较长，形成了较为稳定的工作模式，所以虽然不受考试的牵制，但教研员给予教师的自主空间也不多，尤其涉及课程标准的实施时，自上而下的推进模式总是存在。科学教研员虽然面临着培养教师的迫切任务，但是并不以基于命题的指导为主要工作思路。换言之，音体美受传统教研工作的惯习影响更为深刻。另外，科学教研员受师资的制约，坦言在当下的教研活动中，只能"保底"，在课堂中体现"科学的样子"。拓展、探究教研员在更不稳定的情况下，对于质量保障的"结果"环节并不太关注。所以科学、拓展、探究受传统惯习影响较浅，教研员个人阐释的空间较大。

从上述分析中，可见非考试类学科的教研员都会发展出"与校长沟通"的策略。事实上，在基础型学科里面，高利益考试学科的教研员也会与校长接触。尤其涉及模拟考试的反馈，会有专门的校长会议。但是从教研员个人角度而言，他们并不需要通过校长加强对本学科的建设，加之学科教研已有积淀，所以这类学科教研员多与教研组发生互动。非"高利益"考试学科教研员与校长互动的目的也有所不同：科学教研员出于稳定师资的需要；音乐、体育教研员出于教师的生存环境。也就是说，高利益考试会影响到学校组织内部领导的决策。因为在问责系统中，校长会对整个学校的教育质量承担一定的责任。

第二节　"经验"影响下的教研工作

在访谈的 30 位教研员中，有 15 位来自于中小学教师；有 5 位原先是教师进修院校的培训人员；有 6 位从高校毕业后直接进入教研员岗位，其中有 2 位分别是 20 世纪 80 年代、90 年代毕业的大学生，其他 4 位均为 21 世纪初毕业的硕士和博士；有 3 位具有教育行政管理经验，虽然如此，这些人在从政之前，均有幼儿园或中小学执教的经验；还有 1 位硕士研究生毕业后，从事过教育研究工作，后转入教研员一职。所以他们的来源可以分为五类：教师、教师培训者、高校毕业生、教育行政人员、教育研究人员。本节将结合教研员以前的职业背景及其经历，分析其对教研员能动性所产生的影响。

一、为什么选择教研员

在很长的一段时间里，教学质量保障人员要么附生在教育视导系统内部，要么独立成为教研员后，享有行政权威。这种情况下，教研员的职位多由上级行政部门"指定"而来。但在近 30 年的教育变革中，教研员群体内部有不少人员通过公开的招聘系统获得此职位。在这两种任职方式背后，个人对于任职教研员又有不同的理由。

（一）"这是工作需要"

语文教研员 D－YE－16 没有学校任教的经历。他的职业变更与整个教师教育体系的变化联系在一起。在 20 世纪 80 年代，D－YE－16 在中等师范学校，负责教师的职前培训。后来，为了提高教师的学历，中等师范学校升级为大专院校，随后并入 H 市的一所师范院校。在师范教育改制之时，D－YE－16 从师范学校转入 D 区的教育学院，负责教师职后培训。他是这样叙述自己的这段经历的：

教育学院里面有很多部门。一个部门就是师训部，专门搞职后培训。我在师训部待过。后来到 80 年代后期，我到教研室担任教研员。这是工作需要。我们整个区里面，教研这一块比较薄弱，而且教育学院过去的功能以教师的培训为主，后来发现教学研究这一块显得更加重要，所以把主要的力量花在教研这块。所以我当时抽调到教研室（D - YE - 16 - 110516）。

D - YE - 16 从师范学校调到教育学院的师训部，再从师训部调到教研部，不仅与师范教育转型，师资结构调整有关，也与教育学院的功能转变有关。在部门功能转变背景之下，D - YE - 16 没有学校任教经验，却被任命为小学语文教研员，与他以往的工作经验有关系：

80 年代开始，师范学校专门搞教材、教法研究。我的主攻方向也改了。我过去是搞中文的，后来师范学校缺少人，加之当时教材、教法的研究很热，我就被抽调到教材教法组，专门研究小学语文教材教法（D - YE - 16 - 110516）。

这一工作经验弥补了 D - YE - 16 缺乏教学实践的不足。换言之，在教育学院功能调整的情况下，从培训人员转变为教研人员，个人没有太大的选择空间。另外，新出现的课程（例如拓展、探究）需要教研员，而此领域又没有人才储备时，也多以结构任命的形式安排。如：

那是领导安排，正好我的前任退休了，当时院里面的一个想法就是希望内部调整。后来领导和我商量，然后我就到教研室来了（K - TE - 20 - 111107）。

外部任命的形式，并不仅仅发生在培训人员身上。只是 20 世纪 90 年代末，教师进修院校的"师训部"职能削弱，导致一批师训人员被调至教研部门的现象尤为明显。在以前抑或现在，不乏对其他人员的调动。例如 C - AF - 02 就是因为教育局工作细分的缘故，从行政部门调至教研室。

1988 年后，教育局的工作开始细分。我从机关行政部门调入教研室。在 88 年到 99 年之间，主要做的是幼教学科教研员（C - AF - 02 - 111109）。

教研员 M - TE - 25 于 2010 年博士毕业，进入教师进修学院，负责科研工作。但因为教研室拓展、探究教研员短缺，兼职了这部分工作。

> 我当时很突然地接到这个任务。我本来是去做教育评价的，是去做科研的。我们那个教研员觉得中小学都做太累了，临时给我这个任务。其实我之前没有任何准备要去做一个教研员，而且对这个研究性课程没有任何的了解（M－TE－25－111102）。

这部分教研员大多遵从了结构的安排。他们在解释为何选择教研员职业时，类似的理由有："前面老的教研员退休了"、"他们叫我来应聘"、"很突然地接到这个任务"。换言之，这并非是他们主动做出的职业选择，一些人员被调动的时候，原先的经历有助于开展教研工作。而一些没有经验积累的新课程，在配置人员时，则不会强调任职者原先的教学经验或学科背景。

（二）"学有所用"、"视野开阔"

科学教研员 C－XB－03 攻读硕士研究生期间，专业方向是科学课程与教学论，2003 年毕业时有两份供其选择的工作：一份来自教研室，另一份来自高校。虽然当时她在高校接受研究生教育时，学界就对教研室存在批判。但她还是选择了前者。理由如下：

> 我也犹豫，是到高校里面去，还是到一个在别人眼中行政色彩更强的单位。我后来还是选择这里，因为我觉得到高校里面，固然有很多发展机会，我也可以去做研究。但考虑学有所用，加上想看看这样一个单位到底怎么样，就进来了，进来以后，觉得还可以。他们还是用了我所擅长的东西（C－XB－03－110520）。

C－XB－03 在回忆这段求职经历时，认为自己高校毕业直接进教研室，可谓是教研室里招聘中"最特殊的"。因为从教研室的招聘传统来看，做教研员的人必须具有教育、教学的实践经验。

> 像我这样的经历，从原来选拔人的角度来看，是不符合任职教研员要求的。他们都需要在基层摸爬滚打很多年，才可能有资格到这个地方来应

聘。像我是非常独特的，当时也是机遇加能力吧。机遇是 H 市那几年正好在搞二期课改，它非常需要课程专业的新鲜血液加入。我学的是课程与教学论，而且是科学方向。当时我进来的时候经过三轮面试，是非常严格的。他们觉得，我各方面能力还行，说可以进来（C－XB－03－110520）。

　　C－XB－03 进入教研室之后，并没有直接从事科学教研员的工作。而是承担了一些调研、文职类的工作，包括课标制定、课程方案的编写工作。直到 2004 年，科学课程开始启动，C－XB－03 被任命为科学教研员。同时兼任"课改办"的一些工作。虽然应聘时，C－XB－03 能够选择工作的去向。但进入教研室之后，工作的调动和安排，则以教研室的意志为主。C－XB－03 对自己任职教研员的看法是：

因为在他们领导眼中，做学科教研员最能够在教研室立足（C－XB－03－110520）。

　　C－XB－03 对自上而下的"调动"赋予了合理化的意义。况且科学教研员的工作与她研究生期间的专业是匹配的，所以她得出"学有所用"的判断。这一判断是在其任教研员之后。但从上述原因中，不难看出她对在教研室任职教研员有一定的期待。

　　与此相类似的还有语文教研员 C－YC－07。她原先是中学的一名语文教师，在全市一次大型展示活动中，给老教研员留下了深刻的印象。加之当时市教研室语文学科缺人，所以申请调过去。当时 C－YC－07 已经是区教育局准备培养的"人事后备"，故在一定程度上，C－YC－07 也是面临了两重选择。她个人更倾向于市教研室，原因是：

可能这个视野更加开阔，尤其是市级教研员这个职位，它是一个很好的平台。我们说眼界决定世界（C－YC－07－111123）。

　　所以在任职之前，有多个职位供其选择的时候，他们选择教研员，多半会对这份职业有所期待。或者能够较为清晰地判断职位的需求和自己的特点。例如科学教研员 D－XB－15 主动申请调至 D 区教研室时，"领导都

不知道让我做什么"，在这种情况下，原先具有教育研究经验，研究生期间
主修教育管理的 D－XB－15 选择了科学教研员：

> 因为科学是新科目，相对来讲，综合性比较强一些，没有像语文、数
> 学那种，要求你是中文专业出身的语文老师，我没有学科背景，所以当时
> 就选了这个（D－XB－15－111114）。

仅从这一点而言，这类教研员要比"被动"地安置于某一学科之上的
教研员能动性要强。因为在入职时，他们已经对结构做了初步的判断。另
外，他们也比较关注个人的发展。如探究教研员 C－TA－09 经历十分丰富，
做过中学语文教师，然后攻读博士学位，毕业后，进入教研室负责教材编
写。如今兼任探究教研员。她提到自己任职教研员时说：

> 我也是自己想来的，想挑战一下，因为做教材做了 10 年了，可能有些
> 东西没有什么挑战了，就有点懈怠嘛。教研这块，对个人各方面的素质还
> 是很有挑战性的（C－TA－09－111123）。

这类人员在进入教研员职位时，多少有一些选择的空间。除了教育行
政人员之外，其他背景的人员均有这样的空间和个人主观的流动意向。而
来自于教育行政的三位教研员，有两位是"被动"调职的，有一位是离开
其他省市，到 H 市重新应聘教研员。

上述具有多重选择的四位教研员中，有两位是科学教研员、一位是探
究教研员。他们的学历分别是硕士和博士。而另一位是语文教研员。他们
都是在二期课改实施之后，进入教研岗位的。故是否可以反推之：二期课
改中的新课程呈现了一个较为开放的空间，有助于能动作用的发挥。且具
有研究背景的人员更容易进入这样一个开放的课程系统。这在下文将进一
步论述。

（三）"我比较喜欢这个专业"

也有教研员不是出于这一职位背后所蕴藏的发展机会、机遇而选择教
研员，他们选择的原因是纯粹的"喜欢"。例如数学教研员 D－SC－12 起初
是中学教师，后来经由他人推荐进入了 D 区的师训部，负责教师的在职培训。

在师训的时候，她就利用偏教研的方法在做培训，即她所谓的"案例教学"。后来 D‒SC‒12 看到教研部门数学科缺人，就主动申请调到教研部门。

> 说实话，我比较喜欢跟老师一起听听课、评评课，一起讨论讨论这个课怎么设计比较好。我比较喜欢这样的一个过程，而且我自己也比较喜欢上课。有些时候听着别人上课，对自己也是有些启发的，也是一种互相促进的过程。比如说，原来这个环节我也没想到，通过听课，把它再总结归纳一下，再推广一下，我觉得乐趣其实就是在这里啦（D‒SC‒12‒111114）。

与此相类似的还有语文教研员 K‒YC‒21，正如第五章所述，她将自己选择教研员的理由主要归因于个人性格：一是喜欢这个专业，二是作为女性，惧怕管理。

"喜欢"是少部分人选择教研员一职的原因。D‒SC‒12 原先就在教师进修学院，通过内部调动获得了职位。K‒YC‒21 作为中学语文教师，在 K 区教研室缺人的情况下，由他人推荐，个人主动争取而获得职位。他们先后于 2005 年、2006 年入职，在入职之前，并没有经过各种理论的考核。

（四）"不是很清楚的条件下就选择了"

音乐教研员 D‒ME‒11 是 2010 年高校硕士毕业之后，通过公开招聘直接进入教研员岗位的。在研究生期间，她主修的是音乐教育，原本计划做一名音乐教师。却在找工作的过程中，被 D 区教研室看中。

> 当时不是很了解教研员。因为找工作嘛，没有考虑太多，在不是很清楚工作性质的条件下选择了教研员（D‒ME‒11‒111114）。

当时 D 区教研室音乐科只有一名教研员，负责小学、初中、高中三个学段。所以迫切需要补进一名人员，分担其工作。D‒ME‒11 在回忆招聘的要求与过程时，并没有感受到太强的挑战。

更多的是硬性条件。比如说毕业于哪个学校，是不是"211"以上的。获得了哪些证书，有没有计算机、外语、教师资格证。然后是你对教育方面的了解，会问一些二期课改的东西，一些理论上的东西……最后考了一份卷子，更多的是关于教育统计、教学实验设计。总的来说，还是偏理论（D－ME－11－111114）。

换言之，教研室在招聘教研员时，所持的标准并不是绝对的。尤其二期课改之后，教研室对不同的人员采用了不用的考核标准。对于来自于教学实践的教师，教研室看重的是教育教学能力。而这些能力通常以教学获奖证书、学生成绩来判断。对于来自于高校毕业的研究生，则会偏向于理论的考核。

总的来说，在教研员的就职中，"被动安排"与"主动获取"两种方式同时存在。"被动安排"与特定的历史、人员的背景、学科工作的推动都有关系。例如教师学历提高，师范教育改制导致地方教师进修院校师训部门职能削弱，一部分人员被安排进教研部门；压缩行政编制的背景，也使得部分具有教育、教学经验的人员进入教研部门；在没有教师储备的情况下，为推动拓展、探究课程，会调动一些人员任职该类学科的教研员。另一方面，也存在着不同经验背景的人员主动获取教研员职位的现象。但是他们背后所持的缘由不尽相同。有的是看到了教研员职位背后所孕育的发展机会；有的是出于个人对这类工作的喜好。但在教研室开放招聘途径的过程中，也有对教研工作缺乏了解的人员进入该职位。

需要补充的是，无论是公开招聘、师父介绍抑或岗位调动，语文、数学学科的教研员大部分来自于中小学的教师，或者具有教育、教学经验，熟知教材、教法的培训人员。这也可以从侧面看出，在高利益考试学科中，教研室首先保障的还是学生的考试成绩。

二、入职时面临的挑战及应对措施

正如第四章所述，教研员通过与教育行政人员、教师、教育研究人员的区别，巩固了自己的群内相似性。这也意味着从教师、教育行政人员、教师培训者、教育研究人员或高校毕业生转变到教研员，都要面临一些转变或挑战。

（一）从教师到教研员

从教师到教研员可以通过他人推荐和公开招聘的方式。尤其是语文、数学这些高利益考试学科，担任教研员者必须具有丰富的教育教学经验，在教学大奖、论文评选中获得过一些奖项。这就意味着这些教师需要与当时所在区域，或市的教研员接触。而老教研员也会有意识地对其培养，一旦退休，或者教研室有人事空缺时，会推荐自己熟悉的优秀教师。所以有时候公开招聘也就成了"他们叫我来应聘"。

从教师到教研员，围绕"上课"形成的实践能力是其优势。在任职教研员之前，这些教师已经通过参加中心组、教研组活动，对教研员如何组织听评课有所了解。虽然就如何"上课"、"听评课"积累下来的个人经验已足够其开展日常的教研，但是日常教研仅仅是教研员工作的一部分。尤其在二期课改的背景下，如何实施"新课程、新教材"，如何辅导教师的课题研究与论文，都是这类教研员必须面对的问题。尤其是市学科教研员，要负责本学科课程标准的制定与修订，综合教研员更是要承担起研究项目的组织与管理。这些都迥异于教师工作。正如数学教研员 D – SG – 13 所说：

> 像我这个经历，拿过来可以直接进课堂上课的，你让我讲理念、讲理论，我能讲得出背后是什么。这是要去学习的，需要不断地钻研。我要钻研我的学科，这个学科的课改方向，这门学科的信息，这门学科的兄弟区县在做什么？还有教育心理学理论，这些都要知道（D – SG – 13 – 110516）。

在这种情况下，来自于教师的教研员主要通过阅读、"摸着石头过河"和"拜师学艺"的方式应对挑战。如语文教研员 K – YX – 23 在任职之初，开展教研活动之前，都要强背一些理念。

> 我一开始做教研员的时候，一个场有那么多人，要讲东西，也很紧张啊，都背的。但是，你背了这一次，背了那一次，慢慢地，把所有的东西都能够融会贯通。这个融会贯通的前提就是调研、听课、大量的案例分析、课题研究、不断地阅读，然后写下来。这样就能够形成一个良好的循环（K – YX – 23 – 110516）。

市教研员 C－YC－07 虽然有师父领进门，但是"修行在个人"。她意识到自己理论方面有所欠缺之后，有意识地去提升这一块，通过修订课标、阅读的方式去积累。

来了以后呢，我自己觉得对一线的实践经验是不缺少的，在理论上要提升自己，因为以前也不太去关注这些。平时语文教学杂志是一直在看的，然后自己也有一些机会，接触师大课程教学专家的一些最新的研究成果，一些培训啊等等（C－YC－07－111123）。

若没有师父指导的话，教研员还要在工作中学着如何去处理一些事务性的工作。如：

因为没人带嘛，连发一张通知也不会，就一点点自己学。学了以后，很快地就适应了这个工作（K－ME－18－111104）。

所以，从教师过渡为教研员，这类人员意识到自己在理论方面的不足。但是结构在这方面给予的促进性条件不多，充其量只是为这类人员配备一名师父。在二期课改背景下，许多工作对教研员群体而言，都是"崭新"的，所以有时候师父也无法指明方向。市教研员一般通过参与"课标"的制定、修订熟悉"课改"的理念，在做中学。区教研员主要通过阅读积累一些理论知识。另外，在没有师父带教的情况下，教研员自己还要主动地去学习一些事务性的工作。

（二）从培训人员到教研员

根据是否具有教育、教学经验，又可以将培训人员分为两类：一类没有直接的教育、教学经验，但是具有培训成年人的经验；一类既有教育、教学经验，又有成年人培训的经验。这类人员在师训部门工作时，已经积累了公开讲座、组织教师活动的经验。所以他们开展工作之初，感受到的挑战并不是"理论"的不足。

无论如何，从培训人员到教研员，工作的内容、方式还是发生了改变。教研工作主要表现为对教师课堂教学的指导，将"课改"所倡导的理念体现在教师的教学中。这些并不是通过一次讲座、一个整体性的培训可以完成的。这就意味着一部分培训人员要转变工作方式。

> 提出的主要挑战是，你要跟老师们一起，把这种理念落实到课堂当中去（M－XB－26－111028）。

虽然有一部分培训人员具有中小学教学的经历，但鉴于二期课改，他授课时的教材、教法与他任职教研员时看到的教材、理念已经有所不同。这在科学、拓展、探究科目非常明显。如 K－TE－20 所感到的：

> 我自身专业素养的提高，需要的一种支撑，都是要自己去完成的。会很苦。即使我把所有的人都叫过来，其实也没有解出我的困惑（K－TE－20－111107）。

在缺乏外部指导的情况下，K－TE－20 也采取了在阅读中释疑解惑的方式。

> 后来我就翻阅好多资料。我发现国外是有类似的东西的，包括一些软件也做这些东西，说明这个东西肯定是能做的，确实是有"道道"的，但这个"道道"哪里来，我也不知道。后来看了布鲁姆的目标分类学，看第一遍的时候，也没想到这个事情。后来看了几遍，又到学校去了，我就一下子联系上了。是那个高阶目标的东西（K－TE－20－111107）。

由此可见，从培训人员到教研人员，工作方式的转变给教研员造成了一定的压力。具备教学经历的培训人员，在培训时，主要围绕课堂教学进行案例讲解的话，那么压力相对减小。需要注意的是，从培训人员到教研人员大多是教师进修院校的内部调整，个人在职业中的自主选择意愿很少。加之新课程、新学科的教研员不足，一部分人员会被调至这类学科。所以他们感受到的挑战更多的是来自学科教学内容、方法上的挑战。与被调至语文学科的培训人员相比，这类挑战更为明显。

D－YE－16 虽然没有中小学任教的经历，但他认为自己作为教研员是合格的。甚至要比从基层上来的教师看得更加全面。

有的教研员是基层教师出来的，他上课上得很好，然后被抽调上来当教研员。像这种类型，肯定有局限。因为他只是第一线，是局部的。但是对教研员来说，他的要求是相当高的，对整个学科的理解要全面的（D－YE－16－110516）。

所以，具备了教师职前培训、职后培训经验的 D－YE－16，认为自身的经历有助于教研员的工作。即使在"课改"背景之下，也没有感受到在解读课程理念、教材方面存在压力或挑战。

相较于教师来源的教研员，背景是培训人员的教研员工作的适应性要强一些。这类人员主要由部门内部调动而进入教研员职业，所以很少有师父带教。并因其具有培训工作的经验，对于"补充理论"的需求并不迫切。但是在二期课改的背景下，新课程的教研员需要通过自我学习、摸索，积累"如何将理念转换成实践"的工作方式。而一些传统学科的教研员也需要通过不断的学习，更新自己的知识。

（三）从高校毕业生到教研员

高校毕业后，直接进入教研员岗位的人员大多经历了"公开招聘"的方式。且这类人员的学历层次有逐渐提高的趋势。他们在选择这一职业时，多半建立在自主选择的基础之上。如 C－XB－03 在可选择的情况下进了教研室。从其"课程与教学论"研究生的背景来看，她在研究方面有一定的积累，便于开展工作。如今她兼职科研部主任和科学教研员，认为自己都做得很好：

我现在做的所有的工作研究色彩比较重。当然我也做学科教研。我在这个岗位上做得很好。你让我现在去做语文教研员、数学教研员，我怕没有那么多年的基层工作经验，可能真的不一样（C－XB－03－110520）。

换言之，C－XB－03 意识到正是因为新学科的缘故，自己才不会受到诸多条件的筛选。同样，有类似研究背景的教研员 D－XB－15 和 M－TE－25 也意识到新学科受传统的约束较少，不以具备教学经验作为筛选的必备条件，拥有的个人空间也相对较大。

我觉得这个学科很适合我来做。因为我们是学教育基本理论的，如果去做一个学科课，反而没有那么大的空间。因为它要考试，它要按考纲来考。教的时候很固定。而且它的教法都是约定俗成的。你没有太多创新的空间。我倒是觉得做一个综合课，很有空间（M - TE - 25 - 111102）。

作为教研员，这类具有研究背景的人员终究要进入课堂。对教师的教学提出指导意见。所以他们会觉得"磨课"的压力比较大。

我们一直在做各种各样的事情，工作压力相当大。有很多辛苦，你真的是不觉得。比如说经常跑到学校去听课，去磨一节课，有的人说这是雕虫小技，说这种教法不重要。其实很重要，你不去这么一点一点地做，让老师去领会上位的东西是不可能的（C - XB - 03 - 110520）。

压力虽大，并非没有应对之策。具有高校研究生学位的几位教研员，其所学专业都与"教育"有些关系。所以他们刚开始工作时，会利用"高校"语言听评课。

做教研工作的时候，我跟老师讲方法策略、师生关系，讲很多。比如说情感、态度方面的东西。这是我在高校很拿手的。那时候我就觉得老师永远都是用一种可望而不可即的，或者弄到最后就是用一种很不感兴趣的眼光来参加你的活动（C - XB - 03 - 110520）。

显然，他们自己也意识到这种指导并不能有效地解决教师的疑惑。所以他们也会亲自去上课。如今 H 市均要求没有教学经验的教研员需要在区域内的学校中进行实践学习。像科学、拓展类的新课程，由于人事上没有储备，所以这类教研员需要自主学习，或者与实践学校的教师一起"磨炼"。亲历了上课环节后，他们也会感受到自己指导的改变：

通过自己去上课，我也认识到了上课和学科本体知识非常重要。我现在很认同这一点。因为我自己以前是搞课程与教学论的，我很认同大学里面那一套东西。但我实践以后，发现是行不通的。我必须是在学科本体知识非常扎实的基础之上，才可以去做更上位的东西，才可以让教师更有艺术（C－XB－03－110520）。

与科学、拓展、探究教研员不一样的是，音乐教研员D－ME－11入职之后，还有专门的师父带教。一位师父是教研室的音乐教研员，指导教研工作的组织、开展；一位是区学科带头人，指导课堂教学事宜。

与这群人员类似的还有C－XB－15，虽然她高校毕业后，有过在教育研究机构工作的经验。但是她将自己从事教研员的工作视为"第一次就业"，在没有学科背景条件下，她选择了科学教研员。一边主持教研工作，一边在实验学校学着上课。

由此可见，教研室对于高校毕业的人员，给予的支持较多。提供实践的场所，条件允许的情况下，配备专门的带教教师，促使这类人员迅速地熟悉教学实践。加之这类人员多少受过"研究"的专业训练，所以他们对于市、区研究项目的参与度较高。即教育系统不仅运用了这类人员的"专长"，也为补齐这类人员的不足提供了支持性条件。

（四）从教育行政人员到教研员

从教育行政人员过渡到教研人员，基本为教育系统的内部调整。访谈对象中，有三位教研员的工作背景是教育行政人员，但在从政之前，他们也有过幼儿园、中小学的从教经历。在入职阶段，曾提到这类人员的工作选择空间不大。当时M－ME－24在没有办法的前提下，选择了从事小学学段的教研员。他提到：

本来我不愿意做教研员的，后来为什么选择了教研员呢？没办法的情况下做了教研员。因为我觉得目前在我们国家，在这种教育体制下，小学有可能做点事情。中学都去忙考试去了（M－ME－24－111028）。

换言之，M－ME－24并没有沿袭行政管理的思路，而是"想做点事情"。由于其原先的工作经验，他在处理管理事务、听评课方面，并没有感受到"挑战"。他意识到自己的不足在于如何将实践经验提炼成具有指导意义的文字材料。

我认为自己的优势在于实践，劣势在于写作。我是一个崇尚实践的人。当然仅仅崇尚实践还不够，要善于总结，并形成指导性的文字材料。这是我目前正在做的（M‑ME‑24‑111028）。

与 M‑ME‑24 截然相反的，C‑AF‑02 并没有意识到工作转变所带来的挑战。C‑AF‑02 曾有十年学科教研员的经历，1999 年调任至综合教研员，负责标准、纲要、指南、教材编制的管理。她提到的教育行政与教研工作的区别，在于工作对象的差异：

以前做行政主要是推教育部的政策，后来做教研，就主要是推运作了（C‑AF‑02‑110519）。

且在 C‑AF‑02 眼里，从教育行政人员过渡到综合教研员，工作上也有相似点——"推"，即将课改政策、理念推行到实际运作中。但在实施中，C‑AF‑02 主要借助其他力量来完成这一工作。如：

自选项目主要由我来牵头，我们会有相应的专家团，由 10 人组成。专家团既有整体性的指导，也有点对点的指导（C‑AF‑02‑110519）。

C‑AF‑02 现在的工作虽然冠之以"综合教研"的头衔，但主要从事的还是组织、管理的工作，故她原先的工作经验还能适用于如今的工作。从这类人员的安排，到工作的实施，教育系统也没有提供支持性的条件。教研员能否完成个人工作的顺利转型，主要看其以往的工作与现在工作的类似程度，以及个人在新工作情境下的追求。

由此可见，经验背景对教研员的能动性有所影响。教师背景出身的教研员虽然具有实践智慧，但是在二期课改"研究"导向下，明显意识到自己的理论不足；培训人员背景出身的教研员大部分被安排到没有积淀的新学科或课程，工作的挑战主要来自学科或课程内部，且师训工作与教研工作在方法上也有所差异，所以也面临着将教育理论转换成实践的方法挑战；教育行政人员背景出身的教研员，想有所作为的时候，却发现自己的不足在于无法系统地总结实践经验。当然，也有市综合教研员对于工作的转变并无直接的感受，因其依旧用管理的思维在进行当下的工作。相比较之下，从高校毕业生或者教育研究人员过渡到教研员的人员，能够利用结构所提供的便利，选择适合自己的学科；并通过实践进一步丰富自己的指导；且能够参与到各个研究项目中。所以这类教研员的能动性较强。

这并不意味着其他背景出身的教研员受制于当下的结构，不具备能动性。其实，四类人员都强调了"自我学习"的重要性。他们的学习内容表现出"缺什么、补什么"的特点。若不学习，教研员运用管理思维或者借用他人的力量，也可以开展工作。所以，从这一点而言，四类人员中有志于不断学习的教研员，都具备了能动性，表现出适应或改变当下工作的意向。只是教育系统没有提供的支持性条件，相反，系统中衍生出来的关系网络，课题管理等事项，发展的是教研员组织、管理的能力，而不是理论，或将理论转化成实践的能力。

第三节　承诺：从结构—能动者互动的视角

从考试的强度来判断，四类学科中，拓展教研员的能动性空间较大；科学和音乐居中；语文相对较小。首先，拓展不受制于高利益考试，也不存在其他形式的学业考试、结业考试，教研员工作方式受传统惯习影响较小。其次，科学课程作为基础性课程，虽为新学科，但需要结业考试。再次，音乐虽然没有外在考试的束缚，师资也相对稳定，但是存在已久，教师地位不高，教研员的工作受传统惯习的影响较深。最后，语文作为高利益考试学科，教研工作必不可免地要受制于外部命题的影响。故此处蕴含了学科教研员对结构"转变"或"复制"的可能性的判断。

这种"转变"是否可能发生？换言之，教研员能多大程度上避免外部问责的负面效应，促进教师的主动发展？还要视之于教研员个人的经验。在有关"经验"的分析中，发现一部分教研员是有目的地获取教研员的职位，而一部分教研员则是处于被动的安置。以此不足以判断教研员的能动作用。还要看其所持的目的到底为何，其对所持目的的"承诺"是否一以贯之？这在第五章的四个个案的分析中已经详细描述。具体到所有学科时，发现结构为不同背景的教研员提供的支持程度不一。其中高校毕业生（包括教育研究人员）所获得的支持最多，教师培训者、教育行政人员次之，教师获得的支持最少。故此处展现了教研员能动性的第二层判断。

将"学科"与"经验"互相结合，那么衍生出来的能动性的"变式"多达 16 种（见图 6 - 1）。

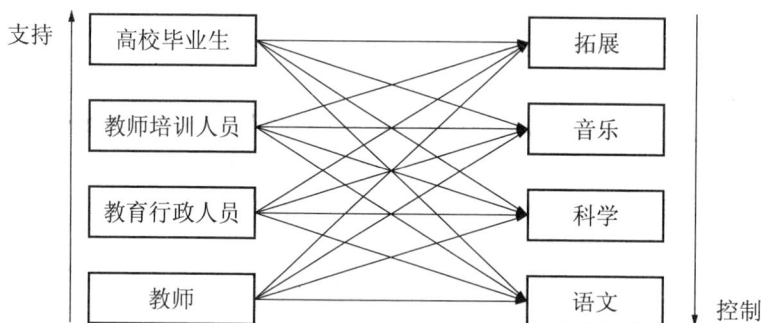

图 6 - 1　经验、学科影响下的"能动性"变式

一、强控制下的能动作用与承诺

本节主要选取四类组合①，对教研员的能动作用与承诺进行分析。分别是"高校毕业生背景的拓展教研员"，"高校毕业生背景的语文教研员"，"教师背景的拓展教研员"和"教师背景的语文教研员"。其所彰显的结构与能动者的关系如下（见表 6 - 1）。

表 6 - 1　结构与能动者互动的四种模式

	强控制	弱控制
强支持	C - YE - 04	M - TE - 25
弱支持	K - YC - 21	K - TB - 19

其中，语文学科的两名教研员已经在第四章做过详细分析。其分别表现出"个人关注为主，结构关注为辅"和"个人关注"的身份建构。两者都促进了教师专业发展。但是 C - YE - 04 有所创新，并获得结构的支持。他的策略是"寻找结构与个人关注的契合点，并致力于个人所关注的事

---

　　① 选择的标准是各取结构控制强/弱，能动性强/弱为极致的两端，希望借此发现互动之后的状态——复制或转变。

项"。K－YC－21 则是对结构导向的"问责"予以应付，致力于个人当时的专业选择。由此可见，在强控制的条件下，不可以能动者可能蕴含的能动性来判断其对结构做出的反映。从 K－YC－21 的个案中，可以发现 K－YC－21 并未完全复制问责导向的结构。那两者对教师专业发展的承诺是否可能？

若从实然角度来看，这需要借助后续的实证研究来进行。但是两者目前的判断，已经表现"承诺"的不同程度。C－YE－04 认为是在"做自己开心的事情，愿意一直做下去"。但是 K－YC－21 目前将课题研究视为分散精力的工作，却承认"可能是我后期的工作"。换言之，K－YC－21 的承诺很大程度上取决于 K－YC－21 对个人利益放弃的包容度。

二、弱控制下的能动作用与承诺

那么处于弱控制下的两位拓展教研员在教育问责和教师专业发展方面，偏向于哪一面，是否有可能对此形成承诺？

在对拓展教研员的策略分析中，发现 M－TE－25 主要使用的策略是：重视设计思路与方法，与校长建立联系，理解与保护教师的教学；而 K－TB－19 主要采取的策略是基于管理的介绍与经验推广。所以 M－TE－25 更偏向于教师专业发展，而 K－TB－19 则偏向于教育问责。在承诺方面，M－TE－25 表现为：

我要服从领导安排。我接这个学科的时候，也是毫无预知的。我们也成立了评价研究中心，领导的意思是你先两边都干着。可能以后就要完全转过去。究竟什么时候转过去，我不知道。……其实，即使以后我完全转过去做评价，我也希望可以兼着这个（拓展）。我觉得我还蛮适合做教研员的（M－TE－25－111102）。

所以 M－TE－25 的"承诺"也是不确定的。虽然她在工作中表现出强的能动性，且认为可以胜任这份工作。但是"承诺"取决于教育系统对她的安排。而 K－TB－19 对此工作既无成就感，也无"承诺"。

这个学科弄好了，不是你的功劳。任何一个层面上的领导也不会说是你教研员的功劳。……我现在四门是暂时的，我不可能一直做四门的（K－

TB-19-111104）。

换言之，K-TB-19 任哪一门学科的教研员，也是听从教研室对他的安排。他当时选择做非考试学科的教研员，是因为这类学科考试压力小，工作相对轻松。但是工作一开始他就没有将自己的工作目标定位为促进教师发展，而是采取了管理的思维进行工作。故虽然拓展课程的问责逻辑不强，且没有形成传统的工作惯习，但 K-TB-19 却形成了对问责结构的复制。

两者相比，在弱控制的条件下，获得强支持的能动者能够促进教师发展，同时自己在工作中也有所发展。而获得弱支持的能动者套用了教研工作中的"管理"逻辑，无论是对教师，还是对自己的发展都比较小。

三、能动作用的强弱：结构与个人关注的融洽度

再通过两两的横向比较，则发现在强支持的条件下，无论是强控制还是弱控制，能动者 C-YE-04 和 M-TE-25 都表现出较强的能动性。原因在于两者在大方向上遵循结构的安排，同时在此前提下找到个人的能动空间。与此相反的一个个案是教研员 M-ME-24。在能动性的组合中，其所处的结构控制居中，所获得的支持也居中。表现为从教育行政人员过渡到音乐教研员，且从政之前具有音乐教学经验。在上述为何做教研员，及音乐教研员的策略分析中，他是在没有选择的情况下做了教研员，也想着在音乐教学方面做点事情。所采用的策略主要是：利用自己的特长、兴趣培养教师。然而，他最终的职业决定是：

我已经跟领导提出来了，最好还是别让我干了。我觉得再这样下去，我有一种危机。一个人同时做两件事情，都把它做好，我觉得有点困难。我的合唱能力，合唱理念提升了，解决问题的办法多了，但再这样下去我的合唱指挥能力可能会下降（M-ME-24-111028）。

M-ME-24 的"个人关注"并非指向于教师的专业发展，而是指向于自己的专业兴趣。且这一专业兴趣并非是问责结构规定的，不是教研工作所必需的。M-ME-24 认为教研工作只是增强了他的音乐评析能力，但由

于不练、不唱，导致了他音乐能力的下降。最为明显的是"合唱指挥能力"的下降，这就成为他发展自己专业兴趣的制约性条件。所以 M－ME－24 提出了不再担任教研员的申请。他与 C－YE－04 有区别（见图6－2）。

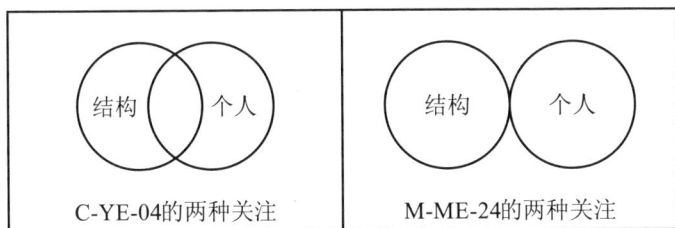

图6－2 结构关注与个人关注的两种关系

固然强支持可以为能动性的发挥提供"锦上添花"的作用。但是能动作用的体现取决于结构关注与个人关注的融洽程度。若结构关注与个人关注走的是两条路，那么能动者在现有教育质量保障系统中发挥能动作用的可能性较小，持续性也中断。更不可能出现"承诺"。

四、承诺的"源泉"：结构支持或个人收获

承诺的前提是已经形成了个人关注。若个人只是利用结构提供的职位，实行结构的要求，从中不能获得个人情感的满足，承诺不复存在。在"弱支持"的条件下，处于强控制下的 K－YC－21 和弱控制下的 K－TB－19 的能动作用与承诺有所不同。前者对教师发展有所贡献。后者在教师发展上几乎无作为。这进一步说明了"控制"的程度并不能决定个体在结构中的能动作用。

但是对照 K－YC－21 与 C－YC－04 的"承诺"，发现 K－YC－21 的承诺较为不确定。可见的区别主要有两点：一为个人经历不同，导致获得的支持程度不同。二为个人从结构中获得的利益也有所差异。具体表现为 K－YC－21 作为教师，获得的结构支持性条件少，即使通过听评课促进了教师的发展，也被结构视作教研员应尽的责任。并未能在政策导向的研究领域有所作为。也就是说虽然 K－YC－21 践行了个人关注，这一关注也为结构所需，但未获得结构的"回馈"。而 C－YC－04 不仅实现了个人关注，还获得了结构的"激励"。这也是其能坚持十年蹲点研究的原因之一。

换言之，承诺需要"动力"或者"源泉"。K－YC－21 在工作中最为看重的是教师对自己的认可。但是其有一个假设，就是自己的教学研究水平要优秀于教师，这样才能对教师有所指导。所以需要不断地学习，再不断地输出。建立在如此假设基础之上，K－YC－21 在教研活动中除了情感的收获，其他收获是很少的。虽然 K－YC－21 在单向度的"输出"工作中，"承诺"能维持多久，不得而知。但有一个个案却反映了"承诺"的"源泉"不足，导致承诺的停止。数学教研员 D－SC－12 也是因为个人对这份工作的喜爱，主动选择了教研员一职。她在做师资培训的时候，就运用了偏教研活动的方式。她意识到"以考来促"的指导方式的无奈，透露出对教师发展的关注，并与教师的私人关系良好。她把教研员比作一个容器：

> 我们就是一个信息量很大的储备库，各种各样的信息储备在那里，拿出来慢慢用（D－SC－12－111114）。

如此，就要不断地向容器中输入新知。由于各种事务性工作的干扰，D－SC－12 即使花费了私人时间与教师磨课，交流，还是有力不从心之感。

> 我的感觉是老本快吃光了，必须静下来去学点什么东西。必须要有静下来、沉下来的时间……如今到了这个年龄，让我重新选，我可能又会选师训（D－SC－12－111114）。

由于将学习视为个人的行为，而不是发生在教研工作过程中，故学习成为一件需要个人额外花时间的事情。且个人时间被挤压的情况加剧了教研员工作的"枯竭"之感。所以有志于教师发展的教研员，在现有的环境下，很难实现其承诺。除非个人承诺的事项能够获得结构的支持，或者教研员能在教研活动中获得发展，为其承诺提供"源泉"。

教研员对教师发展的承诺不仅表现了教研员的能动作用，还体现了教研员身份建构的稳定性。若教研员在当下的教育变革中，不能保持"承诺"的持续性或一致性，那么他就变成了教育变革中的"流浪者"，随着教育问责结构的变化而变化，充满不确定性。

　　综上所述，考试是问责的重要手段，而不同学科考试的目的与性质不同，导致问责的力度也有所不同。H市的二期课改将课程分为三类：基础型课程、拓展型课程和探究型课程。在基础型课程中，音乐、体育（除初中体育）、美术不需要参加任何形式的考试，故在以学生成绩为主要指标的学校教育质量的反映中，这些学科没有发言权，处于边缘位置。而科学作为基础型课程中的新学科，如同以往的地理、生物一样，需经过学业考试、结业考试的检测，所以地位不及语文、数学等高利益考试学科，却高于边缘学科。除此之外，拓展、探究课程，与基础性课程不同，两者的开展情况受学校重视程度、资源配置的影响，不接受任何的考试。故从质量控制的角度而言，拓展、探究课程教研员的能动空间较大。

　　考试不仅影响了不同学科的问责力度，也影响了学校内部的资源分配。当考试在语文学科成为教师个性化的制约性条件时，由考试衍生出来的资源问题却成为非考试类学科的制约性条件。而这些条件无一例外地被科学、音乐、体育、拓展等教研员所感知到。他们对此采取了不同的措施。语文、数学教研员在高利益考试背景下，不可避免地将考试作为"指挥棒"指导教学。具体到语文教研员个体而言，对这种做法的认可程度不一。科学教研员采取了"通过命题进行指导"、"关注骨干力量，落实课堂教学"，"依靠中心组或学科基地"、"建立私人关系"的策略。音乐或体育教研员则采取了"通过听评课规范教学"、"借助外力改变教师的观念和操作"、"根据自己的理解和特长指导教师"、"关心教师的工作状态"的策略。拓展或探究教研员采取了"基于管理的介绍与经验推广"、"重视设计思路与方法"、"与校长建立联系"、"理解与保护教师的教学"的策略。由此可见，科学、音乐、拓展等教研员都发展出相应的策略解决师资、课时等资源问题。其中较为一致的策略就是"与校长建立联系"。换言之，教研工作的开展与校长的支持有很大的关系。由于语文、数学需要通过中考、高考来检验教育质量，学校领导会主动关注。教研员与校长接触一般也是围绕教育质量分析而进行。但非考试的学科，则会通过私人关系的建立，来促进工作的开展。

　　虽然高利益考试的存在，使得考试学科看似处于一条紧密的教育质量保障链条中，即教研员在"目标—过程—结果"中都发挥了作用。但"课程标准"与"命题"的脱节，使得教研员虽然有着课程保障人员之名，却实行基于命题的保障。由于命题权在考试院手里，所以教研员就需要对这个未知的内容进行研究或揣测。导致高利益考试学科教研员保障目标的偏离。科学的课程标准制定、指导、命题考试都在教研员手中。从课程保障的角度而言，他们最可能实现基于课程标准的保障。但"课标"的弹性与模糊性，导致科学教研员个人阐释的空间较大，结果未必是"课标"所倡导的理念。至于音乐、拓展学科的质量保障体系更为开放，只有"目标—过程"两个环节。但是音乐学科存在已久，受教研工作传统惯习的影响较大，"自上而下"的传递较为明显。故拓展、探究课程教研员的个性化的空间最大，且工作结果不受外在目标的检验。

四类学科中蕴藏的个性化空间，对教研员的能动性产生何种影响，还需要结合教研员的个人经历来看。通过分析，教研员这一职业可分为"指定"和"主动获取"两种形式。但两种方式并不是影响教研员"承诺"与否的决定性因素。从教研员的背景来看，任职教研员者，主要有五类人员：教师、教师培训者、教育行政人员、教育研究者、高校毕业生。其中前三类人员，基本都持有教育教学的经验。后两者没有教育教学经验。尤其在二期课改之后，高校毕业直接进入教研员的人数开始增多，具有接受研究生教育的背景，学历较之于 20 世纪 80 年代、90 年代有明显的提高。高校毕业背景的教研员又可以分为两类：具有学科背景与没有学科背景。前者从事的是基础型课程里的传统学科的教研员（但高利益考试学科的教研员必须具有教育、教学经验），后者则被安排在或选择了科学、拓展、探究这类新课程。不同背景、经历的人员进入教研岗位后，面临的挑战也有所不同。教师背景的教研员感知到自己理论的不足，或者对事务的组织不甚熟悉，主要通过自我学习、"强记理论"、"在做中学"的方式适应这些挑战。教师培训者对理论所带来的挑战，感知不似教师那么强烈。在教师进修学院功能调整的过程中，一些培训人员被安排到新课程、新学科，所面临的挑战更多来自课程、学科内部。所以他们主要通过自我学习、不断积累的方式，寻求"将理论转化成实践"的方法。教育行政人员过渡到教研员，多为"平级"调动。与教师培训人员的调动思路相类似，要么将其调至教研室的新职能（课程、学科等）部门，要么依据其原先的学科背景，调至相应的学科教研部。如果教育行政人员被安排至综合教研部，所感受的工作差异性并不大。因为当下的综合教研部虽然以"研究"为要职，但其中渗透着管理、组织的思路，这与以往的教育行政工作无太大差异。从教育行政人员到学科教研员，在组织事务、听评课方面所受的冲击并不大。与教师类似的是，无法将教研中的"经验"提升为理论。与教师、教师培训者、教育行政人员相比，高校毕业生（包括教育研究人员）所受的结构支持最多。他们虽然缺少来自实践的经验，但是教研部门专门为其配备了师父、基地学校，供他们发展教学实践能力。再者，他们所拥有的"研究"能力有利于他们参与到政策导向的各种研究中。所以五类人员中，高校毕业生（包括教育研究人员）所获得的结构支持度最高，教育行政人员、教师培训者次之，教师最少。

故根据教育问责结构对各学科的控制程度，不同背景教研员所受的二期课改的支持程度，可以得出 16 种结构与能动者的互动模式。第三节选取了四种典型的模式：探讨强/弱控制、强/弱支持两两影响下的能动作用和承诺。首先，发现问责结构的控制程度并不能影响教研员的能动作用。例如教研员 C－YE－04 和 K－YC－21 在强控制的条件下都表现出对教师发展的关注，并致力于自己所关注的事情。而 K－TB－19 在弱控制的条件下，实施的却是"管理"的策略，表现出对问责结构的复制。虽然结构控制程度的强弱不能决定能动作用，但是结构关注与个人关注的融洽度，却影响教研员能在多大程度上促进教师的发展。其次，结构的支持度能影响能动者的"承诺"。例如同为"强控制"的条件下，获得"强支持"的 C－YE－04 的承诺程度要高于处于"弱支持"的 K－YC－21；在"弱控制"条件下，获得"强支持"的 M－TE－25 的承诺程度也要高于处于弱支持的 K－TB－19。总体而言，教研员的承诺需要"源泉"，这既可能来自于结构的支持，也可能是教研员的个人收获。若教研员持"高于教师"的立场，处于单维度的付出中，工作易陷于"枯竭"的状态，不利于其承诺。故身份建构的稳定性降低，充满不确定性。

由此可见，结构并不表现为一个单一、稳定的实体。考试的存在，使得结构的多元性得以展现。但是结构预先存在的"制约性"或"促进性"条件，在未被能动者感知到的前提下，并不对其能动作用产生影响。例如结构关注的语文教研员，会视命题的存在为促进性条件，有利于巩固他的指导权威；而个人关注为主的语文教研员则会尽量缩小命题的影响，并辅之以其他的指导。所以，结构"控制与否"、"促进与否"，控制/促进的程度如何，与个人的关注有很大的关系。也就是阿彻在结构与能动者互动中所强调的：个体只有通过有目的的筹划才能感受到结构预先存在的"制约性"或"促进性"条件，进而发展出不同的策略，考虑其所承诺的事项。

另外，教研员虽然已然成为一个社会群体，但是其内部又有分层，且个人浮现出来的特征有所不同，导致其持有的"机会成本"也各不一样。阿彻将机会成本与个人系统中所占的位置联系在一起，认为即使在面对同样的项目时，处于不同位置的群组拥有不同程度的自由，面对不同程度的约束。如今，不同学科的教研员其"位置"的稳定性也有所不一样，尤其是新学科的教研员，个人选择程度和流动性稍强。这一部分源自结构的需求，一部分也与教研员个人的背景有关。简言之，在"课改"背景下，在从业教研员的人群中，拥有研究生背景的高校毕业生，其机会成本更大，个人选择较多，面临的约束也较少。

第七章

教研员之于教育变革

随着课程改革的深入发展,"教学"成为重要的变革议题。尤其学生的学业成绩成为衡量教育质量的主要标准之一时,提高教学质量就成为各国教育变革的重要目标或手段。霍伊尔(Hoyle)和华莱士(Wallace)曾用反语(irony)一词来描述无以休止的教育变革过程中,教育政策与教育实践之间出现的意料之外的结果。他们在诊断英国教育变革中的这一现象时,提出尽管政员可能出于国家经济的目的而发展教育,但并不能以此质疑他们提高教育的"诚恳意愿",出现如此偏差,很可能是在改革的"弹性"空间里,对教师和校长提出的建议不足,或者是这些建议不可避免地表现出保守主义倾向(Hoyle,Wallace,2007)。

在中国近20年的基础教育改革的政策文献中,教研员的专业角色得以强调,行政角色被弱化。但是如何实施其专业角色,没有提供富有建设性的意见。学者更多的是指责教研员没有实现其专业的职能。换言之,对于政策期待与实践的偏差,大陆学者更容易将责任转嫁至教研员这一群体。但是结合第三、四、五、六章的分析,不难发现这些判断有失偏颇。课程改革的质量保障系统中也存在着大量的"模糊"空间。

在这个"模糊"空间里,教研员如何行动?对教育问责、教师发展、个人成长均会有所影响。本章将对前四章的研究发现进行总结与反思,在此基础上探讨本研究的理论与实践意义。

第一节　教育问责结构与教研员身份建构

教研员的角色如何，不仅仅体现在当下的政策文献与理论探讨之中。需要结合教研制度的历史发展，对其角色演变及其表现出来的特征作"历时性"的分析与归纳。如此才能澄清教育系统对教研员的真实要求，并为分析教研员的身份建构提供结构底基。教研员的身份建构与角色演变交织在一起，是一个漫长的过程。本研究的重点在于探讨教研制度的历史变迁和课程变革下的教研员的身份建构。之所以将身份建构的场景放在当下，一是受限于历史材料的搜集。因保存下来的有关教学质量保障人员的日志等文献非常少见，不利于从历史的角度研究其身份建构。二是课程变革作为 20 世纪末中国大陆大型的教育改革运动，对教研员提出了若干新的要求。教育质量保障系统内部的权责关系有所调整，在外部结构，及其所持理念剧烈变动的前提下，探讨教研员的身份建构是一个契机。而身份建构的过程又是一个能动者与结构互动的过程，所以之前、当下的角色，个体所具有的能动性都会交汇于此处。结合前四章的分析与发现，本研究的结论如下。

一、行政干预是教研员专业角色异化的重要原因

如今，政策文本将教研员定位为教学研究的专业人员，但是在具体的工作中，这类人员依然承担了监督与管理的职能。为何在百余年的历史演变中，教研员的监督（评价）与管理两类角色，被毫无例外地惯例化实施。即使在政策修辞发生改变时，也未能得以撼动？主要根源在于教研员的存在理据是：政府需要通过具有教育教学经验的人管理教学。

民国时期，校长、优秀教师进入教育质量保障系统之中，相较于其他视导人员，他们确实能对教师的教学产生更为直接、频繁的指导。这并非是将这类人员纳入视导系统的主要原因。在此之前，校长、优秀教师在学校层面已经对教师的教学产生了影响。且学校中的优秀教师与普通教师并没有形成等级分明的层级关系，其交流与探讨，更多的是建立在平等的基础之上。但是辅导团制，中心学校辅导制出现后，这类教师指导、示范的范畴变大。除此之外，还要与其他人员一起，履行视导的职能，并成为教

育行政上的助手。故来自于教师的辅导员与普通教师由之前的平等关系逐
渐演变成上下级的关系。从这些多出来的职能而言，可以判断视导系统内
部吸纳教师，很大一部分原因是希望借助业内人士对教师的教学进行管理，
并促成区域内的优秀教学经验共享。换言之，教学质量保障人员的出现，
蕴含着行政控制与管理的逻辑。

　　1949 年之后，来自于教师层面的教学质量保障人员在教育行政机构内
获得了合法位置，被称为教研员。1990 年之后，这类人员逐渐从行政编制
中退出。从 21 世纪初，教研员的"专业"、"研究"形象被日益强调。但是
通过对教研员的工作节奏、角色比喻的分析，发现结构并没有为发展教研
员的"教学研究"能力提供支持性条件。在百余年的教学质量保障体系中，
教研员依旧被作为政府控制教师教学质量的工具。虽然"课改"提出了若
干新的理念，也试图转变这一教学质量保障机制。但是从组织架构而言，
依旧将教研员放置在一个备受争议的位置上。"课改办"与教研室的合二为
一，只是增强了教研员"推动"课程改革的意识，"自上而下"的工作方
式、方法并没有改变。在"课标"的研究、制定过程中，教研员实为负责
人和联络人。虽然取消了教研员的行政管理权，但是工作中，教研员依然
要组织各类具有问责效应的评选、视导。一些教研员在访谈中坦言具有
"半个管理权"。而这些"管理"事项一方面侵蚀了教研员教学研究、指导
的时间，一方面助长了教研员在教研活动中的"职位权威"。这些都不利于
教研员向专业人士发展。

　　更为严重的是，角色的冲突、异化，直接影响了教研员的身份建构与
能动性。一些具有教师背景的教研员虽然声称与"教师"有共同的经历，
能够产生共情，但是进入该职位后，会把各种事务视作理所当然，逐渐忽
视教师的需求，以"课改"导向为工作依据。也有教研员意识到"上传下
达"的尴尬，却不得不服膺于结构的安排。如此慢慢地形成了心理惯习，
改变的动力越来越小。

　　故改变教研员的权威，并非仅仅取消其合法的行政管理权，还需要反
思教研员的存在理据。若要发展其"教学研究"的专业职能，就需要思考
专业人员的职能，与政府的关系，其组织的定位。

二、教研员的社会化与个性化同时发生，共同作用于其职业承诺

　　通过教研员的社会身份建构的分析，可以发现"社会化"的力量之所

以强大，很大一部分来自结构的需求、历史的惯性，例如，教研员的"以课为载体的教研活动"可以分为：反映教师个体教学情况的家常课，解决教学中共性问题的研讨课，作为引导教学方向的展示课，通过评选产生的优质课。但是迫于问责结构的需求，教研员群体无一例外地将更多的时间放在展示课、优质课。对此的解释和描述是"我们教研员……"，"大家都是这么做的……"。需要注意的是，并不能将此过程视为个体对结构的复制。

教研员的社会身份建构虽然表现出问责导向的特征，但每个人对于"问责"内化的程度不尽相同。换言之，教研员除了对"我们作为教研员"的一些感受与行动达成共识之外，也会对"我作为教研员"形成个性化的诠释。即作为行动者（见图2-3）的教研员，一方面经由角色执行展现了结构的约束或期待；一方面经由角色的阐释体现个体的能动性。

如图2-3所示，分析框架将社会化置于个人化之前，且在行文中，先聚焦于教研员群体层面的角色感知，再论及教研员的个体差异，造成了社会化在个人化之前的假象。而在现实中，这两个过程是统一发生的。只是个体的"社会化"和"个人化"组合程度上有所差异，并导致不同的身份建构类型的出现。其中结构关注的身份建构表现出的社会化的程度更高，自然而然地将结构布置的任务，作为教研员理应完成的工作，相应的，感受到的各种冲突也较少。而个人关注的身份建构，虽然也受到结构的影响，但是会按照自己的意图去调节个人与结构的关系，或者直接从个人的立场进行实践。如此，留给自己诠释的空间也较大。以教研员的听评课为例，结构关注的教研员以课程标准、教学目标来判断教师教学的优秀与否。而个人关注的教研员相应地贴近教师的实践，持多种标准去看待教师的教学。

需要注意的是，社会化程度高的教研员并不意味着其能忠实地执行结构的期待。这与政策本身的模糊性有关，如各个学科的"课标"都留给教研员较大的阐释空间，所以社会化在这里并不是指教研员在二期课改下的行为改变。社会化涉及群体与结构的互动。较为极端的例子就是教研员内化了结构的各种需求，而不自知。这类教研员对工作的认识，通常表现为"大家都是这样做的……"。换言之，他们更多地停留在教研员的群体共性上。只有个性化进入后，后续的承诺才会随之出现。否则教研工作仅仅是完成任务。之所以如此判断，是因为个性化程度比较高的教研员，在内心对话过程中，已经对结构、个人的关注做出了权衡，并愿意寻找结构的可为空间，或通过额外的努力，致力于教师发展。

综合本研究而言，能够长期致力于教师发展的教研员并不多。其中主要的原因在于结构的不稳定性，及对教研员专业支持的不足。行政对专业的异化在上文已有所讨论，这里不再赘述。结构的不稳定性表现为一部分教研员在"进入"与"退出"职位时，并非自己主观意志所作用，而是由结构来任命、指定。所以这部分教研员在从业之初，就有着"流浪者"的心态，走到哪里算哪里，而非像"朝圣者"一样有着明确的目标或意愿。①

另一方面，课程变革产生了许多不确定的因素：例如出现了科学、拓展等新课程，但是这些课程的师资、教材尚未准备好。教研员无论在教学内容，教学方法上，本身都没有经过"社会化"。这符合于阿彻（2010）对当下社会化不同于稳定结构中的社会化的解释：首先，社会化在职业、生活方式中的准备功能日益下降；其次，代际之间的传承日益被打破；再次，各类资本在实际运作中的分类不再那么界限分明。这些都意味着以往文化与结构融洽度高的"超稳定"结构已是今非昔比。阿彻指出"现代性的缓慢过程及其分殊所带来的影响意味着对于处于不同部门，任何特定时间的特定人员而言，情境的连续性与非连续性密切地联系在一起"（Archer，2010）。阿彻在提及这一"社会化"时，实为想说明在现代化的冲击下，个体对结构复制的可能性日趋减小。在不确定的情境下，个体的"反身性"会增强。事实上，这也会体现在个体的行为中。当个体无法依赖"社会化"所习得的技能时，剩下的就是对角色个性化的诠释了。若这些角色的阐释得到教师或教育领导的认可，未经社会化的教研员会逐渐形成对工作的认可，但这一认可并不足以支持其长久的承诺于教师发展。

所以承诺受到了社会化、个性化的影响。教研员在历次社会化过程中，并没有独立的群体意识，通过与政府、其他利益群体的"协商"而建立自己的专业地位。而是附生在教育行政体系内部，这很大程度上造成了"领导说什么，就是什么"的局面。虽然当下的"社会化"中表现出不确定的因素，且有一些人员的确表现出不同于传统教研工作的方式，但是他们不

---

① 这里"朝圣者"、"流浪者"的比喻主要借用了鲍曼研究身份时所用的比喻。其中朝圣者处于确定性的现代生活中，其身份认同仿佛一次朝圣之旅，有着明确的目的，致力于"如何从此处到彼处"；而流浪者处于不确定的后现代生活中，没有明确的目的，必须放弃一致的、稳定的身份认同。且每个流浪者不停游动的原因也有所不同（Bauman，1996）。

能改变结构"指定"职位的状态，造成了承诺不足。既然没有一个群体内部建立起来的规范，加之教育政策的模糊性，所以无论何种身份建构的教研员，都具备个性化的空间。其中，个人关注导向的教研员更可能承诺于教师发展。但最终是否能够实现这一承诺，还要视行政导向的结构支持与否。

三、结构关注与个人关注的融洽程度、结构的支持程度是影响教研员能动作用的重要条件

各种类型考试的存在，及其所蕴含的功能，导致学科内部多维结构的浮现。换言之，即使同为教研员群体，内部成员所处的情境也不一样，并发展出不同的学科工作策略。在这些策略的运用中，一些"制约性"的条件可以通过教研员的努力而得以抵消。如通过与校长建立联系解决资源问题。而一些"制约性"的条件则根深蒂固地存在于某一类学科，如语文学科的高利益考试所携带的压力使教研员或多或少受制于"基于命题的指导"。诚然，如果从学科而言，非考试类学科的教研员的能动空间要大于高利益考试学科的教研员。但需要注意的是，这一公式，并不能通用于教研员个体。因为个人的立场一旦进入，"制约性"与"促进性"条件会重新洗牌。如非考试学科的教研员若追求指导中的权威性、高效性，会觉得考试的"缺席"是一个制约性的条件，对其具有的能动空间视而不见。所以判断结构的促进、制约作用一定要与能动者的关注相结合。

关注只是身份建构的第一步，内心对话贯穿于身份建构的整个过程。按照阿彻内心对话的三个过程——识别、审思、笃行来看，本研究中大部分教研员停留在识别、审思的阶段。其中识别表现为教研员对"认为值得做的项目的初步检查"。在这一阶段有的教研员会将结构安排的事项视作其"分内"的工作，对于各类工作的轻重并不敏感。所以结构的未来就是他们的未来。个人与结构的张力未曾浮现，个人从完成结构安排的事项中获得满足感。但也有教研员在经过识别之后，进入审思，即对前一阶段形成的价值判断（事项的优先排序）再度进行追问，并权衡个人与结构之间的张力，提出类似于"有多在乎"、"会走多远"的问题。他们对教师发展或多或少有所关注，但是在支持教师主动发展的实践中，要么时间不够、动力不足，或者自身并不确定。这类教研员易产生情感上的"挣扎"，但会服从

于理智选择的结果。在识别、审思之后，有少数教研员会发展到"笃行"的阶段。笃行意味着主体在决定何为自己的终极关怀时，会以牺牲其他的关注为前提，通过优先、调节、形成主从关系来达到内在的一致。如果教育质量保障的内在逻辑之间没有冲突，即政府主导的教育质量保障既能够实现教育问责，又能够促进教师主动发展。教研员无论形成何种优先关注，都不会产生过多的"挣扎"。事实上，当下中国教学质量保障的"问责"逻辑与"促进教师主动发展"的逻辑是冲突的。前者催生了表现主义，不利于教师的自主专业发展。所以在教学质量保障系统中，教研员形成的"关注"排序会带来内心的挣扎。教研员牺牲结构的关注并非一件易事，尤其与结构相关的关注会为教研员带来职位权威、利益等。所以研究中能够持久的致力于教师发展的教研员，妥善地处理了结构关注与个人关注的关系。即在结构关注的前提下，找到实现个人关注的空间。从这一层面而言，说明了能动作用的发挥以结构的认可或支持为基础。但是，结构控制的强弱却非影响教研员能动性的必然条件。因为不同关注的人员对多维结构的"约束"与"促进"有不用的感知和理解。

综上，教研员的能动作用，对教师专业发展的承诺，都建立在现有结构支持的基础之上。无论是从历史发展的过程，还是身份建构的理论视角来看，最为主要的原因在于教研员没有独立之"人格"，附生于教育行政系统内部。但不可凭此断定，教研员不具备能动性。不同类型的身份建构表明了教研员群体内部具有较大的差异性。即使问责导向之下，依旧有教研员通过妥善处理个人与结构的关系，从而促进教师的主动发展。无可讳认的是，这类教研员具有较强的能动性，除了洞悉结构的"规则"之外，还拥有较强的个人知能。

第二节　研究意义

行文至此，结合本研究的发现与结论，研究者试图对结构与能动性、身份建构、教育领导理论做出回应，并结合中国当下的教育质量保障政策与实践，提出若干建议。

一、理论的探索：多层结构与个体能动性

在研究中，教育系统、教研员之间的张力体现在各个层面。例如 H 市教委将"课改办"与"教研室"合并，希望教研员作为新的课程改革的教育质量保障人员。但现实中，课程标准与考试大纲的内在不一致性，模糊了教研员的工作导向，在高利益考试学科，教研员更有可能变为"考试成绩"的保障人员。再比如，教育政策试图发展教研员专业引领的作用，但是区教研员所处的教育系统，受制于教育局、上级教研室、教师进修学院的多维管理，使其不得不应付大量的组织、管理事务。这些都是结构内在的张力，研究身处其中的教研员的能动性、身份建构与承诺，可以对结构与能动者的关系给予解读，并对结构与能动者的相关理论作以回应。其次，身份建构是本研究的主要视角。在文献综述时，已经对运用形态衍生理论作为教研员身份建构的理论基础做了论证。但阿彻的形态衍生理论主要被用于分析宏观的教育变革，所以本研究的发现有助于阐释阿彻的形态衍生理论在微观层面的运用。尤其对个性化程度在身份建构中的影响进行详细说明。再次，教研员作为教学质量保障人员，与政府的关系，实践中的策略的研究，有可能对欧美国家的教育领导理论有所回应。

（一）通过教研员的身份建构证实了结构与能动性的多层次性，对形态衍生理论做出了中国本土的探索

结构与能动者的关系是社会学的经典问题。吉登斯作为结构化理论的集大成者，超越了传统的、单向的"结构与能动者关系"的解读，而是从过程的角度，基于"二重性"的立场，将结构与能动者视作一枚硬币的两面进行探讨。这个比喻的内涵在于指出，"结构是行动的媒介和结果"（Giddens，1984）。虽然这一理论有助于分析两者之间互动作用的辩证关系，但是在解构具体事件时，则很难判断是结构的影响力，还是能动者的作用；也不能解释建立在资源与规则基础之上的结构中，为何一些变化发生，而一些变化没有发生。20 世纪 80 至 90 年代，学者们就对吉登斯的理论陆续提出批判。而结构、能动者的多层次性也逐渐被发现。例如，艾莫白（Emirbayer）和古德温（Goodwin）吸收了米德的符号互动论，提出了从网络分析的路径理解结构与能动作用的关系（Emirbayer，Goodwin，1994）。海斯（Hays）提出了结构由两个主要的、互相关联的因素构成：社会关系系

统和意义系统。两类系统又包含诸多不同的因素（Hays，1994）。但是对于结构与能动者的互动并没有提出系统的看法。阿彻的理论也只是成为批判吉登斯理论时的一个凭据，并没有得以很好地应用。

威尔莫特（Willmott）重申阿彻的"分层社会本体论"在解释结构与能动者互动时对吉登斯二重性的超越，并列举了其在教育中的运用（Willmott，1999）。虽然波拉德（Pollard）声称使用了吉登斯的结构化理论，却提供了一个分层的方法：将结构划分为多个维度。例如，宏观的情境（包括教育系统，政府政策）、学校（包括各类角色内部的、必要的关系），以及占据各种职位的行动者。在多重结构中，教师和学生并不是结构的"木偶"，而是通过工作中介结构、发展策略（Pollard，1992；Willmott，1999）。本研究同样发现结构的影响并没有完全体现在教研员身上，结构蕴含的行动逻辑没有自然而然的发生，教研员群体内部出现了多种策略，即角色的个性化诠释未局限于规定的职能。

这一发现似乎只能驳斥功能主义学说对结构与能动者的判断，反映了能动者的行为并不是由结构所决定。对吉登斯的理论有何超越呢？本研究解释了建立在规则（考试）和资源（各学科的师资、课时等）基础上的结构，为何对不同的人员产生了不同的影响。如有语文教研员并没有完全服从于高利益的问责考试，而是利用额外的时间促进教师发展；也有语文教研员不得不将命题研究作为自己耗时最多的工作。诚然，个人的选择在这里面起着重要的作用，但也有结构层面的因素存在。

首先，围绕考试，不同学科的教研员在教育质量保障系统中的位置、重要性有所不同。结构所蕴含的促进性、制约性因素也各不相同。从教学质量保障系统来看，H市教研员在"课标开发—教学指导—教学评估"方面已经形成一条严谨的质量保障链条。但这只是教学质量保障理想的"结构"。语文教研员在教育质量保障目标就面临了"课标"、"考试"的双重选择；非考试学科的教研员则不需要通过纸笔测试来检验教学质量。所以不同学科的教研员所面临的教育质量保障结构有所不同。其次，不同级别的教研员的角色期待也有所不同。市学科教研员是学科课程标准、课程方案的负责人、组织者，而区学科教研员则是课程标准的解读者。两者无论在工作节奏、工作重点、工作范畴上均有所差异。换言之，这两类教研员处于不同的工作结构。再次，教研员处于多维度的工作情境中，面临不同的情境逻辑。例如：作为直接向上级行政部门负责的市、区教研室；作为教师进修院校部门之一的区教研室；作为学校教研组的上级管理部门的教研室。其内部人员活动于不同的结构之中，受不同的情境逻辑所影响。如立足于区教师进修院校，教研员需要思考教师的在职研究；立足于教育行政部门主导的教育质量监控，教研员需要思考所辖区域内的学科质量；立足于学校教研组的活动，教研员需要思考教师的教学。故教研员处于一个多层次、多情境的结构。理论上而言：角色作为结构的一个层次，应对"谁可以进入该职位"，以及"进入该职位后做什么"做出了规定或预设。但是从教研员角色的历史演变和发展而言，其角色结构本身就是松动的。很长时间来，角色结构中同时蕴含了两条逻辑：教育问责和教学改进。所以结构本身也较为开放，可以进入的人员类型也比较多样。结构的不稳定和模糊性导致人员的阐释空间较大。即使在问责导向的教育质量保障系统中，也能出现关注教师发展的教研员。

　　诚然，结构的多层次性只是教研员身份建构多样性的原因之一。回到上文所提的"个人选择"。即使同一区域，同一学科的教研员，在工作中会发展不同的策略。原因在于个人对结构的"促进性条件"与"制约性条件"的感知不同。而感知的差异来自于个人意识流的延续，与个人以往的经历、所具有的知能紧密地联系在一起，也就是阿彻所谓的个体"苗生"（突现）性质。所以教研员的身份建构是结构与个人相互作用的结果，既不能单纯地还原为结构影响力，也不能简单地视之为个人的选择。这在本研究中已经通过具体的案例得以呈现。所以真正对人的行为发生影响的"结构"并非是建立在资源基础上的稳定实体，或与资源相伴而生的规则，而是与人互动的结构，包括那些非计划、非需要的、未被承认的结果（Archer，1995；2000）。

　　阿彻曾将影响结构与能动者互动的条件归纳为"关系性质"，这一关系综合了不同层次结构与能动者互动的样态。本研究则将"复数"的能动者转化为"单数"的行动者，探讨了不同的个体在多维度结构中的身份建构。并尝试归纳出结构与行动者之间的关系性质，及其互动结果（见表6-1）。简言之，结构控制的强、弱并不能决定教研员的能动作用，但是结构的支持与否却影响教研员的能动作用。这一方面支持了阿彻对结构与能动者关系的判断，即前者并不能决定后者；另一方面从中国本土的实践丰富了形态衍生理论。无论是阿彻，还是阿彻的追随者在解释结构与能动者关系时，要么将其置于抽象的社会学批判，要么通过利益群体之间的互动来阐释结构中的能动行为，所以能动性更加凸显在"集体层面"。而本研究深入到个体层面，不失为对形态衍生理论的一次本土探索。

（二）教研员的身份建构证实了"人不是社会的礼物"，并对社会化、个性化与承诺之间的关系有所补充说明

首先，在身份建构过程中，研究者突破了传统的身份研究框架。如戴（Day）和贝贾德（Beijaard）在研究教师身份时，将影响因素区分为宏观结构（包括社会或文化）、中观结构（包括学校、教师教育的组织构成）、微观结构（包括与同事、学生、父母的关系，教学情境）、个人层面（包括价值观、信念、思想意识、教师经验、个人生活史等）（Day，2006；Beijaard，2000）。事实上，本研究证实了这些因素只是预设的静态的因素，若未能与个体的实践活动相结合，结构的促进与制约未能被个体所感知，个体层面的特征未能激发，则不会对身份建构产生重要影响。

其次，在研究路径上，本研究既没有采取"自上而下"的身份建构立场，单纯地考察社会对其成员身份的期待、配置和安排，也没有采取"自下而上"的身份建构立场，从个体层面考察能动者如何对自我身份进行选择与认同。而是通过历史分析、个案研究，同时兼顾了历史、制度的变迁和个体在不同结构中的实践。与融合主义不一样的是，在兼顾制度与个人的同时，本研究从"关注"入手，区分了四种不同类型的身份建构，透过此，可以判断结构对个体约束、促进程度的不同。而这种差异实则建立在个体有目的的活动基础之上。这也从另一方面证实了"人不是社会的礼物"。如本研究所透露的：即使结构表现出很强的问责取向，教研员个体依然有做出自我选择，并付诸实践的能力。

再次，确定了个人身份在身份建构中的基础地位。虽然本研究也强调了历史、文化因素在身份建构中的作用，但是并没有将社会文化理论作为依据。社会文化理论将身份分为集体身份与个体身份两种。维果茨基将个人身份看作个人高级心理发展的过程，是对群体行为的内化。列昂节夫更是明确地指出："他们要成为什么样的人，由他们的活动来决定，而活动则由活动方式和活动的组织形式的发展所达到的水平所制约"（Leontiev，1979）。简言之，集体活动在前，个人建构在后。阿彻曾对此有过重要的批

判。她从生理学、心理学的角度出发，论证在集体活动之前，个人在"自然世界"中已经习得了知识，发展了情感。所以在身份建构过程中，处理个人身份和社会身份的关系时，阿彻将起点放在"个人身份"。个人身份是个人一系列个性的统一、一个人区别于另一个人的整体的标志。能动者形成的不同的社会身份都是个人身份中的一个子身份，随着社会身份的丰富，个人身份这一"蓄水池"也越来越大，进一步作用于下一阶段社会身份的形成。所以个人身份和社会身份正如阿彻所言，是"耦合"在一起的。本研究无意、也无法探讨教研员作为一个"整体的人"的个人身份，但是在教研员的社会身份建构中，却绕不开个人身份的探讨。同样，后期的社会文化活动理论已经意识到早期社会文化理论中对"自我"的理解局限，通过自我将个体的能动性更加凸显，将其置于领导的角色，协调、组织人的其他追求与活动（Stetsenko，Arievitch，2004）。这也与阿彻的身份建构理论越来越接近。

虽然将个性化的过程视作社会身份形成的过程，但是正如上述研究结论中所言，社会化与个性化同时发生。只是两者的侧重点有所分别。社会化体现的是能动者所属群体的共性，表现为群体的实现。而个体化更多表现的是行动者个体的特征，是个体的实现。但社会化并不意味着个体的消解；而个性化的过程也受到所处结构的影响。落实到行动者身上，社会化和个体化的影响得以交叠，而此时通过身份建构的视角，则可以区分出个体化受社会化程度的影响。这种影响又会进一步地影响到行动者的承诺。恰如结论中所显示的，在承诺过程中，教研员受社会化、个性化程度的影响，同时结构的支持与否成为承诺的源泉。而承诺之所以如此依赖结构又与教研员作为群体能动者时，没有建立独特的专业地位有关。所以本研究的结论不仅对阿彻的形态衍生理论视角下的身份建构有所回应，还从实证的角度补充说明了这三者之间存在的关系。

（三）教研员能动性的发展历程解释了问责背景下地方教育领导的行动困境，为理解教育领导理论提供了新的视角

本研究结合了历史与个案的分析，再现了教研员从初级能动者，到团体能动者，再到行动者的过程。按照批判实在论，到团体能动者之后，教研员形成了群体的目标，具有共同的利益追求。这的确在本研究中有所体现。尤其在二期课改之后，教研员将其所在职业区分于教育行政人员、教

师。虽然如此，无论是 1949 年后，教研员脱离于教育视导系统，还是 20 世纪末，H 市的教研员作为"课改"的推行者，教研员群体本身并没有对角色有所创新，而是由外在的结构统一赋予。所以从集体层面而言，教研员的能动性并不强。但是到行动者层面，个体差异性开始凸显，这种差异性，有可能重塑他人对教研员群体角色的理解。

　　故研究至此，似乎存在一个悖论：即教研员即使拥有自我选择的空间，但社会身份不可避免地带着教育问责的色彩。并且教研员是否承诺于教师发展，取决于结构是否支持。若回到国家与教育的关系，从教研员在教育系统中所处的位置，及其存在的理据，则较容易回答这一问题。正如在文献综述中所示：中国的教育管理表现出分散管理的样态，视导人员依附于行政力量，主要行使官僚问责。教研室（组）的组织，也符合把教师组织起来，"党支部建在连队"的原则，便于管理和领导（顾明远，2004）。换言之，作为政府主导的教育质量保障机制，"控制"是其应有之义。所以，教研员在对角色进行选择、排序之前，其所能够选择的空间已经被框定。即使个体在身份建构方面表现出多样性，使得角色的诠释出现多样化，但是群体层面而言，教研员很难改变结构对其的制约。除非教研员的存在理据得以重新审视。

　　要改变结论中"教研员没有独立人格"的状态，就需要回到"社会化"的过程。也就是说教研员从初级能动者到团体能动者时，要确立群体内部的目标，保障群体内部的利益不受外界环境所侵蚀。而非在国家行政的力量推动下，迅速完成社会化，获得外在指定的角色。虽然这一角色具有弹性的空间，但始终未摆脱行政的影响，由此教育变革最终演变为行政操作的方式。这并非是一个新的发现。阿彻在《教育体系的社会起源》中就比较了"集权制"、"分权式"国家的政府、专业人员与其他利益群体的关系。在这本历史比较著作中，提出了集权制国家主要通过政治操作的形式实现对教育的控制，专业人员若要改变教育，需借助政府精英的力量。而分权制国家则可以通过专业群体的内部发动，政府精英的直接引导、外部利益群体的交换等多种方式实现教育的变革（Archer, 1984）[117-118]。在当前教育问责背景下，再次重申、验证这一发现却有助于理解地方教育领导的行动困境。

　　如今英美国家研究地方教育领导的文献中，已经发现了这类人员作为

"合作领导"或"中介者"时的角色冲突。霍尼格（Honig）虽然强调了要考虑中心办公室作为学习组织的政治维度，若干研究尝试着建立"政府与专业人员的新关系"，并赋予地方教育领导多重角色，试图实现教育的系统变革；事实上很少澄清地方教育领导的管理权限，与专业人员的关系为何。随着教学领导、合作领导、系统领导逐渐发展为一种集体的行为，对人员的期待也开始模糊。如原先的管理人员被期待发展更多的专业支持技术，而原先的专业人员也被期待发展更多的社会资本、引进资源等。这些无疑加剧了地方教育领导的角色冲突或混乱。

诚然，我们的教育变革需要政府与专业群体的合作，也需要促进两者合作的边界组织和人员。根据马赫尼（Mahony）和贝基（Bechky）的理解：边界组织不以瓦解、吞并组织为目的，而是保持了各个组织世界的完整性（Mahony，Bechky，2008）。自然，这种合作并非一定建立在精通两个组织运作逻辑的同一人身上，可以形成多类人员的合作，并使得各类人员的知能得以最大限度地发挥，而非对不同人员持以各种宽泛的期待。如此，只是产生了一些"无家可归"或"被边缘化"的人员。

叶启政曾经指出吉登斯之论所差的，主要地在于未能把如阿彻所提及之"主格人"（person）的概念明白地抬举出来（叶启政，2003）[357]。即未能从集体层面的能动者出发，标识出其对自我和结构的双重改变。本研究中，研究者虽然试图将教研员作为一个"主格人"提出，但是发现社会化过程中，其群体能动性的不凸显，直接影响了后续的身份建构与职业承诺。值得注意的是，若从职能的分殊与发展来看，教学质量保证人员的"教学指导"职能是这一群体所特有的，不是结构所外加的，并经历了客体化的过程。但是在群体与结构互动，经由社会化过程时，其他的职能——管理、研究也被附加其中。这就促使教研员在个性化、承诺阶段表现出参差多样的状况。本研究丰富了对形态衍生理论的阐释。虽然每一个研究结论看似均在形态衍生理论的"意料之中"，但是社会化的特殊性，群体内部的差异性，社会化、个性化、承诺之间的关系，都未曾有实证研究的支持。本研究在这方面做出了积极的尝试。

二、实践的启示：专业、学习与实践共同体

欧美有关教育领导的文献中，提出的合作领导、系统领导似乎对作为

区域教学质量保障人员的教研员的实践与发展有所启示。但若不结合中国的实际情况，而是不加分辨地实施"拿来主义"，并不会真正促进教研员的改变。只会成为继国内各类政策、理论探讨之后，对教研员的一种新的角色期待。故在本研究结论的基础上，研究者认为在政策、理论层面，首先必须澄清教研员所在机构的定位，并为其提供支持性的结构。其次，方可探讨如何发展这一组织中的成员。建议如下。

（一）在教学质量保障系统中，发展独立于行政系统之外的专业支持人员或组织

无论何种背景的人员，在进入教研员岗位之前，并没有经过系统的培训。如果从"学着去做"、"在做中学"的建构主义视角去看教研员对新工作的适应，则发现现有的结构，教研员的工作节奏，所处理的各种事项，都未曾帮着发展教研员的研究职能。教育行政部门希望教研员扮演的是业务领导的角色，在课程改革背景下，具有"研究、指导、服务"的功能。H市更是在二期课改背景下，将教研室、教研员视作推行课改的质量保障机制。但进入教研员岗位后，首先习得的是"组织"能力。而这一能力，并没有任何理念的支撑，都是教研员在实践中慢慢摸索，或者通过师父的"口耳相传"所习得。所以在组织教研活动时，其基本的形式、内容在这百余年来并未发生大的改变。如民国时期出现的"示范教学"，教研制度成立后的"教材、教法解读"，也是如今教研活动的形式或主题。并且与之传递下来的是"教研员高于一般教师"的判断。虽然在课程改革理念的影响下，教研员会表达"关注教师自主、与教师保持平等，采用协商的方式"等，但是在与教师的长期互动中，已经固化了教研员的"指导权威"的形象。至于这一形象里，多少是专业权威，多少是职位权威，很难分辨清楚。故中国虽然有教师合作学习的组织，并有带领教师进行区域合作的人员，但是这类组织，这类人员并不是西方文献中所指的"学习共同体"，"合作领导"或"系统领导"。他们在促进学校合作，学校能量提升方面，作用都是有限的。教研室的人员配置与中小学的学科配置相对应，教研员可以通过中心组、教研组，一层层地开展活动。这实际上是一个层级分明的科层结构。这个结构的确有助于政策、理念的传播，却不利于发展教师的自主学习，也不利于教研员个人的专业成长。

国外现在正在建构专业人员与政府的一种合作关系。前提是专业人员

有其独立的地位，能够行使其专业判断与权力。而今，教研员个体虽然具有较强的能动性，但能动作用、承诺都必须以教育行政机构的支持为基础。换言之，教研员依旧附着在教育行政机构之下。这意味着在结构问责与教师发展方面，他首先要服膺的是结构问责。从目前来看，通过这样一批人员，就可以达到政府对教学质量的控制，并促使教师尽快掌握课改的政策与理念，看似一种"高效之举"。但是长此以往，这类人员所持有的"教育改进"职能将日益减少，沦为实实在在的管理、监督机制。而这对当前的教育问责结构来说，是多余的。因为已经有考试、督导等机制在做同等的事情。换言之，如果教育行政机构的初衷是增强对学校的"业务领导"，结果可能只是徒增一个"行政领导"。

尤其在教育变革不断发生的今天，每每出现一个新的理念或政策，需要作用于教师的教学时，首先想到的是改良原先的教学质量保障机制。但是仅仅依靠职能的叠加，并不能改变这一机制。如今恰恰需要的是精简其职能。至少将专事于学科指导的教研员作为独立的专业人士。另聘人员从事教研室的行政管理工作。令这些专业人员免于各种烦琐的事务之中。降低教学评比、竞赛类的活动，让教研员有更多的时间就教师教学中的真实问题进行研究。换言之，教育行政机构应免除教研员的问责职能，为发展其专业职能营造良好的环境。或直接发展独立于行政系统之外的专业支持组织。如此这类人员才可能走向合作领导、系统领导，并使学校教研组变成一个学习共同体。

（二）明晰教研员的学习方向，促进教师实践共同体的发展

让教研员成为名副其实的教学研究人员或专业人士，并不是结构一厢情愿的做法就可以促成。这对入职教研员的人员也提出了要求。当前国内不少人士提出了教研员的专业准入制度。而在访谈中一个教研员曾提道："谁可以来培训我们教研员？"顺此提出的一个问题是：谁可以来做教研员？现实中，政策期待的教研员既是学科专家，又是课程专家，还是教学专家。但是当前情境下，融三者为一身的教育人士非常少。所以制定统一、严格的教研员入职条件，未必现实。结合国外的实践，不难发现教学领导、合作领导，抑或系统领导，都是一种集体行为。换言之，教研员的来源既可以是教学实践者，也可以是理论工作者。然后针对不同类型的入职人员，制定相应的入职标准。入职之后，为他们搭建学习的平台，促进两类人员

之间的互动。

"教研员如何学习、发展"这是一项有待进行的新研究，本书并不能给予周全的回答。下面主要从教师学习共同体的角度，提出教研员首先需要掌握的知识、能力。中国大陆教研员长久需要的是学科知识，这几乎成为考试类学科教研员安身立命的基础。此外，教学知识（实为教学法知识）虽一度被重视过，但在实施过程中，渗透着强烈的个人经验。一旦拥有了这两类知识，教研员就可以对教师的教学做出指导。如今课程知识在教研员的现实指导中发挥的是"锦上添花"的作用，一些教研员虽言必提课程，但很多时候也只是作为评课的开场白。实际上，进入任何一个共同体都必须具备相关的职能。只有如此，才能在共同体中产生归属感，对共同体做出贡献，形成身份。根据温格的理论：参与的边界不是由主观的或外来的力量所划定的，而是由实践共同体内的相互介入、共同事业和共享的技艺库这些实践的要素所界定。换言之，实践共同体内的领导是由共同体成员根据其带给共同体的价值所推选出来的。这也说明了教师集体工作过程中的领导，并不是依靠外部机构的"指定"，而需要教师共同体内自动产生。且这一领导并非永久的、确定的、正式的。如果将教研员的职能定位于教师专业发展，那么教研员进入以教研组为载体的共同体时，需要拥有与教师类似的学科知识、教学经验。也就是说传统的两类知识依然是教研员所需要的。并且教研员持有的知识与经验并不一定要建立在优于共同体成员的基础之上，因为共同体内的知识都具有可生产性。

除此之外，教研员更为需要的是组织共同体的知识和经验，这样才能作为一个群体学习的促进者，而不仅仅是一个知识的分享者。若教研员具备了组织学习共同体的经验，那么个人的发展也就与学习共同体的发展同步进行，职业倦怠或"枯竭"的危机大大减少。作为一个共同体的促进人员或者某一时间段的领导，其需要做的是：引领共同体成员的活动目标；帮助建立成员之间的社会关系以促进学习（Wenger，2000）。但是，本研究者并不赞同西方教学领导研究中提到的若干技能：如建立社会资本、资源的引入等（Spillane，Hallett，Diamond，2003）。一旦这类事项成为学习共同体的领导的常规工作，则容易导致共同体内部成员关系的变化，并导致领导在专业上的作为减少。但这并不意味着一个组织的发展，不需要资源的支持，关系的建立。这些恰恰是政府可以为学校改革所做的。换言之，需要不同的人员完成不同的职能。仅仅作为共同体内的成员，教研员的工作就会与教研组组长、教师无异。事实上，系统的变革已经将校际合作作为一个重要策略，那么教研员也需要发展"中介者"的职能，即在共同体之间开发出中介物或工具，促进转化、合作、意义的协商（Printy, 2009）。

　　教育变革已成为一个恒常的话题与实践，各国教育变革的议题越来越聚焦于"教学"。当国际上教学质量保障人员的研究愈演愈烈时，我们在借"他山之石"之前，有必要了解教研员的制度演变与身份建构，唯有辨识了它们"从何处来"，才能更好地回答"去向哪里"的问题。我们期待教研员走向"专业"的位置，更重要的是，我们要为这一期待创造点点滴滴的结构性支持条件。

主要参考文献

（一）中文文献

博格丹，拜克伦. 质性教育研究：理论与方法［M］. 黄光雄，主译. 嘉义：
　　涛石文化，2001.

蔡敏玲. 诠释性研究的一个可能方式：我如何建构婷婷和颖的故事［G］//
　　黄政杰. 质的教育研究：方法与实例. 台北：汉文书店，1996.

查振律. 中心辅导的联合活动［J］. 教育视导通讯，1941（6）.

陈桂生. 新课程改革对教育学的呼唤［J］. 全球教育展望，2005（7）.

陈桂生. 教学法的命运［J］. 全球教育展望，2007（4）.

陈桂生，等. 寻找教师的研究方式［J］. 上海教育科研，2007（5）.

陈桂生. 共和国黎明时分的"新教育"与"旧教育"观念的再认识［J］.
　　全球教育展望，2009（8）.

陈鸿年. 教育视导与教师进修［J］. 教育视导通讯，1942（27－28）.

陈科美. 上海近代教育史［M］. 上海：上海教育出版社，2004.

陈文钟. 学事视察谈［J］. 教育杂志，1913，5（7）.

陈向明. 质的研究方法与社会科学研究［M］. 北京：教育科学出版
　　社，2000.

陈晓东，郝志军. 我国基础教育课程与教材标准建设的现状、问题与对策
　　［J］. 当代教育科学，2011（4）.

程湘帆. 小学视察及指导问题［J］. 中华教育界，1924a，14（1）.

程湘帆. 视察教学之要领［J］. 中华教育界，1924b，14（5）.

程湘帆. 中国教育行政 [M]. 福州：福建教育出版社，2008.

丛立新. 教研员角色需要彻底改革吗 [J]. 人民教育，2009 (2).

丛立新. 沉默的权威：中国基础教育教研组织 [M]. 北京：北京师范大学出版社，2011.

崔允漷. 新课程"新"在何处？——解读《基础教育课程改革纲要（试行)》[J]. 教育发展研究，2001 (9).

崔允漷. 试论建立国家义务教育质量检测体系的价值 [J]. 教育发展研究，2006 (3).

崔允漷. 论教研室的定位与教研员的专业发展 [J]. 上海教育科研，2009 (8).

范丽娟. 深度访谈 [G]// 谢卧龙. 质性研究. 高雄：心理出版社，2004.

葛承训. 小学校长的视导工作 [J]. 中华教育界，1953，22 (11).

葛大汇. 论教育评估中介组织的专业独立与权威 [J]. 教育理论与实践，2009 (4).

顾克彬. 学校视察的三种方式 [J]. 中华教育界，1930，18 (8).

顾克彬. 省县视导之分工与协作 [J]. 江苏教育，1935 (5 - 6).

顾明远. 论苏联教育理论对中国教育的影响 [J]. 北京师范大学学报：哲学社会科学版，2004 (1).

瑰柏翠，米勒. 质性方法与研究 [M]. 黄惠雯，童婉芬，梁文蓁，林兆衡，译. 台北：韦伯文化事业出版社，2002.

郭有守. 展开国民教育的辅导工作 [J]. 教育视导通讯，1941 (7).

洪石鲸. 如何展开教育辅导工作 [J]. 教育视导通讯，1942 (19 - 20).

胡惠闵，刘群英. 我国中小学教学研究组织的发展及其困境 [J]. 教育发展研究，2012 (2).

黄士奇，何明轩. Nvivo 软件基本功能介绍 [G]//郭玉霞. 质性研究资料分析：Nvivo 8 活用宝典. 台北：高等教育出版社，2009.

黄葳. 中国教育督导体制现状、问题与改革路径 [J]. 教育发展研究，2009 (12).

江铭. 中国教育督导史 [M]. 北京：人民教育出版社，1994.

姜琦. 地方教育行政组织与教学视导 [J]. 江苏教育，1935 (5 - 6).

姜文闳，韩宗礼. 简明教育辞典［M］. 西安：陕西人民教育出版社，1998.

靳涌韬，衣庆泳. 教育质量的内涵和衡量标准探微［J］. 大连大学学报，
　　2003（10）.

雷震清. 教学视导概要［J］. 中华教育界，1933，20（9）.

李才栋，谭佛佑，张如珍，等. 中国教育管理制度史［M］. 南昌：江西教
　　育出版社，1981.

李鼎铭. 文教工作的方向（1944 年 12 月 6 日）［G］//中央教育科学研究所.
　　老解放区资料. 北京：教育科学出版社，1986.

李放. 陕甘宁边区三边分区改造国民教育［G］//北京师联教育科学研究所.
　　（现）新民主主义时期教育实践与理论文献选读（第五辑）. 北京：中国
　　环境科学出版社，2006.

李健. 新课程背景下的校本教研员制度设计［J］. 教学与管理，2006（4）.

李茂森. 自我的寻求——课程改革中的教师身份认同研究［D］. 上海：华东
　　师范大学博士学位论文，2010.

李惟远. 论教育视导人员［J］. 教育视导通讯，1942（19 - 20）.

李荫. 如何督导校长视导教学［J］. 教育视导通讯，1941（16）.

梁威，卢立涛，黄冬芳. 中国特色基础教育教学研究制度的发展［J］. 教育
　　研究，2010（12）.

刘之介. 为何要视导［J］. 教育视导通讯，1941（4）.

柳斌. 努力提高基础教育的质量［J］. 课程·教材·教法，1987（10）.

卢乃桂，何碧愉. 能动者的意义——探析学校能量发展的提升历程［J］. 教
　　育学报（香港中文大学），2010（1）.

卢乃桂，沈伟. 中国教研员职能的历史演变［J］. 全球教育展望，2010
　　（7）.

罗志田. 科举制废除在乡村中的社会后果［J］. 中国社会科学，2006（1）.

吕忠堂. 教研室竟成"考"研室［J］. 教育发展研究，2000（1）.

麦斯威尔. 质化研究设计——一种互动取向的方法［M］. 高熏芳，林盈助，
　　王向葵，译. 台北：心理出版社，2001.

梅汝莉. 中国教育管理史［M］. 北京：海潮出版社，1995.

聂劲松. 中国百年教育研究制度审视［D］. 长沙：湖南师范大学博士学位论

文，2009.

潘毓俊. 教育视导及教育行政实际问题的讨论 [J]. 教育视导通讯，1941 (8).

潘涌. 教研员职能转变与使用机制改革 [J]. 教育发展研究，2008 (8).

璩鑫圭，邹光威. 老解放区教育简史 [M]. 北京：教育科学出版社，1981.

璩鑫圭，童富勇. 中国近代教育史资料汇编 [M]. 上海：上海教育出版社，1997.

宋崔. 论中国教研员作为专业领导者的新角色理论建构 [J]. 教师教育研究，2012 (1).

孙邦正. 我对于巡回辅导团的几点意见 [J]. 教育视导通讯，1942 (24).

孙绵涛. 关于中国教育改革规律问题的探讨 [J]. 教育研究与实验，2009 (5).

陶西平. 北京市普通教育年鉴（1949—1991）[M]. 北京：北京出版社，1992.

王德昭. 清代科举制度研究 [M]. 香港：香港中文大学出版社，1982.

王夫艳. 中国大陆素质教育改革中的教师专业身份及其建构 [D]. 香港：香港中文大学哲学博士论文，2010.

王洁，顾泠沅. 有效的"处置性经验"——上海市"八区联动"校本教研专题调研之二 [J]. 上海教育，2008 (17).

王洁. 教研员：断层间的行者——基于实践角度的分析 [J]. 人民教育，2008 (19).

王敏. 教育质量的内涵及衡量标准新探 [J]. 东北师范大学学报：哲学社会科学版，2000 (2).

王培峰. 教研员职能转变的定位与路径 [J]. 中国教育学刊，2009 (2).

王少非. 国家义务教育质量监测：一个模型构想 [J]. 教育发展研究，2006 (5).

汪婉. 晚清直隶的查学和视学制度——兼与日本比较 [J]. 近代史研究，2010 (4).

汪婉. 晚清中央视学制度建立的尝试——日本中央视学制度之影响 [G]// 王建郎，栾景河. 近代中国、东亚与世界（上卷）. 北京：社会科学文献出版社, 2008.

吴晗, 费孝通. 皇权与绅权 [M]. 上海: 商务印书馆, 1949.

吴康宁. 中国教育改革为什么会这么难 [J]. 华东师范大学学报: 教育科学版, 2010 (12).

吴研因. 最近三十五年之中国教育 [G]//蔡元培. 晚清三十五年来之中国教育 (1897—1931). 香港: 龙门书店, 1931.

夏承枫. 教育视导之改制 [J]. 中华教育界, 1934, 21 (7).

夏雪梅, 崔允漷. 基于课程标准的教学: 历史考察与现实追问 [J]. 全球教育展望, 2006 (3).

杨润勇. 关于素质教育政策体系、内容的政策学分析与建议 [J]. 教育理论与实践, 2006, 26 (5).

杨润勇. 关于构建我国教育督导政策体系的思考 [J]. 教育研究, 2007 (8).

杨若堃. 视导人员应注意的教育问题 [J]. 教育视导通讯, 1941 (3).

叶启政. 进出结构——行动的困境 [M]. 台北: 三民书局, 2000.

亦明. 学步教研二十载——关于如何当好教研员的探讨 [J]. 天津教育, 1992 (1).

尹弘飚, 操太圣. 课程改革中教师的身份认同——制度变迁与自我重构 [J]. 教育发展研究, 2008 (2).

邰爽秋. 视导员的任务问题 [J]. 江苏教育, 1935, 4.

殷杰, 安篾. 巴斯卡的批判实在论思想——兼论哲学社会科学研究之第三条进路 [J]. 哲学研究, 2007 (9).

张登寿. 视导人员与教员的研究与进修 [J]. 教育视导通讯, 1941 (6).

张皓. 从两次高考观察国民政府的制度 [J]. 学术研究, 1999 (9).

张静. 身份: 公民权利的社会配置与认可 [N/OL]. 光明日报, 2009 - 10 - 29. http://www.cn/01gmrb/2009 - 10/27/content - 999391.htm.

张人利. 作为与地位——上海市静安区教育学院课程改革五周年纪实 [M]. 上海: 三联书店, 2003.

张仲礼. 中国绅士——关于其在 19 世纪中国社会中作用的研究 [M]. 李荣昌, 译. 上海: 上海社会科学院出版社, 2001.

章柳泉. 巡回辅导与视导纲要 ［J］. 教育视导通讯, 1941 (11 - 12).

赵才欣. 有效教研——基础教育教研工作导论 ［M］. 上海: 上海教育出版
　社, 2009.

钟启泉. 中国基础教育课程改革: 问题与行动 ［J］. 全球教育展望, 2004
　(1).

钟启泉. 中国课程改革: 挑战与反思 ［J］. 比较教育研究, 2005 (12).

中国教育年鉴编辑委员会. 中国教育年鉴 (地方教育 1949—1984) ［M］.
　长沙: 湖南教育出版社, 1986.

中央教育科学研究所. 老解放区教育资料 ［M］. 北京: 教育科学出版
　社, 1986.

周济. 全面开展质量监测, 建立健全基础教育质量保证体系 ［J］. 人民教
　育, 2008 (5).

(二) 英文文献

Abbott, A. What do cases do? Some notes on activity in sociological analysis ［G］//
　C. C. Ragin, H. S. Becker (Eds.), What is a case? Exporing the foundation of
　social inquiry. Cambridge: Cambridge University Press, 1992.

Adegbesan. Establishing quality assurance in Nigerian education system: Implica-
　tion for educational managers ［J］. Educational Research and Review, 2011, 6
　(2).

Apple, M. W. Markets, standards, teaching, and teacher education ［J］. Jour-
　nal of Teacher Education, 2001, 52 (3).

Apple, M. W. Education, markets, and an audit culture ［J］. Critical Quarter-
　ly, 2005, 47 (1 - 2).

Archer, M. S. Morphogenesis versus structuration: On combining structure and
　action ［J］. The British Journal of Sociology, 1984.

Archer, M. S. The social origins of educational systems ［M］. London:
　Sage, 1984.

Archer, M. S. Realist social theory: The morphogenetic approach ［M］. Cam-
　bridge: Cambridge University Press, 1995.

Archer, M. S. Social integration and system integration: Developing the distinction [J]. Sociology, 1996, 30 (4).

Archer, M. S. Being human: The problem of agency [M]. Cambridge: Cambridge University Press, 2000.

Archer, M. S. Structure, agency, and the internal conversation [M]. Cambridge: Cambridge University Press, 2003.

Archer, M. S. Routine, reflexivity, and realism [J]. Sociological Theory, 2010, 28 (3).

Ball, S. J. The teacher's soul and the terrors of performativity [J]. Journal of Education Studies, 2003, 18 (2).

Bauman, Z. From pilgrim to tourist—or a short history of identity[G]// S. Hall & P. Du Gay (Eds.), Questions of Cultural identity. London: Sage, 1996.

Bauman, Z. Liquid Modernity [M]. Cambridge: Polity Press, 2000.

Beck, U. Risk society: Towards a new modernity [M]. London: Sage, 1992.

Berger, P. L., Luckmann, T. The social construction of reality: A treatise in the sociology of knowledge [M]. London: Penguin, 1967.

Bourdieu, P. Participant objectivation [J]. Journal of Royal Anthropological Institute, 2003, 9 (2).

Burch, P., Spillane, J. Leading from the middle: Mid-level district staff and instructional improvement [M]. Chicago: Cross City Campaign for Urban School Reform, 2004.

Burke, P. J. Identity change [J]. Social Psychology Quarterly, 2006, 69 (1).

Castells, M. The power of identity [M]. Mass: Blackwell, 2004.

Cerulo, K. A. Identity construction: New Issues, new directions [J]. Annual Review of Sociology, 1997 (23).

Cheng, C. Y. Quality assurance in education: Internal, interface, and future [J]. Quality Assurance in Education, 2003, 11 (4).

Cochran-Smith, M., Lytle, S. L. The teacher research movement: A decade later [J]. Educational Researcher, 1999, 28 (7).

Collier, J., Esteban, R. Systemic leadership: Ethical and effective [J]. The

Leadership & Organization Development Journal, 2000, 21 (4).

Cuttance, P. Monitoring educational quality [G]// M. Preedy, R. Glatter & R. LevaČiĆ (Eds.), Educational management: Strategy, quality and resources. Buckingham: Open University Press, 1997: 13.

Cuttance, P. Quality assurance review as a catalyst for school improvement in Australia [G]// D. Hopkins (Ed.), The practice and theory of school improvement. Netherlands: Springer, 2005.

Darling-Hammond, L. Accountability for professional practice [J]. The Teachers College Record, 1989, 91 (1).

Deschamps, J. –C., Devos, T. Regarding the relationship between social identity and personal identity [G]// S. Worchel, F. Morales, D. Paez & J. – C. Deschamps (Eds.), Social Identity. London: Sage, 1998.

Elman, B. A. A cultural history of civil examination in late imperial China [M]. Berkeley: University of California, 2000.

Emirbayer, M., Goodwin, J. Network analysis, culture, and the problem of agency [J]. The American Journal of Sociology, 1994, 99 (6).

Engeström, Y. Expansive learning at work: Toward an activity theoretical reconceptualization [J]. Journal of Education and Work, 2001, 14 (1).

Fadokun, J. B. Educational assessment and quality assurance implication for principal instructional leadership roles [C]//Paper presented at the 31st Annual Conference of International Association for Educational Assessment Abuja, 2005.

Fontana, A., Frey, J. H. Interviewing: The art of science [G]// N. Denzin, Y. Lincoln (Eds.), Handbook of qualitative research. Thousand Oaks, CA: Sage, 1994.

Gallucci, C. Districtwide instructional reform: Using sociocultural theory to link professional learning to organizational support [J]. American Journal of Education, 2008, 11 (4).

Gee, J. P. Identity as an analytic lens for research in education [J]. Review of research in education, 2000 (25).

Giddens, A. The constitution of society: Outline of the theory of structuration

[M]. Berkeley: University of California Press, 1984.

Gobo, G. Sampling, representativeness and generalizability [G]// C. Seale, G. Gobo, J. Gubrium, D. Silverman (Eds.), Qualitative research practice [M]. London: Sage, 2004.

Greenfield, W. Moral imagination and interpersonal competence: Antecedents to instructional leadership[G]// W. Greenfield (Ed.), Instructional leadership: Concepts, issues, and controversies. MA: Allyn and Bacon, 1987.

Guba, E. G., Lincoln, Y. Fourth generation evaluation. Newbury Park [M]. CA: Sage, 1989.

Guba, E. G., Lincoln, Y. S. Competing paradigms in qualitative research [G]// N. Denzin, Y. Lincoln (Eds.), Handbook of qualitative research. Thousand Oaks, CA: Sage, 1994.

Hamann, E. T., Lane, B. The roles of state departments of educations as policy intermediaries: Two cases [J]. Educational Policy, 2004, 18 (3).

Hammersley, M., Atkinsion, P. Ethnography: Principles in practice [M]. (2nd ed.). London: Routledge, 1995.

Hargreaves, A. Teachers' work and the politics of time and space [J]. Internation Journal of Qualitative Studies in Education, 1990, 3 (4).

Hays, S. Structure and agency and the sticky problem of culture [M]. Sociological Theory, 1994, 12 (1).

Honig, M. I. Building policy from practice: District central office administrator's roles and capacity for implementing collaborative education policy [J]. Educational Administration Quarterly, 2003, 39 (3).

Honig, M. I. Organizational learning theories elaborate district central office administrators' participation in teaching and learning improvement efforts [J]. American Journal of Education, 2008, 11 (4).

Honig, M. I., Copland, M. A., Rainey, L., Lorton, J. A., Newton, M. School district central office transformation for teaching and learning improvement. A report to the Wallace Foundation [M]. Seattle, WA: The Center for the Study of Teaching and Policy, 2010.

Hood, C. The new public management in the 1980s: Variations on a theme [J]. Accounting, Organization and Society, 1995, 20 (2 - 3).

Houston, B. D. Skeptical about our nation accountability agenda [EB/OL]. [2011 - 08 - 28]. http: //www. aasa. org/SchoolAdministratorArticle. as- px? id = 14944.

Howard, J. A. Social psychology of identities [J]. Annual Review of Sociology, 2000 (26).

Hoyle, E. , Wallace, M. Educational reform: An ironic persepecetive [J]. Educational Management Administration and Leadership, 2007, 35 (1).

Jeffrey, B. Performativity and primary teacher relations [J]. Journal of Education Policy, 2002, 17 (5).

Jenkins, R. Social identity [M]. New York: Routledge, 2008.

Kipnis, A. Neoliberalism reified: Suzhi discourse and tropes of neoliberalism in the people's republic of China [J]. Journal of Royal Anthropological Institute, 2007 (13).

Knapp, M. S. How can organizational and sociocultural learning theories shed light on district instructional reform? [J]. American Journal of Education, 2008, 11 (4).

Leontiev, A. N. Activity, consciousness and personality [M]. NJ: Prentice-Hall, 1978.

Levinson, B. , Sutton, M. Introduction: Policy as practice a sociocultural approach to the study of educational policy[G]// M. Sutton, B. Levinson (Eds.), Policy as practice: Toward a comparative sociocultural analysis of educational policy [M]. CT: Ablex, 2001.

Lichtman, M. Qualitative research in education: A user's guide [M]. Thousand Oaks: Sage Publications, 2006.

Lo, L. N. K. State patronage of intellectuals in China higer education [J]. Comparative Education Review, 1991, 35 (4).

Lumby, J. , English, F. From simplicism to complexity in leadership identity and preparation: Exploring the lineage and dark secrets [J]. International Journal of Leadership in Education, 2009, 12 (2).

Loseke, D. The study of identity as cultural, institutional, organizational, and personal narratives: Theoretical and empirical integrations [J]. The Socilogical Quarterly, 2007, 48 (4).

Marshall, S. Policy perspective on school effectiveness and improvement at the state level: The case of south Australia [G]// T. Townsend (Ed.), International handbook of school effectiveness and improvement. Dordrecht: Springer, 2007.

McCall, G. J., Simmons, J. L. Identities and interactions [M]. New York: Free Press, 1966.

Meyer, J. W. The effects of education as an institution [J]. The American Journal of Sociology, 1977, 83 (1).

Mok, M. M. C. Quality assurance and school monitoring in Hong Kong [J]. Educational Research for Policy and Practice, 2007 (6).

Mok, M. M. C., Gurr, D., Izawa, E., Knipprath, H., Lee, I. H., Mel, M. A., et al. Quality assurance and school monitoring [G]// J. P. Keeves, R. Watanabe (Eds.), International handbook of educational research in the Asia-Pacific region [M]. Dordrecht: Kluwer Academic Publishers, 2003.

Mouzelis, N. Social and system integration: Habermas' view [J]. The British Journal of Sociology, 1992, 43 (2).

Muijs, D. A forth phase of schooll improvement? Introduction to the special issue on networking and collaboration for school improvement [J]. School Effectiveness and School Improvement, 2010, 21 (1).

Ozga, J., Dahler-Larsen, P., Segerholm, C., Simola, H. Fabricating quality in education: Data and governance in Europe [M]. New York: Routledge, 2011.

Patton, M. Q. Qualitative evaluation and research methods [M]. Calif: Sage Publications, 1990.

Pring, R. Standards and quality in education [M]. British Journal of Educational Studies, 1992, 40 (1).

Printy, S. M. Leadership for teacher learning: A community of practice perspercive [M]. Educational Administration Quarterly, 2009, 44 (2).

Punch, K. Introduction to research methods in education [M]. Los Angeles: Sage, 2009.

Rankin, M. B. State and society in early republican politics, 1912 – 1918 [J]. The China Quarterly, 1997 (150).

Renata, T. Qualitative research: Analysis tpyes and software tools [M]. New York: Falmer, 1990 .

Ricoeur, P. Narrative identity. In D. Wood (Ed.), On Pual Ricoeur: Narrative and interpreation [M]. London: Routledge, 1991.

Riehl, C. Bridges to the future: The contributions of qualitative research to the sociology of education [J]. Sociology of Education, 2001, 74 (Extra Issue).

Robertson, S. L. "Spatializing" the sociology of education: Stand-points, entry-points, vantage-points [G]// M. W. Apple, S. J. Ball, L. A. Gandin (Eds.), The Routledge international handbook of sociology of education. London & New York: Routledge, 2010.

Rorrer, A. K., Skrla, L., Scheurich, J. J. Districts as institutional actors in educational reform [J]. Educational Administration Quarterly, 2008, 44 (3).

Roth, W. -M. On theorizing and clarifying [J]. Mind, Culture, and activity, 2008, 15 (3).

Roth, W. -M., & Lee, Y. -J. "Vygotsky's neglected legacy": Cultural-historical activity theory [J]. Review of Educational Research, 2007, 77 (2).

Roulston, K., Legette, R., Deloach, M., Pitman, C. B. What is research for teacher-researchers? [J]. Educational Action Research, 2005, 13 (2).

Saban, A. Prospective teacher's metaphorical conceptualizaitons of learner [J]. Teaching and Teacher Education, 2010 (26).

Sakura, F. School monitoring and quality assurance in the New Zealand school system [J]. Educational Research for Policy and Practice, 2007 (6).

Seybolt, P. J. The Yenan revolution in mass education [J]. The China Quality, 1971 (48).

Somers, M. R. The narrative constitution of identity: A relational and network approach [J]. Theory and Society, 1994, 23 (5).

Spillane, J. , Hallett, T. , Diamond, J. B. Forms of capital and the construction of leadership: Instructional leadership in urban elementary schools [J]. Sociology of Education, 2003, 76 (1).

Spillane, J. , Thompson, C. Reconstructing conceptions of local capacity: The Local Education Agency's capacity for ambitious instructional reform [J]. Educational Evaluation and Policy Analysis, 1997 (2).

Stake, R. Qualitative case study [G]// N. Denzin, Y. Lincoln (Eds.), The sage handbook of qualitative research. London: Thousand Oaks, 2005.

Stetsenko, A. , Arievitch, I. The self in cultural-historical activity theory: Reclaiming the unity of social and individual dimensions of human development [J]. Theory Psychology, 2004 (14).

Stryker, S. Symbolic interactionism: A social structural version [M]. Caldwell: Blackburn Press, 1980.

Sunderman, G. L. Evidence of the impact of school reform on systems governance and educational bureaucracies in the United States [J]. Review of Research in Education, 2010 (34).

Tajfel, H. Social psychology of intergroup relations [J]. Annual Review of Sociology, 1982 (33).

Vygotsky, L. S. Mind in Society: The development of higher psychological process [M]. Cambrige: Harvard Universitiy Press, 1978.

Webb, P. T. The choreography of accountability [J]. Journal of Education Policy, 2006, 21 (2).

Welton, J. Accountability in educational organizations [J]. Educational Management Administration and Leadership, 1980 (9).

Wenger, E. Communities of Practice: learning meaning and identity [M]. Cambridge: Cambrige University Press, 1998.

Wenger, E. Commmunities of practice and social learning systems [J]. Organization, 2000, 72 (2).

Wertsch, J. V. , Tulviste, P. , Hagstrom, F. A sociocultural approach to agency [G]// E. A. Forman, N. Minick, C. A. Stone (Eds.), Context for learning: Sociocultural dynamics in children's development. New York: Oxford University Press, 1996.

White, H. C. Cases are for identity, for explanation, or for control [G] // C. C. Ragin & H. S. Becker (Eds.), What is a case? Exploring the foundation of social inquiry. Cambridge: Cambridge University Press, 1992.

Willmott, R. W. Structure, agency and the sociology of education: Rescuing analytical dualism [J]. British Journal of Educational Studies, 1999, 20 (1).

Yvonne, D., Scott, D. Qualitative research in practice: Stories from the field [M]. Buckingham: Open University Press, 2002.

Zhao, Y., Qiu, W. China as a case study of systemic educational reform [G] // A. Hargreaves (Ed.), Second international handbook of educational change. Dordrecht: Springer Science, 2010.

后　记

　　一年前，我在英国教育领导、管理与行政协会年会上，同与会者分享中国教研员的相关理论与实践。席间，不少提问都是围绕教研员的日常工作而展开的。诚然，对于国外学者而言，这是一类特殊的人群。当时一位英国校长听完教研员的若干职能后，连连感慨：这岂不是"超人"？教研员到底是不是我们所期待的"超人"？是不是能够满足具有英雄主义情结的人对教育领导或教学领导的假想？

　　相信熟悉中国教育场域的人，大多不同意这一假想。但是从不断叠加的角色期待来看，似乎一些研究正为这种"英雄主义情结"添加砖瓦。而教研员自己的声音已经消解在这些宏大的教育变革、教育政策的议论中。故我计划从教研员的身份建构入手。只有明白了教研员是"谁"，才能对他们的发展提出有针对性的建议。从确定研究问题，收集数据，到分析数据，形成书稿，历时三年之久。

　　三年，就像一场旅行。虽然目的地已经确定，但是途中不乏惊喜。感谢我的研究对象，与我倾心的交谈。没有他们的信任与支持，无法形成我现在的书稿。在访谈中，我时常反思，这项研究能够给我的研究对象带来什么？如今拙作初成，只望自己道明了有关结构、个人两大影响因素的原委。这固然是质性研究的一大魅力，却也不乏我个人的私心。无论是从学术的角度，还是从现实的层面，我希望我的研究对象被理解。惊喜不仅来自于田野工作，也来自于理论的反思。相较于结构化理论，形态衍生理论在我国教育研究中应用得不太多。当时选择后者，并非"求新"，也非"眼缘"，而是有太多理智上的考虑。这些都在文中一一道明。如今，勾勒出的教研员的四种身份，不仅对理论有所回应与补充，也对教研员的后续发展提出了实践建议。也许这是献给他们最为适切的礼物吧。

这场心灵、智识之旅，也是我自己作为一个"能动者"的再建构。三年的研究光阴里，我身处于多个社群之中，受惠于各个社群的交流、分享。尤其要感谢卢乃桂教授、黎万红教授、陈霜叶教授、胡惠闵教授、陈桂生教授、崔允漷教授，他们严谨的态度、渊博的学识、精辟的分析，为我的研究带来了思想的火花与深远的洞见，也敦促我去回馈自己所处的社群，这样才能完善个人作为"研究者"的身份建构，促进所在社群的持续发展。

本书得以出版，与丛书主编郅庭瑾老师的指导与信任有莫大的关系。她的智慧与担当，能够让我安心于当下的写作，令研究结果尽快地与读者见面。最后感谢教育科学出版社的编辑们。因作者水平所限，造成的不尽人意之处，恳请读者谅解。

沈 伟

2013 年 12 月

出 版 人　所广一

责任编辑　罗永华

版式设计　贾艳凤

责任校对　贾静芳

责任印制　曲凤玲

图书在版编目（CIP）数据

中国大陆教研员的制度演变与身份建构／沈伟著．—
北京：教育科学出版社，2014.7
（中国基础教育管理新进展丛书）
ISBN 978 – 7 – 5041 – 8295 – 1

Ⅰ．①中…　Ⅱ．①沈…　Ⅲ．①基础教育—教育研究—
教育制度—研究—中国　Ⅳ．①G639.22

中国版本图书馆 CIP 数据核字（2014）第 012346 号

中国基础教育管理新进展丛书
中国大陆教研员的制度演变与身份建构
ZHONGGUO DALU JIAOYANYUAN DE ZHIDU YANBIAN YU SHENFEN JIANGOU

出版发行　**教育科学出版社**

社　　址　北京·朝阳区安慧北里安园甲 9 号　　市场部电话　010 – 64989009

邮　　编　100101　　　　　　　　　　　　　　编辑部电话　010 – 64981252

传　　真　010 – 64891796　　　　　　　　　网　　址　http://www.esph.com.cn

经　　销　各地新华书店

制　　作　北京大有图文信息有限公司

印　　刷　保定市中画美凯印刷有限公司

开　　本　169 毫米 × 239 毫米　16 开　　版　　次　2014 年 7 月第 1 版

印　　张　19　　　　　　　　　　　　　　印　　次　2014 年 7 月第 1 次印刷

字　　数　267 千　　　　　　　　　　　　定　　价　46.00 元

如有印装质量问题，请到所购图书销售部门联系调换。